心理学
如何
影响世界

潇檬————主编

清华大学出版社
北京

图书在版编目（CIP）数据

心理学如何影响世界 / 潇檬主编 . —北京：清华大学出版社，2022.8（2023.9 重印）
ISBN 978-7-302-60022-0

Ⅰ . ①心… Ⅱ . ①潇… Ⅲ . ①心理学 Ⅳ . ① B84

中国版本图书馆 CIP 数据核字 (2022) 第 020312 号

责任编辑：张立红
封面设计：蔡小波
版式设计：方加青
责任校对：赵伟玉 卢 嫣
责任印制：丛怀宇

出版发行：清华大学出版社
　　　　　网　　　址：http://www.tup.com.cn，http://www.wqbook.com
　　　　　地　　　址：北京清华大学学研大厦 A 座　　　　邮　　编：100084
　　　　　社 总 机：010-83470000　　　　　　　　　　邮　　购：010-62786544
　　　　　投稿与读者服务：010-62776969，c-service@tup.tsinghua.edu.cn
　　　　　质 量 反 馈：010-62772015，zhiliang@tup.tsinghua.edu.cn
印 装 者：三河市东方印刷有限公司
经　　销：全国新华书店
开　　本：170mm×240mm　　印　张：20　　字　数：273 千字
版　　次：2022 年 9 月第 1 版　　印　次：2023 年 9 月第 2 次印刷
定　　价：79.00 元

产品编号：094335-01

善启福流，爱者生存

回望历史，心理学在很长一段时间里都备受冷落。它要么被视为一个隐藏起来的神秘地带，要么被视为身心灵修习班的广告载体，要么就是与精神类疾病的专有名词有关。普罗大众对心理科学存在着很深的误解与误读，就连很多从事心理科学的人也认为自己所从事的学科属于边缘科学——在科学边界的某处，但从未被看作科学的中心学科之一。因此，心理科学被视作"小学科""弱学科"或"边缘科学"。

然而，这些"想当然"的观点显然是不正确的。当我们对这些观点进行科学调查时，会发现情况完全不是这样。早在 2005 年，在一篇题为《绘制科学的支柱》（*Mapping the backbone of science*）的论文里，作者博亚克等人（Boyack et al., 2005）研究了在全球 7 321 个期刊上发表的 100 多万篇期刊文章的引文。他们的目的是绘制各种科学学科的地图，说明它们是不是处于科学全集的某种位置（中心或边缘）、某种程度（重要或辅助）。

博亚克等人使用交叉引用来确定哪些学科对其他领域的影响最大。经过数据分析，他们确定了七个"中心学科"：数学、物理、化学、地球科学、医学、心理学和社会科学。这个结论会让很多人出乎意料，数、理、化、医在"中心学科"之列尚且符合人们的心理预期，地球科学当前的知名度还算被人们认可，但人们无论如何也想不到心理学与社会科学会成为人类科学大厦的两根支柱！

这是一篇并不为人所熟知却特别值得我们思索的论文。在论文中，最令人感到不可思议的是那些我们生活中时常关注的一些热门学科，例如金融、法律、国际关系学，甚至工程学科等，在科学大厦的结构上属于"边缘科学"！

其实，对于心理学的误解远不止于此。在到底什么学科能够最有效地改善人类的生活状况这个问题上，心理学也被严重低估了。要想证明心理学为什么是中心科学，其实并不难。中国心理学会网站上对心理学的定义是"对人的大脑和行为的科学系统的研究"。当今世界面临的主要问题是人，人的思维和行为造就了这个世界，而心理学的研究恰恰是所有学科里对人的研究最为深入与执着的。不同于医学那样仅研究人体的构造与健康状态，也并非人类学那样研究人类的起源、族群的历史与变迁，心理学研究的是人在处理与自己的关系、与他人的关系、与世界的关系时所呈现的一切认知与行为的生命基础与生活种种情境的原因，从而为理解人及其相关问题提供科学的基础（特别是实证）。很多人不清楚的是，心理学的使命其实就是解决这些与人相关的"存在之问题"。它不是像哲学那样运用纯逻辑来阐释存在与意义，而是倾向于通过导致人类思维的改变和新行为模式的干预来促进人类生活状况的改变，切实地帮助人类获得真实的幸福与有意义的生活体验。

考察每天新闻中的主要内容，也许是理解心理学对人类福祉的中心性价值最简单的方法之一。看一看当天的新闻联播、头条新闻等，你会发现占据主导地位的新闻都是人的社会行为，如政治、经济、健康、教育、环境、生活以及社会现象，其所涉及的问题都直接产生于人的思考和行为方式。心理学家已经在所有这些领域内工作，现在最需要做的是让全社会更大程度地意识到他们的影响与作用。

对心理学的另一个误解就是，心理学不就是一些心灵鸡汤吗？产生这种误解的原因是不了解心理学的科学性质。人类的生活是丰富且多元的，不只是物质生活，也包括社会生活与精神生活。我们无法对生活中每一件事情都提供科学、严谨的证据，但是涉及心理学与生活、心理学与幸福，还真的需要讲讲科学态度与科学证据。举一个典型的例子，人们都知道结婚重要，却不知道结婚有多重要。心理学家研究证明，婚姻能让女性多活3年，而让男性多活7年！我们也可能知道每个人都喜欢听好听的，不喜欢被批评。但心理学家会告诉你，其实沟通中赞美与批评最理想的比例是5∶1，也就是著名的"古德曼黄金比例"。一味地说好听的话无益于人的成长与双方关系的和谐，太多好听的话与只说不好听的话一样会导致最差的结果。微笑当然是好的，但发自内心的微笑与装模作样的微笑会对一个人未来的幸福、成就、收入、婚姻、事业产生重大的影响。如果你知道那些发自内心的微笑与释放善意，会让你收入翻番、寿命延长、妻贤子孝的概率成倍增长，不知你再看到生活中那些礼貌式的微笑时，心里所产生的"未来感"与"预知力"会给你带来多么大的自信。这就是科学的价值——它也许不能马上改变什么，但它会让改变切实地发生。

事实上，生活中有太多的故事、传奇、神话、鸡汤等，都缺乏科学依据，经不起任何推敲和考证。心理学是最坚定的科学捍卫者，它提倡证伪的态度、反证的分析和判断，它要求有足够的证据以证明这件事是符合科学原则的。心理学具备科学的品质，当它从德国莱比锡大学威廉·冯特博士手中"接生"出来的那一天，它就是有别于文学、艺术、宗教教义与哲学思辨的。心理学首先是一门科学，也的确是一门科学。

通常来说，提到科学，人们会马上想起电视、手机、汽车、互联网、火箭等一些具象的物体。的确，有赖于科学的发展，今天我们的生活中处处都是科学的成果体现。但是我们一定要知道，我们身边这些物品仅仅是科学的产物，并不是科学本身。"心理学之父"德国心理学家冯特博士在创建世界上第一个心理学实验室的时候，曾特别提出现代的心理学应该从事那些与人的行为和认知有关的基本规律的基础性研究，不要去过度参与具体应用的研究。心理科学的价值要通过发现那些具备普适性、规律性的本质，为社会提供坚定的理论依据与科学实验证明来彰显。

科学就是人们对世界万物进行理性度量的一种可靠的方式。度量什么？度量事物的本质与规律。用什么方式度量？实证与实验。怎样确定度量的结果是可信的与真实的？就是这些实验与证据可以经由不同的人、不同的环境而得出一样的结论。科学就是一个对事物的本质与规律证实与证伪的过程。

比如，对"所有的天鹅都是白色的"这句话进行科学研究，无非有以下几种基本的方式。

第一种方式是实地找出全世界所有存在过与存在着的天鹅，看一看它们是不是都是白色的。如果是，说明这句话是对的。如果不是，说明这句话是错的。这是一种典型的普遍实证。但事实上，没有人能够把所有存在过与存在着的天鹅都研究到，这在现实上是行不通的。然而，这种方法代表了一种科学的"证实"态度。

第二种方式是在众多的天鹅中找出不是白色的。如果能找出，说明这个结论是错误的。如果不能找出，就意味着这句话暂时正确（注意：这里提到的"暂时正确"对于科学研究来说极为重要。历史上很多科学结论属于暂时正确或者特定条件下正确的情况，如牛顿的万有引力定律）。这种方式我们可以称之为"证伪"，也就是不需要走遍世界各地找出所有的天鹅，只要发现一只不是白色的天鹅就可以。

事实上，科学的历程就是在不断地"证实"与"证伪"中去发现事物本质的历程。比如说，幸福这个常常被人们谈论的古老话题，也开始被心理学家进行科学研究。

通常来说，平时人们说话聊天的时候，如果被问到"你幸福吗"？无论人们回答的是"我幸福"还是"我不太幸福"或者"我搞不太清楚"，从本质上说，都属于未经验证的假设感觉。这个时候，幸福是一种看不见、摸不到，仅仅能从主观感受来定义的，属于个体的经验。说自己"幸福"或者"不幸福"都完全是一种主观感受，别人是没有权利进行肯定或否定的，甚至没有机会感同身受。虽然我们可以通过文学家们优秀的文字、哲学家们严谨的逻辑，或者神学家们充满激情的劝诫中得到某种共鸣，但毕竟这种共鸣带有太多不确定性或者被人们称为约定俗成的某种观点。关键是，这些观点中很多不一定是正确的。

很多人认为"有钱能让人更幸福""住大房子能让人更幸福""开豪车能让人更幸福""嫁入豪门能让人更幸福""大吃大喝能让人更幸福""特立独行能让人更幸福""中大奖了能让人更幸福""睡懒觉能让人更幸福"，还有的人认为"发达国家的人更幸福""瑞士人比伊朗人更幸福""今天人们的孤独感比以前更高""世界越来越焦虑""年龄越大，越不容易感到幸福"。上面这些存在于大部分人头脑认知中的"常识"似乎是不言自明的，甚至被作为至理名言、励志经典、人生智慧而被千古传颂，可事实并不是这样的。

心理科学的大量研究表明，幸福不只是一种感觉，它更是一种可以被验证的生命机制，是人类千万年进化出来的积极天性的瑰宝。几千万年的人类进化历史造成人类在组织形态学方面有一些独一无二的特征，包括狭短的骨盆、裸露的表皮、健硕的大脑。所有这一切其实对应的都是人类积极的心理和天性。我们喜欢那些有思想、有智慧、会交流、会说话、有责任心、善良的人，因为这是人的天性。

20世纪90年代，思想界一个重要的结论就是，过去单纯地提倡社会达尔文主义，造成了人类的互相残害、各种意识形态的冲突、世界大战、种族清洗。而积极心理学发现与弘扬积极心态，其实是人性使然。举一个特别简单的例子，人类有一个特别重要的神经系统叫迷走神经，这是人类身体内最长、最古老的神经通道，发源于脑干，通过咽喉、颈部到心肺内脏，再到贲门附近。长期以来，科学家以为迷走神经只是跟呼吸、消化、心脏活动和腺体分泌有关，后来才发现它与道德、快乐、幸福也密切相关。人类站立起来以后，迷走神经自然而然地就是舒展的状态。当迷走神经张开时，人们就特别开心。当你看到美好的事物时有什么反应？一定是抬头挺胸、心胸开阔，此时迷走神经得到充分的舒展。当你发现事情糟糕，喊"哎哟"时，声音会变得短促、急迫，此时迷走神经就会受到压迫。

哲学家康德曾经说过一段意味深长的话："有两种东西，我对它们的思考越是深沉和持久，它们在我心灵中唤起的惊奇和敬畏就会日新月异，不断增长，那就是头上的星空和心中的道德定律。"为什么仰望星空和思考道德会产生一模一样的反应？康德是个哲学家，虽然他不知道原因，但是他有这种体验，这种体验其实就是迷走神经张开之后的自然而然的体验。所以，人类进化选择的是积极的天性。

还有一个特别重要的因素会影响人类幸福，那就是对人性的欣赏、满足和认识，即幸福是一种有意义的快乐。幸福和快乐不同，幸福绝对不是简单的快乐，但是在英文里幸福和快乐用的是同一个词"happy"，所以说英文学者过去一直在争论是幸福重要还是快乐重要。其实，我们的中文富有智慧，幸福是有意义的快乐，所以二者之间没有冲突和矛盾。快乐是大脑前额叶的产物，是智慧和理性引起的感受，也是各种神经机理和文化的作用。快乐的标志是一种智慧的感受。"行到水穷处，坐看云起时"，有人看云卷云舒、落霞孤鹜、鸟欢蝉鸣、花开花谢，都会领会其中之意而产生愉悦之情，因此大脑前额叶的活动是幸福必不可少的要素。

上面这些就是心理科学家们在谈论幸福时的观点。心理学家与其他很多学科的科学家不一样的是，当他们谈论幸福的时候，不只是谈论幸福的感受，而是在谈论幸福的科学与如何有效获得真实幸福的方式，这难道不是更负责吗？

和幸福一样，心理学家关注的领域有很多。确切地说，人类生活中的一切现象与感受，以及这些现象的情境与感觉的内在机理都是心理学家感兴趣的领域。心理学就像是土地里那条辛勤的蚯蚓，它们丈量世界的方式不是位处高处的展望，而是孜孜不倦地挖掘与探索。

最后，心理学也是有强烈价值观的科学。当我们谈到应用心理学的知识去影响世界的时候，我们其实是确定了一些价值观念，即我们理所当然地赞同积极的价值理念：人类的幸福、健康和成就是美好的，我们有责任实现这些理念。反过来，人类的疾病、悲伤、痛苦和对人的不公平是不好的，我们有责任根除或至少减少它们。因此，作为一门学科，我们反对使用心理学来加强对行为的控制，但我们会毫不犹豫地赞同用心理学来解决抑郁症或自杀，或提高教育成就。

因此，当我们问："心理学能影响世界吗？"我可能会把这个问题改写为："心理学能让世界变得更美好吗？"

心理学家所做的大部分善事还不为人所知。这种没有被传播的善已经对世界产生了不可估量的影响，它代表了成千上万的心理学家不断尽其所能去帮助这个世界上的人。

因此，我特别高兴我的博士后潇檬主编的《心理学如何影响世界》一书出版。它让我们发现了心理学对人类的贡献，也让我们理解了心理学的科学本质，更让我们体会到了心理学对人类美好生活的价值。它传播了善，也在创造善。潇檬博士曾经在清华大学心理学系做过我的博士后，并担任过我的实验室的主管两年，是我心目中优秀的博士后。她不仅学术研究做得好，还热心帮助其他人。她创建的人格与社会心理学华人青年联合会也成为凝聚中国青年学者、提升中国心理学的国际影响力的重要平台。她最终选择去人民大学心理学系工作，虽然我为她高兴，但还是有一些小小的伤感。

尼采曾经说过，闪光的虽不一定是金子，但是金子总会发光的。心理学犹如金子，迟早会绽放它的光彩！

彭凯平

2021 年 8 月 1 日作于清华大学

序二

《心理新青年》的编辑是一群活跃在海内外名校从事心理学研究的年轻学子。他们在研习之余做了一件特别有意义的工作，就是以线上（或线下）的方式采访了当今在文化或社会心理学界颇有影响的一批学者。为何说做这样的事情非常有意义呢？我这里想到的比喻是"正门"和"偏门"。

众所周知，几乎所有学习心理学或者爱好心理学的人们都是通过正规的途径去接触和认识心理学的，比如进入心理学系的学生要从《心理学概论》学起，而且每接触到一个分支或者"领域"就会再学一次相关的"概论"；其他爱好者即使没有这样的学习过程，但至少也会通过读"概论"启蒙。而"概论""入门""导论""ABC"等诸如此类的书大都属于教材，其编写体例中规中矩、面面俱到，似乎一个学科或者一个分支就"天生该长成这个样子"——学科发展、重要人物、重大理论、基本概念、研究方法、著名实验等，值得每一位学习者一章一章地学下去，直到他们最终也找到了自己的兴趣点或被安排进某个研究题目，然后在老师的指导下程式化地做完自己的小实验、小测量、小课题或成为导师的得力助手等。看起来，这样的过程很正规，就好比我们从正门走进一座房子，一进去就是客厅，里面的陈设摆放得漂漂亮亮、整整齐齐且干干净净，让客人感到这个客厅的布置的确完美，一切都是那么合理，不多不少。但如果一个人被人从偏门、边门或后门引入，那么首先映入眼帘的是此房屋设计上的蹩脚之处或房主没有来得及整理的以及不想给客人看到的杂物等，如此一来，我们对于此房屋的认识会大不一样。

教材算是入门级的客厅，而心理学家的个人作品好比房屋中的各种摆件或悬挂的艺术品，我们据此可以看出房屋主人的爱好。也就是说，如果我们去阅读记录在这里的20位心理学家的论文或者著作，虽说也是了解他们的方式，能够更加细微地表现出房屋主人的兴趣爱好，就好比任课老师在概论课上要求学生进一步阅读的参考文献，但学生依然还是从前门去认识它们的。而《心理新青年》的编辑们想挖掘的是这些人的另一面，也就是他们是如何一步一步变成今天的样子。他们的想法是，既然每一位学习者都有机会通过课堂或者指定读物来认识心理学，那么他们则不必再多此一举，而是换一个角度，即从一个心理学家的成长过程来认识大家所熟知的心理学。角度一变，心理学中的框架内容就跟着变了。那种"本来如此"或"心理学应该研究什么"的想法开始松动。读者这时会发现，心理学的样子是变动的、成长的、开放的、扩展的，以及是有时代性的。而许多重要的心理学家都是在某种特定年代、特殊的学习环境中抓住了历史机遇，结合自己的经历和兴趣走出来的。这就是我想说的此书的意义。

一个人的一生能走出一条什么样的道路，不单是由他自己的职业规划或者他所具有的聪明才智来实现的。尽管我们在心理学教科书中会强调这一点，但是从这本书中采访到的每一位心理学家的成功经验来看，他们恰恰证明了一种历史背景、社会机遇、文化影响和特定情境是多么重要。许多心理学教材比较偏规律性地想说明一些心理特征的重要性，特别是强调人的共性部分，但不得不承认的是，社会、文化与情境的作用在心理学界也受到了越来越明显的重视。依我个人的看法，较早的心理学研究偏重于理科意义上的"规律"，当然这一部分是极为重要的，包括现在的脑神经研究，都是这一方向的继续，但是即便如此，我们依然有充分的理由认为，在特定社会或某种文化影响下形成的心理与行为会被打上其本土的烙印，使得带有基本人类特点的心理与行为具有了地域性的文化特点。复杂的问题这里就不谈了，就算是"人人都要吃饭"这一看似普遍的生理需要，也还得分中国人的"胃"和其他地方人的"胃"。说起来，虽然许多海外留学生或进修学者都拥护学科内容上的普遍主义，可是在他们放下书本、想解决吃饭问题时还是不由自主地想吃中国餐，或者不怕费事地备齐锅碗瓢盆自己做饭。这个例子说明，心理学既要看到人有生理需要这一普遍性，也要指出人在有生理需要的同时已渗入了文化性，而后者会进一步引发更多的话题，比如中国留学生与房客的矛盾和冲突、他们的住房选择偏好与生活习惯、他们的日常消费行为方式、他们的人际关系乃至于一个有宗教信仰的人即便饿死也不可以吃一些禁忌的食物等。

翻阅此书，我很感慨，每位有成就的心理学家的成长、专业选择、学习方式、对学术的贡献等都是独到的、生动的和鲜活的。每一位读者都应该想一想，心理学难道就一定是什么样子，研究只能这么做，以及理论和方法不能拓展吗？显然不是。心理学应该有很大的开阔地，需要一些具有使命感的学者去不断挖掘与探索，尤其得找到更加科学、精准、合理、有效的方法去改变。我一直以为，心理学始终面临挑战，也在等待一些新思路的出现或者更好的解答方式的出现，而不仅仅是目前的这种流程和研究方式。如果说此书是从采访的角度、对谈的角度、提问的角度、质疑和批评的角度来看心理学科的丰富性和成长性，那么读者所感受到的也不只是心理学的魅力所在，说不定下一个重要的心理学家就是你。

翟学伟

南京大学社会学院

2021 年 6 月

序三

2020 年，我从年轻人那里听到的最多词是"乘风破浪"，在给毕业生写毕业寄语时，我用了这个动态感极强的词，因为我赞赏这种充满青春活力的生动表达。时隔一年，我从年轻人那里最频繁听到的词是"躺平"，但是毕业寄语我不会用这个充满静态感的词。这个时代将青年人内卷了，内卷得身心扭曲。我们每个人都会被风云变幻的时代浪潮所冲击，年轻人的"躺平"是一种无助，还是一种躲避，或是一种洒脱，不同人的反应体现出不同的面对生活的态度。然而，我现在更喜欢用"新青年"来寄语毕业生。

新青年，一个与时代共进的称号。每个时代都有一群"新青年"，他们朝气蓬勃、思想先进、志向高远、热情奔放、心有追求，他们的纯真之心没有被环境所浸染。在这个时代，在世界各地，就有一群这样的"心理新青年"。他们都是年轻的中国学子、心理学领域的初探者，在挚爱的学术情怀中，他们脚踩大地，仰望天际，有一种向往走上心理学科学之峰的勇气与精神。他们是人类社会文化进化的希望。

我们这一代人，上有前辈的扶植，后有新人的跟进，作为承上启下的中年人，我们希望传递心理精神，通过几十年的学术经历所提炼出来的学术思考能够引导年轻人，让他们少走弯路，减少前期的摸索，直奔前沿科学问题的研究。虽然每个心理学研究者的学术之路都是不同的，但有着一些共同的特征。心理学研究者应该具有什么样的学术品格呢？

我认为要有"大五"学术品格。

第一，要有学科使命。 每一门学科都有自己的使命，那么，心理学可以为人类做出什么贡献？从人类生存与发展来说，优胜劣汰、趋利避害是进化的原则，心理学涉入了人的本质，心理学告诉人们如何发现潜能、追求卓越，也告诉人们如何规避风险、勇往直前，还能告诉人们战胜自我、面对人生。心理学科对个人的贡献体现出它所肩负的三种使命：一是培养优秀者，追求卓越、发挥潜能；二是帮助正常人，完善自我、幸福生活；三是疗愈受创者，识别疾病、平稳心态。心理学科对于国家的贡献体现在其所具备的职业使命上：让国家昌盛，让人民幸福，让自我成长。

第二，要有科学思考。 每一门学科都有其独特的思维范式，学习心理学，除了掌握知识之外，更重要的是了解心理学思考问题的方式，心理学家如何建构各种理论学派来解读世态万象，如何运用实证研究技术来探索事物的因果关系。科学地思考问题是心理学之本，用科学的方法为解决心理问题而服务。认知学派的人格心理学家凯利将人定义为"人是科学家"。他认为人具有科学家的特征，探索未来，了解未知，科学生活。个人建构决定了人如何解读世界，心理学有其自己的学科建构特征，形成心理学的建构框架可能是探索人类的恰当的思维范式。1879年心理学从哲学母体中分离出来，以主观思辨为主体的学科转变为以科学思考为核心的学科，心理学一直在寻求其他学科的方法论。从冯特用实验方法来探索人类心灵的"黑箱"到当今用脑科学技术来探究人类心理的奥秘，心理学的科学之路走过了140余年，而中国心理学也走过了100年，不断地趋近科学的真谛。

第三，要有学科情怀。 选择心理学专业，有人是兴趣使然，有人是谋职生存。无论如何，学一行爱一行，是一种情怀。心理学是需要情怀的学科，因为它与人直接相关，人是有情感的动物，研究人要从情感出发。持交互作用理论观点的人格心理学家米歇尔将情感视为人与环境作用的中介变量之一。之前人们常说的"冷认知、热人格"就是倡导用人的情感来研究富有情感的人。热爱心理学科，也要热爱作为心理学研究对象的人，以人为本是人本主义学派的人格心理学家罗杰斯所强调的心理原则，心理学的学科伦理强调研究者的科学态度与人文情怀的结合。热爱心理学，更要亲近作为研究对象的人类。

第四，要有科学追求。 科学家是有追求的群体，认定一个目标就要去实现它。心理学是一项为人类自身服务的事业，具有终极价值。苏格拉底将德尔菲神庙的名言"认识你自己"作为自己的座右铭，这一名言也成为一个贯穿古今的哲学命题，在解决各类科学问题之后，人类最终要解决的是自身的问题。这就决定了心理学是一项任重而道远的事业，值得一群有执着追求的人为之付出。因而作为心理人，要具有为心理学事业奋斗的科学追求。心理学是助人、助力的事业，真正的心理人耐得住物质清贫，耐得住枯燥钻研，耐得住复杂问题；享受精神的富有，享受成就的激励，享受回报的温情。

第五，要有美好人性。 作为人类心灵的研究者，心理学家应该展现出人类最美好的特征，示范于人。心理学具有一个重要的应用特点：善人善用，恶人恶用。心理学不是厚黑学！人格心理学家们没有暗黑人格，他们视人格为美好。他们研究人性善恶，为的是杜绝人间的欺压；他们研究健康人格，为的是制定幸福的标尺；他们研究行为动力，为的是寻找激励的源泉；他们研究心理成长，为的是提供最优发展路径；他们研究心理成因，为的是理解个体的成长；他们研究心理评量，为的是给出预测的建议。学者仁心是心理学工作者的美好品格，心理学是为人类自身服务的学科，心理学工作者要更像一个"人"，具有区别于兽性的仁心。在竞争激烈的社会环境中，不要做你死我活的拼杀者，不要做尔虞我诈的欺骗者，不要做唯我独尊的独裁者，不要做不择手段的利己者，不要做毁灭他人的胜利者。因此，人性善恶一直是人格心理学家首要回答的问题，善良是人的首要品质。美好社会是由善良者构建起来的和谐共赢的世界。

心理学工作者常常将别人作为被试，人格心理学家更多地将自己作为被试。在外界人士的眼中，心理学工作者也是大众的被试，他们想知道心理学家是一个怎样的人。我所思考的心理学研究者的"大五"学术品格，只是一人之见解。但是，这是每个心理学研究者需要思考的一个问题。初入界门的新人，更要先去了解如何做好心理学研究者。

学者无界，思者无疆。在心理的星空中，有无数的星星等着探索者去采撷，而揭示人类心灵奥秘的人是"心理新青年"！

许燕

2021 年 6 月于北师大丽泽九楼

心理学人到中年

10年前，我第一次站上大学讲台时，战战兢兢，面对阶梯教室里坐的几百人，我咳嗽了一声，声音很微弱，说："开始上课。"那年我25岁，刚刚读博士，确是青年，台下坐着清华经管的学生，他们叫我师兄。我用着和台下学生几近相同的话语羞涩地讲着心理学导论课。为了能讲好课，我备了两周的课，两小时的课我准备了300页幻灯片。台下清华经管的学生也许是高考平均分最高的群体了，我有些担忧。上课之前，我在去教室的路上喝了一瓶啤酒，一是为了壮胆，二是为了让自己更加兴奋一些。结果很好，那节课大家都福流澎湃，就像后来还出现过的几次课一样，我没听到铃声，也讲过了时间，而学生们甚至没有一个人提醒我要下课，也没人离开。似乎是一个脱口秀专场一样，下课后我久久不能平静，甚至没有一丝疲劳，还一直沉浸在课堂中。

最近很累，每天本该是倒头就睡的时候我都还得强撑着再写写东西，拖着的事情越来越多，很多信息一拖，我都忘记了回复，答应的任务大多难以按时完成，这还会让自己备受自我谴责。在武汉大学，我每周依然还是上心理学导论课。上课越来越成熟，可以信手拈来，不再用贴近年轻人的段子来吸引他们，而终于可以挥斥方遒。熟悉我的人说我似乎沉淀了很多。当然，每位青年都会最终褪去青涩、书生意气和挥斥方遒的冲动，说话克制。经历甚多，我知道纯情颇幼稚，相信很奢侈。人的年纪不如按照经历的丰富性来定义，好处是经历得多了，便真的会觉得除却巫山不是云。你能够理解任何事情，再不可思议也只是笑笑而已。没有人至死是青年，耀眼也终将蜕为光而不耀。上完课，我依然和同学们打招呼告别，回答着些许问题。然后疲惫地走出教室，对着教学楼门口的操场，呆呆地拎着包看着踢球的学生们，抬眼望去都是自己青年时的影子。不知道从什么时候开始，我也习惯了，不会再有人误认为我是大学生，倒不是容貌有多大的改变，而是神情早已隐瞒不了年龄。晚上坐在办公室，看着窗外雨中的牌坊，它就立在那里，不知道见证过多少大学教授的一生。我实在太累，趴着就睡着了，梦里铁马冰河、百万雄兵，醒来也只能笑笑。人最遗憾的莫过于发挥不了自己的潜力，这一点，年纪越大就越突出。不知不觉我已经过了 35 岁。在学术上我经常被当作青年教师，但实际上，学术年龄和社会人群的朴素期待是脱节的，任何一个青年其实都是社会意义上的中年。每个人似乎都会面临中年危机，在学术职场上瞻前顾后，在家庭生活中疲于奔命。愤青被无谓取代，激情伤逝于平淡。中道是件好事情，不偏不倚、不正不邪、不好不恶、不伤不惧。但它也在夹缝之中，极端让人记忆深刻、摄人心魄，而取意折中则近于湮没。生活的压力和生命的尊严，哪一个更重要，很多时候这根本不是一个需要权衡的问题。面对日复一日生活的困倦，人会理性而不幼稚，开始权衡而再难奋不顾身，我们戴着犹豫彷徨的现实枷锁和虚伪礼貌的面具笑脸迎人。卸下面具，却再也找不到活着的意义。

人到中年，更为理性了。

1917年，马克斯·韦伯在慕尼黑给年轻学生做了一场演讲，主题是《学术作为一种志业》。韦伯说，没有对学术事业的狂迷，则应该与学术无缘。当然，任何一件事情如无热情，都不值得做，正如真爱者，甚至都有着不惜于同所有人为敌的奋不顾身。如果细看，真的有这么多研究者对学术存在内在旨趣吗？又有多少人真的能够从学术研究中体会出滋味，如痴如醉呢？读博士有苦者，有乐者。若无法寻求乐趣，此事便不应该去做，学术本身不会对应着弱势心态，而只是对应着研究者的衣食无忧、闲然悠得。有趣的是，韦伯只是想指出，在高度精细化分工的情况下，学术变成了一种职业。而职业和兴趣我想有些冲突。其实任何兴趣都不应该变成职业，就如同任何你喜欢的歌曲都不应该被设置成起床铃声一样，学术不该是谋生之职业。这个世界的事情就怕错位。兄弟阋墙、夫妻反目大多是因为没有把关系放在应有的位置上。学术本应该是兴趣的副产品，更应该是无聊时好奇之为。一旦你将其变成谋生之职业，它便失去魅力，你也失去初心。错位的学术也许只能靠对其还保有初心者来推动，而韦伯却说，这些人太纯粹，他们不会游弋于圈子里，也许讷于言而不会吸引学生，他们最终可能拿着微薄的收入，既无怨恨，也无挫折，试问有几人能够做到？

但是学术必须也必然职业化，因为学者不再高尚，他们只是现代社会机器里的一颗螺丝钉而已。现代社会运转良好不也是因为科学理性的高度发展吗？大家都成为一个零件，就像全球化产业链中，每个国家或者企业加工其中的一环一样。在科技高度发展的今天，不再有迷信，不再有信仰，最可怕的事情在于，我相信什么、我觉得什么更加重要都需要用科学技术来衡量。我就是这样被进行科学训练的，甚至我在读中国经典文本时，也要使用科学思维来思考孔孟先贤的言论

序
四

是否合逻辑，是否可实证。如果想知道一件事情是什么样子，那么去看看就好，其实这就是科学。只要去看看就没有了神秘，没有了我们心理对未知世界的建构。迷信很傻，但它是童话。我不知道孩子如果知道了小红帽最终会被狼外婆吃掉，他们会有什么反应。而他们的反应，也许就是韦伯告诉我们的祛魅。被一盆凉水浇醒，你也许甚是清醒，但是生活的价值去哪儿了？价值可以用科学来衡量吗？价值能被实实在在地看见吗？经历了童话破灭的人都会一夜之间长大，世界撕去了温情脉脉的面纱，露出冰冷机械的模样。每个人都紧贴这台机械，变成手段，人不再是目的。人类在这一刻虽然没有了终极价值，但是却理性得多了，人类长大了，人类社会也到了中年，现代化了。

人类到中年，人类也理性了。

马克斯·韦伯曾是赫尔姆霍兹的学生，而威廉·冯特也是。1879 年，冯特撬开了食堂二楼的储藏室，硬是将其强占为实验室。晚上，这个通宵达旦进行心理学实验研究的孔维特楼上的灯光照亮了心理学这门新的学科。从 1879 年到 20 世纪五六十年代，心理学的故事层出不穷，严苛仗义的铁钦纳、少年悲情的华生、眷恋初吻的马斯洛等我们熟知的历史人物迭出，你方唱罢我登场，哪怕写成小说也不显寥落。而近几十年，心理学史变得平淡。故事平淡的背后是思想的贫瘠，无人能够领一时之风尚，没有人再去规范心理学应该研究什么，应该如何研究。心理学考究意识的结构还是功能，抑或是和意识完全不同的行为呢？自认知革命之后，再无心理学史，也无理论。也许科学不需要理论，因为任何事都能去一探究竟，归纳即可，无须演绎。但是并非所有事情都能够看一看就可以一窥究竟的。人类也许不具备这种经验，是的，黑洞就在那儿，但是你不能自己进去，你还是得假设。理论给未知世界提供假设，而并不是所有事情都能。连物理学也有对世界完全不同的假设，你也许还要选个弦理论或是量子物理。心理学更全是黑洞，没有理论，甚至没有进路。心理学的理论都是甚为糟糕的理论，没有了大理论，我们只有中距理论或者是小理论。在解释某件具体事情的时候，构建起一堆自变量对因变量的回归，将其称为研究并不过分，但将其作为理论则着实羞煞"理论"二字。类似回归模型是经验的统计归纳，再用其进行演绎，且不说有循环论证之嫌，它首先便没有概念和抽象的美感，也缺乏思维的乐趣。这类似人工智能的深度学习方法对人类的模拟，先进行训练集的分层学习，再去套用其他人类行为。人工智能至今无法执行高级社会功能，甚至也无法超过4岁孩童的阅读能力，只可以进行如围棋般边界清晰、规则透亮的游戏，其原因便出此辙。执着于此，便是审美的病态，即如将心机当智慧之美，将流氓当潇洒之美，将套用当创新之美，将发表当思想之美。

认知心理学与神经科学让人类对心理黑洞的了解深入太多，但是它对心理过程的切割和还原本质上打碎了心理作为一种整体理解的可能。现今苏珊·费斯克所谓方法恐怖主义的盛行，也将心理学的祛魅拉到了顶点。对所谓科学方法的执着，必然也会产生方法对于想法的异化。库尔特·勒温曾言，没有什么比理论更为实践，但后世安东尼·格林沃德却将其改为，没有什么比方法更为理论。格林沃德是内隐联想测验方法的发明者，他强调方法无可厚非。但是谁真的想过，用这种方法测量出的真的是某种态度吗？对待一件事情的方式往往是盲人摸象，你用这种方法得到的只是想让你看到的那部分大象而已。对待问题的这种方式是不是真的会影响我们呢？就像超市里琳琅满目的商品，大多数并不是刚需，你看到了它，你才觉得自己会有这种需求。我买过一个剥大蒜皮的工具，直到我看到它的时候我才知道自己有这种需求。这是马尔库塞告诉我们的，我们被社会贿赂而产生的虚假需求。

格林沃德的内隐联想测验是不是一种虚假的需求呢，我不知道。但我知道，"没有什么比方法更为理论"这句话是明显的手段压制目的，是典型的用方法钳制思想，它把思想庸俗化、技术化，也完全失去了美感。心理学发展到现在，似乎也开始变得理性、冰冷，它抛弃了故事，它没有了创造，它只有对现实的描述，它失去了对深刻的摹画。它也早已祛魅了。这不是特别坏的事情，但是它让科学迷茫。

心理学到了中年，也变得理性了。

人走到了中年，变得理性了，没有了不切实际的冲动，对什么都无所谓，来不及精神关切便迷失在生活中。人类走到了中年，也变得现代化了，世界没有了神秘感，宗教获得了理性，而理性丧失了超越性。心理学也走到了中年，祛魅的现代心理学是更理性化的，它让心理学扭曲了思维的美，也让心理学丧失了精神气质。物理学家费曼曾说，数学之于物理，一如自慰之于性爱。如果心理学充斥着细枝末节的所谓科学而失去了宏大的想法，还原为生物而放弃了精神的本质，那么这种心理学之于人心也一样。是否人、人类和心理学都会有发展的维度呢？我想是的。铁钦纳艳羡生物学的高度科学化，觉得生物研究就是结构、功能和发展，心理学也该一样。事实上，谁也逃离不了时间的维度，然而谁都朴素地相信时间轴上会有规律。不然，便不会有历史，不会有经济，不会有社会研究了。

人到中年之后会如何？也许就是与自己和解，也许就是了解了生活的真相而直面它。这可能会让人认知失调，但也可能让人最终形成一种随心所欲、不逾矩的老成状态。年少的冲动、中年的扭曲和老年的肆意总是结伴而行。马斯洛觉得，自我实现的人其实并不是合群者，他们对文化适应是抵抗的，他们的青年时代都是权威的反叛者，他们有自主性，有自己的标准而不会受到社会胁迫。但最终自我实现者学会了辩证，抛弃了非黑即白之分，他们都会与自己的社会文化和解，都会从激进的革命者变成温和的改良派。这不鲜见，这种情形似曾相识，当然也蕴藏着无可奈何。人类社会将如何？祛魅之后的人类社会还能复魅吗？我想也没必要了，人类需要接受现在并不温暖、没有终极高贵价值的现状，享受理性的成果，接受被理性胁迫这一无可逃避的事实。作为一名还能承认自己是心理学家的学者，弗洛伊德在任何其他人文社会科学中的影响都要大于心理学，其实也只是因为弗洛伊德清醒地打破了人类社会的理性规则，潜意识就像一个幽灵一般盘旋在现代人的头顶。毋庸置疑，社会必然会在思想家的警醒中重建价值，但这个结果也许我们是看不到了，因为人类从少年步入中年花去了千年时间，而进入成熟的老年，不知何年。心理学未来会如何？心理学从来都不是直线发展的，对于一个学科来说，中年并非只是危机，它有了一个相对不言自明的范式，甚至还是对这个学科的承认。不得不说，现代心理学的发展几乎吞噬了认知科学，也大量反哺哲学、生物学，只是挥舞着科学理性的旗帜而欣欣向荣时也可能有饮鸩止渴的危险。理论和思想解决不了所有心理学的问题，但是没有它们，这门研究人的学科将永久地停滞于实用的低端并最终沦为附庸。

这也许是一本壮年说给号称青年的中年人看的经验之书，这样说年龄并没有褒贬含义，因为在我看来，在学术上，经验是最为重要但却无门可学之事。导师可以教会知识，更可以教会研究的细节、推进的逻辑、论文的写法、发表的逻辑，这些更是经验。其实科学就是广义经验，它推隐理念却又饱含价值。纯粹的知识会让人成为一个学者，但是饱含了经验的知识却让这个学者有血有肉。陈独秀在其《新青年》发刊词里开篇便说："窃以少年老成，中国称人之语也；年长而勿衰，英、美人相勖之辞也，此亦东西民族涉想不同、现象趋异之一端欤？"是的，中国尊老而西人崇幼。学术无关乎长幼，然关乎思想和经验。中国心理学需要思想和理论，它更有可能是习得了经验后的中青年学者的理想。用鲁迅的话来说，让我们能做事的做事，能发声的发声，有一分热，发一分光，就如萤火一般，也可以在黑暗里发一点光，不必等候炬火。我期待的中国心理学会是熊熊烈火和万丈光芒，共勉。

喻丰

武汉大学心理学系主任

教授、博士生导师

亚里士多德说：人是社会性动物。社会心理学不仅是象牙塔里的一门学问，也是审视人生的智慧之眼。社会心理学关切人类的命运，微观如神经生物系统，中观如个体思维与行为，宏观如人类共同体何去何从。著名社会心理学家美国康奈尔大学心理学教授托马斯·吉洛维奇（Thomas Gilovich）和美国斯坦福大学李·罗斯（Lee Ross）教授曾在《房间里最智慧的人：如何从社会心理学的洞见获益》（*The Wisest One in the Room*：*How You Can Benefit from Social Psychology's Most Powerful Insights*）当中描绘了人们如何从社会科学以及社会心理学的洞见理解人类行为的本质。心理学家坚信，这些强大而又微妙的见解将有助于人们更加"智慧"地生活，更好地理解我们为什么会这样做，不那样做，以及如何利用这些知识来理解他人的行为，并使自己变得更好，使我们生活的世界变得更好。

作为本书的编者，我想本书的意涵、价值与意义至少体现在以下五个方面：

第一，生动讲述心理学家的人生故事。著名西方哲学家黑格尔曾经说过，哲学就是哲学史。那么，西方的心理学便是西方心理学史的徐徐展开，中国的心理学便是中国心理学史的美丽画卷。通读本书，相信你会深深感慨我们采访的诸多中外心理学家在懵懂之时如何踏入心理学或者社会科学的学术殿堂，如何把握历史机遇，走出了一条具有"文化特色""本土特色"或者"中国特色"的学术道路，如何成为享誉全球的心理学大师，又是如何培养了一代又一代的杰出人才。取经一二，反观自身，受益匪浅。

第二，分享普及科学严谨、有趣有料的心理学知识。我们生活在一个知识大繁荣的时代，浩如烟海的知识唾手可得，但也不免鱼龙混杂、良莠不齐、好坏难辨。进入21世纪，我们中国人脱贫致富、丰衣足食、物质丰裕，正在实现中华民族伟大复兴。于是人们开始有了更高的精神需求，开始思考形而上的问题，比如追寻幸福、意义、价值、审美、道德、创新、人格、社会、文化等。这些亘古不变、耐人寻味的问题恰恰都是心理学关心和研究的问题。本书涵盖心理学的诸多分支领域：人格心理学、文化心理学、社会心理学、积极心理学、道德心理学，均为正统心理学知识体系中的核心板块，更是21世纪以来经典流派或者应运而生的新思潮。我们希冀通过人物对话的方式为读者呈现出心理学家的鲜活形象、科学心理学的生动面貌、心理学的丰富性和多样性，或者说让你看到和心理学教科书"不一样"的图景。

第三，反思、审视和革新当下的心理学思维框架。每个学科都是在历史积累的基础上，经过科学家或哲学家不断思索、颠覆和创新而得到长足发展和变革的，心理学也不例外。本书不仅聚焦每位心理学家所作出的杰出贡献，同时邀请每位学者对其深耕的研究领域进行反观、审视和批判，更是描绘了未来心理学面临的诸多挑战和广阔的发展前景。相信这些独到的见解会对初入学术殿堂的青年学子有所裨益。

第四，搭建中西方心理学家交流与对话的舞台。自新冠肺炎疫情肆虐全球以来，国际格局复杂多变，然而全球化进程不可逆转，未来将是中国与其他国家共同引领全球化向前发展。我们采访的对象涉及不少国外著名社会心理学家，比如，美国普林斯顿大学的苏珊·费斯克教授，美国斯坦福大学的黑兹尔·马库斯教授，以及美国哈佛大学的丹尼尔·吉尔伯特教授，均为享誉全球的顶尖心理学家，处在西方心理学话语体系的金字塔尖的位置。在带领读者领略大师思想之余，本书期望激发中国的心理学家能够既有国际视野，又有本土情怀，让中国的心理学走向世界舞台，融入主流，成为主角，进而能够为全人类心理学的蓬勃发展作出独特的贡献。

第五，鼓舞青年一代学生、学者积极成长。在我们采访的过程中，无论每期聚焦的主题如何，我们都会一如既往地纳入每位老师对青年一代学生、学者的建议、寄语和祝福。当你读到这些"过来人"分享的人生智慧之后，相信你会更加钦佩老一辈心理学家的人格魅力，会被那些来之不易的师承关系所感动，更会觉得备受鼓舞、笃定志向、不负众望。如果你是一位心理学的年轻学生、初学者或者爱好者，对于自己未来的人生道路处于迷茫、困惑与不安的状态，那么阅读此书也许是个不错的疗愈方法，也许它能够帮你找到灯塔、看到希望、勇敢前行。

100多年前，陈独秀、李大钊、胡适、鲁迅、钱玄同等大师和仁人志士创办《新青年》，旨在救亡图存、开化民智、启蒙学生，《心理新青年》意欲传承和发扬新时代的《新青年》精神，致力于关心人类命运，改革高等教育，启蒙年轻学生。自2017年1月创办至今，在编辑部全体同人的共同努力下，编辑部创作了一系列有开创意义、有启蒙价值、有想象空间的作品。有人赞誉《心理新青年》编辑部团队将是国内外心理学界的新生力量和未来希望，我们倍感荣幸，同时深觉责任重大。我们在此对长期以来厚爱和支持编辑部的采访嘉宾、师长、同人、朋友、学生表示崇高的敬意和衷心的感谢！我们诚挚希望这本心理学大师访谈录能够为你打开一扇通往科学心理学的大门，带你领悟心理学之美，帮你成为"房间里最智慧的人"，使你坚定不移地相信真善美爱的力量终将改变世界。

潇檬

2021 年 10 月

主编潇檬与导师彭凯平

目录

第三篇

跨界对话 / 249

第一篇

心理学如何造福人类

第一章

埃利奥特·阿伦森：
社会心理学帮助人类应对全球挑战

学者简介

　　埃利奥特·阿伦森（Elliot Aronson）教授在社会影响、认知失调、顺从和减少偏见等领域所做的工作极具影响力，其中最负盛名的是研究认知失调的实验和拼图教室，他曾在哈佛大学、明尼苏达大学等大学任教。在他的职业生涯中，他撰写或编辑了22本书，他最著名的作品《社会性动物》现已出版第12版，是一本社会心理学的"圣经"。他是美国心理学会近130年历史上唯一获得杰出研究、杰出教学和杰出写作三个主要奖项的人。2007年，他获得了心理科学协会的威廉·詹姆斯终身成就奖，在该讲中他被誉为从根本上改变了我们看待日常生活的方式的科学家。阿伦森教授被列为20世纪100位被引用最多的心理学家之一。

　　彭凯平教授现任清华大学社会科学学院院长，兼任清华大学-伯克利心理学高级研究中心、清华大学社科学院积极心理学研究中心主任，以及清华大学幸福科技实验室（H+Lab）联合主席。他出版《心理测验：原理与实践》《文化心理学》《吾心可鉴：跨文化沟通》《吾心可鉴：澎湃的福流》等中英文著作8部。他多次获得重要学术奖项，包括2004年美国社会心理学会最佳论文奖，2006年美国管理学院最佳论文奖，2007年被美国人格与社会心理学会评为全世界论文引用最多的中青年社会心理学家。连续多年入选爱思唯尔（Elsevier）中国高被引学者（Most Cited Chinese Researchers）十大心理学家榜单。

埃利奥特·阿伦森

教育点亮心理学人生

彭凯平：您写了一本书，叫作《绝非偶然》，讲述您作为一个社会心理学家一路成长的心路历程。这本书在我们中国也出版了。您出身于一个非常贫穷的犹太家庭，是什么样的动力让您不断地超越自我，最终成为一个伟大的社会心理学家？

埃利奥特·阿伦森：大多数时候我都很幸运，不过我也很努力地工作，但是好运气对我也很重要。我出生在经济大萧条时期，我的父亲是个商人。他开了一家很小的商店，卖袜子和内衣之类的东西。由于他的顾客都是贫穷的工人，当大萧条来袭、顾客都失业时，他也失去了生意，于是他的商店倒闭了。他没有受过教育，也不能找到其他工作，因此我们处于极度贫困的生活中，忍受着食物的缺乏和寒冷的冬天。当大萧条结束后，我父亲得了癌症，在我上高中的时候去世了。

当时我以为我会进入工厂工作，比如在福特汽车公司的装配线上当

3

工人。对我来说只有这些选择，虽然我申请了一些大学，但那时我没有钱付学费。这时我的运气来了，一个新开的布兰迪斯大学愿意给我一次机会，他们给了我奖学金，条件是我需要在大学里工作，但这是唯一给我免学费的大学。如果没有这个奖学金，我就不会去上大学，这就是我的幸运之处。而我的努力之处是上了大学后，我生平第一次开始享受学习的乐趣。上大学之前，我在公立学校时对成为一名好学生并不感兴趣，也不是很喜欢学校。但是当我在大学的时候，我突然对教育有了热情。这就是我成为心理学家的开始，当我开始对学习感兴趣，整个世界就为我打开了。

彭凯平：我的第二个问题是，您写了很多书，而且书名总能取得非常巧妙，比如《社会性动物》，还有《绝非偶然》（*Not by Chance Alone*），《错不在我》[*Mistakes Were Made (but Not by Me*）]，以及《不让一个孩子受伤害》（*Nobody Left to Hate*）。您是怎么想出这些巧妙的名字的？

埃利奥特·阿伦森：并没有什么秘诀。教授们通常都很古板，他们觉得自己必须一直保持严肃，把整个事情讲得非常详细。我所做的就是按照我说话的方式来写作，在书中表现得非常自然、正常。因为我曾是一个非常贫穷的人，我的朋友都是处于相对较低阶层的人，因此我不需要假装自己很聪明。所以我自传的标题——《绝非偶然》就反映了我对生活的态度。我非常幸运，并取得了巨大的成功，但我不认为我的成功都是源于运气。如果我的人生被认为是成功的，那么这多半有偶然的因素，但也不仅仅是偶然，因为我同时也非常努力，并且我做了一些非常明智的决定。

《社会性动物》来自亚里士多德，亚里士多德说人类是群居动物，任何与他人没有联系的人要么是野兽，要么是神。这是一个很精辟的说法。所以我就下了决心：如果我要写一本关于社会心理学的书，我就取名为

《社会性动物》，并把它献给亚里士多德。

《错不在我》的故事是这样的：当乔治·沃克·布什还是美国总统的时候，每次出现问题，他就会说"错误已经产生了"。"错误已经产生了"是一个非常有趣的陈述，不是"我们犯了错"，或者"我犯了错"，而是"错误已经产生了"，但没有说出谁该为这个错误负责。这听起来像是道歉，但其实不是，而是假装的。这就是为什么我给这本书命名为《错不在我》，如果有人说"错误已经产生了"，那么他就是在欺骗你，因为他没有真正承认自己是犯了错误的人，这就是这本书的内容。这本书讲述人们如何通过说服自己——尽管他们做的事情是错误的，但责任却不在于他们——来减少认知失调，这就是书名的由来。

《不让一个孩子受伤害》的书名来自一部小说，小说中有一个角色，他在书中是一个经常生气的人，但后来当他对一个人感到愤怒时，他发现对方的生活非常艰难，于是他开始为那个人感到难过，他的愤怒也减少了。他的一个朋友说："你最好小心，如果你一直这样想，一直同情别人，很快世界上就没有人让你讨厌了，这不是很可怕吗？"而我写的这本书则是关于学校里的偏见和欺凌，书名就是对内容的一个说明：如果你向人们敞开你的心扉，你最好小心一点，因为这样就不会有让你讨厌的人了。这是个讽刺性的标题。

彭凯平：这些书名都取得都非常有趣、引人入胜，也非常简单、直截了当，但实际上又相当深刻。我的第三个问题是，您刚才谈到社会性动物，其实您还有一个很重要的理论，叫作合理化动物（rationalizing animal）。很多心理学家争论人到底是理性的还是不理性的。我曾经采访过诺贝尔经济学奖得主卡尼曼教授，他也是心理学家。他提出了有限理性，并讨论人的行为有多不理性。而您认为人很难说是理性或非理性的，人其实是合理化动物，您是怎么去理解合理化动物这个概念的？

埃利奥特·阿伦森： 我所说的合理化动物的意思是，人类希望在其他人和自己面前都显得理性，所以当他们做了一些可能被认为是错误的、愚蠢的、愚昧的或伤害他人的事情时，他们并不会为自己的行为感到骄傲。人类倾向于说服自己：这不是那么糟糕，不是那么愚蠢，不是那么残酷，不是那么无情。他们通过合理化这些行为来减少消极情绪，合理化是降低认知失调的一种方式。我花了很多时间，使用认知失调的框架研究世界，因为作为合理化动物，人类的很多行为和思维都是减少认知失调的需要造成的。

彭凯平： 您曾经进行了著名的拼图教室（Jigsaw Classroom）实验。如何把心理学实验室实验转化为社会政策、教育政策？这是中国的心理学家关心的事情，您是否有将实验室实验转化为社会政策的经验？您是否愿意给年轻的社会心理学家一些建议？

埃利奥特·阿伦森： 我并没有建议，因为如果我有好的建议，我自己就会实践了。我们做过很多拼图教室实验，大概有 20 到 30 个小实验，这是一种真正有效的方法：学生在课堂上能很好地学习拼图中的材料，他们学会更喜欢和他们一起合作的人。这是一个促进小团队中的人进行合作的技巧。我们把不同种族的人组成一个学习小组。小组中有非裔美国人，有墨西哥裔美国人，有亚裔美国人，有男生，有女生，我们尽可能让小组中的成员多样化。当偏见存在时，它是双向的，就像在我们国家有很多多数族裔对少数族裔的偏见一样，少数民族也会对多数族裔存在偏见。

拼图教室减少了偏见，它使人们敞开心扉，让他们的思想更开阔。他们最终会喜欢彼此，喜欢学校，学校的旷课率下降了，人们获得了更多的同理心，这是一种普遍的品质。这种非常有效的方法已经被数百所学校采用，在美国、欧洲、亚洲和澳大利亚都有使用。我已经努力地使它更具有普遍性，尽管不是完全将拼图作为人们在学校学习的唯一方式，但是在每一个教室中，它仍是学习的一个主要部分。如果学生们每天花一个小时进行拼图学习，那将会大有不同。有时我在梦中想，如果我是教育界的领袖，我就会强制要求学生每天在教室里进行一小时的拼图学习。但事实是，虽然它已经在数百个教室里推广，但在美国还没有推广到数千个教室。对我来说，拼图教室的研究也是我做过的最激动人心的研究。但这也是我一生中最大的失望，因为我没能像我想的那样把它应用于全世界。

彭凯平：感谢您的回答。中国的许多心理学家也想要在中国的人群中尝试您的研究设想来看是否也能起到帮助减少学校中的偏见与歧视、增加友善与合作的效果。

良师益友点亮人生

《心理新青年》：您当初为什么选择了社会心理学？是什么让您对社会心理学萌生兴趣？

埃利奥特·阿伦森：我所上的大学在头两年会给学生们提供很好的通识教育，我那时学习了很多知识，包括文学、哲学、音乐、艺术等等。当我要选专业的时候，我选择了经济学。我选择经济学是因为我的父亲去世于他因经济大萧条时期而穷困潦倒的时候，所以我想如果我上大学，我应该学一些实用的东西，什么会比经济学更实用呢？然而我不是很喜欢经济学，我觉得它很无聊。

有一天，我碰巧和我的一个朋友去上课。这门课是由亚伯拉罕·马斯洛教授的。我那时没有听说过亚伯拉罕·马斯洛，我不知道他是人本主义心理学之父，他当时才 40 多岁，但他正在成为一个伟大的心理学家。

这些我都不知道。我当时坐在一个年轻女子的旁边，我在想也许我们可以在课堂上手拉手之类的事情。当马斯洛开始演讲的时候，他提出了非常有趣的关于偏见的问题：为什么人们会因为不同肤色和来自不同宗教而不喜欢彼此？这些问题我小时候就问过自己，所以我觉得这个演讲很有趣。于是我立刻放下了那位女子的手，拿起了笔，开始记笔记。在我的生命中，我第一次意识到有一个完整的学科称为心理学，在这个领域里人们可以提出这样的问题并试着回答。

在此之前我非常天真，我以为心理学都是关于心理治疗之类的，但不了解心理学有一个完整的研究传统，他们在研究社会心理学、认知心理学等领域的问题。就在第二天，我从经济学转到了心理学专业。我开始和亚伯拉罕·马斯洛一起工作。他成为我的第一个导师，我喜欢上了他的想法和他对人类状况和事实的乐观态度，他的基本观点是人类可以继续学习和成长。之前我从弗洛伊德那里学到的是，当你7～9岁的时候，你的人生已经定型了。而马斯洛说，不，你在一生中都可以不断成长，每年、每个月、每个星期都会在成长。即使当你是一个像我这样的老人，在89岁的时候，你仍然可以继续学习、成长和改变，达到马斯洛所说的自我实现。这对我来说是一个令人兴奋的概念，即心理学可以用来改善人类的状况。这让我非常兴奋。这就是我的故事。

《心理新青年》：您从本科到博士都是由非常有成就的心理学家指导的，您从他们那里学到的最重要的东西是什么，他们对您的学术人生分别有什么深远的影响？

埃利奥特·阿伦森：马斯洛和费斯汀格是两个非常不一样的人。马斯洛总是鼓励我，是一个非常温暖的人，像一位父亲一样传达对我的关心，并给予我建议。他还撮合了我和我的妻子，因为他爱我们两个人，他认为我们如果在一起会很幸福。他是对的，我们真的爱上了对方，我们已经结婚快 68 年了。他也很有耐心，对我不是很严厉。他教给我的，总的来说是心理学的一般方法，让我用来为其他人做尽可能多的有益的事。

费斯汀格首先，也是最重要的，是一位科学家，这一点非常不同。他所关心的是做值得做的研究，并且尽可能地做得更好。在我们建立关系的最初阶段，他根本就不关心我，而是希望我能够做好研究。如果和他一起工作的人不愿意努力工作，他就不想和他们扯上任何关系。我不得不在与利昂·费斯汀格一起工作的早期做出决定：我是否值得花时间和精力去做这些工作并接受他的"虐待"？他是一个难以应付、不耐烦、容易愤怒的人，我是否应该考虑和其他人一起工作？最终，我还是认为这是值得的，因为他是我遇到过最聪明的人，我从来没有遇到过像他那样聪明的人。我认为他就是我想一起共事的人，因为我热爱他做研究的方式，因此我愿意忍受他的"虐待"。我们开始是老师和学生，在一年后我们就变得像同事一样，两年后，我们成了非常亲密的朋友。他是一个非常热情和投入的人，我们成了一生的朋友。我首先要跨过那道坎，忍受他所有的"虐待"，因为他完全没有兴趣像大多数人希望的那样，期待其他人喜欢自己。所以如果他对我说，这真的是很好的工作，我知道这真的是很好的工作。当我开始读研究生时，我有点不自信，我不知道自己有多聪明，但当费斯汀格说"你是我见过的最聪明的两个研究生之一"时，我相信了他，因为他没有兴趣"奉承"我，这是他的特质，这也是一种美、一种价值。

构建理论带来新认识，严谨实验奠定研究基础

《心理新青年》： 阿伦森教授，您好！很多人说心理学的大理论时代已经过去，您对社会心理学如何构建理论有何看法和见解？

埃利奥特·阿伦森： 我不确定大理论的时代是否已经过去，我认为没有人能够下定论。我认为理论在任何领域都是非常重要的，因为你每做一个实验，它都与理论相关。而接下来，我们不仅从那个特定实验的结果中学习，还能够延伸到很多不同的方向。这就是为什么理论很重要。举个例子，假设事实一之后出现了事实二、事实三、事实四、事实五，尽管它们看上去似乎不相关，但如果你仔细观察这些事实，你可能就会发现它们是相关的，它们之间有一条共同的线索，并存在共同之处。然后你可以解释为什么可以把这些分散的事实组织在一起，并且可以进行命名与说明，这就是一个理论的开始。如果这个理论是好的，它会引导你对一些没有人知道的新事实进行假设，然后做一些实验对它进行检验。

例如，在认知失调理论中，利昂·费斯汀格（Leon Festinger）把一些关于"当你拥有的东西是自己选择的时候，相比于不是你自己选择的，你会更喜欢它"的传言放在一起，然后整合成了认知失调理论。然后我认为，如果这是真的，这将可以解释一些事情。在非洲的土著部落中，有些人要经历重大的事情来成为部落的成年成员，有时这些事情会让他们非常痛苦。我的解释是，经历越痛苦，他们反而会对这个部落更忠诚，因为他们会认为："我经历了这么多的痛苦才成为这个部落的正式成员，那这个部落一定很好。"他们会淡化这个部落消极的一面，强调积极的一面，所以在几周、几个月、几年之后，他们只会看到积极的一面。因为他们经历了一个非常痛苦的加入部落的过程，而那些经历了更小或更少痛苦的加入部落的人不太可能有这样的倾向。这就是由一个理论产生的新结论，这也说明了理论为何如此重要。理论必须是有机的，一旦理论出现了，就会带来一些非常有趣的结论。

《心理新青年》： 您已经从事心理学研究几十年了，做出了很多影响深远的研究。您认为自己对心理学最大的贡献是什么？

埃利奥特·阿伦森：我过去有很多优秀的学生，现在都是著名的社会心理学家，他们中的大多数也许会说，我最大的贡献是方法学。1968年，我在《社会心理学手册》中撰写了社会心理学实验一章。这一章是关于应该如何进行一个社会心理学实验的，例如可能遇到什么问题，这些问题的解决方法是什么。我一直认为方法论有些无聊，但当我开始写那一章时，我对它非常感兴趣。所以我的很多学生都说这是我做过的最重要的事。

但是我不同意。我认为我做过的最重要的一件事就是拼图教室，因为这个实验把基础研究和应用研究结合在了一起。对我来说，基础研究通常是实验室实验，做基础研究的目的是理解人类大脑是如何运作的，人们是如何思考的，在特定情况下他们是如何行动的，也就是要找出人性中最基本的东西。应用研究则是为了解决一个特定的问题。拼图教室实验要研究的是一个困难的问题，即儿童之间的偏见。在美国的学校里，存在着愤怒、敌意、攻击性，如何使教室里的人相互合作，如何减少愤怒和攻击性，以及如何增加学生之间的良好感情，是这项研究的主要目标。它向我们展示了人类大脑运作的一些重要方面，与此同时，它也在帮助那些参与实验的人。它是基础研究和应用研究的结合，这就是我作为科学家喜欢它的原因。

《心理新青年》：这个问题与社会心理学有关。社会心理学在近几十年来取得了相当大的进步，课题更加多样化，研究应用更加具有创新性。但在研究过程中，我们也遭遇了一些可重复性的挑战，有人甚至称之为"可重复性危机"（replication crisis）。您如何看待它对社会心理学的影响？您认为一般来说我们应该如何解决这个问题？

埃利奥特·阿伦森：首先我认为这是一个问题，但不是一个危机，人们太急于使用"危机"这个词了。可重复性的问题很大。首先是研究不严谨，其次是心理学的研究，尤其是社会心理学的研究非常复杂，它不像化学的研究，如果你在做一个化学实验，你需要非常小心地测量出各种化学物质，并且让这些化学物质之间产生各种反应。任何人只要有一个量杯和适当的化学知识，就可以重现这种效果，而且几乎可以完美重现。社会心理学不是这样的。虽然它是一门科学，但它不像化学等学科一样精确。如果你不够小心，会很容易使数据出现偏差。这就是为什么当我在书中写那一章实验方法的时候，我详细描述了避免数据出现偏差的方法。我不认为出现这些偏差是人为造成的，我也不认为有很多人在做实验时会作弊。在社会心理学中发生的大多数情况是，人们完成了实验，当有人试图重现它时，它并不奏效，因为他们不知道原始实验中发生的一切。

我认为科学的实验方法很重要的，比如说，让一个人生成自变量，让一个完全不同的人收集因变量数据，这个人既不知道实验的假设，也不知道实验的条件、特定被试所处的实验条件，这样一来，提问的人就不可能使数据产生偏差。在我做的第一个社会心理学实验中，实验表明，为了进入一个团体而经历了严格的加入仪式的人更喜欢这个团体，而经历了温和的加入仪式或根本没有加入仪式的人的喜欢程度则递减。为了进行这个实验，我必须非常小心，如果我知道参与者在什么条件下进行实验，就会不自觉地对实验的数据产生偏差影响。我的做法是，当实验中的参与者进入实验室时，我不知道他们将处于什么条件下。在开始时我给了他们同样的指导语，把他们分配到三种实验条件中（不启动、低启动或高启动）的一种中。我将伸手到口袋里拿笔，口袋里有三支笔，一支是红色的，一支是蓝色的，一支是绿色的。我不知道我会拿出什么笔，我拿出笔后，开始写东西。如果墨水是一种颜色，那就是最高级的启动的情况，如果是另一种不同的颜色，那就是低启动的情况。所以我在不知道的情况下对被试做了大部分的指导，因为我给出指导语的方式对于被试的影响是非常难以确定的。总之，做实验时一定要非常小心，否则可能会得出难以重复的实验结果。

另外，我是所谓的高影响实验的反对者，即在实验中，让被试感知到显著的心理体验，无法完全放松下来，因为被试太忙于关注发生在自己身上的事情。这种实验的最极端例子是著名的服从实验。在这个实验中，发生在实验对象身上的事情太多了，他无法坐下来放松一下，无法思考一个正常人在这种情况下会怎么做，因为他太忙于体验研究者把他嵌入的这个实验场景。现在，大多数实验并不像米尔格拉姆的服从实验那样极端，但它们都是在那种直接的高影响的实验中进行的。大多数有复制困难的实验都是对实验对象没有显著心理影响。这就为各种各样的变化打开了大门，而随机的变化会导致难以重复实验结果。

《心理新青年》： 非常感谢！我们想问一个有趣的问题，您个人最喜欢自己的哪一个实验？为什么？

埃利奥特·阿伦森： 问我哪一个是我最喜欢的实验，有点像问我哪个孩子是我最喜欢的孩子。这很难回答，但我认为有两个实验是我最喜欢的。一个是之前我已经谈到的拼图教室实验，主要是因为那个实验结果具有实际重要性，对于那些互相攻击的人，我们可以通过给定的合作形式和合作的经历来使他们互相帮助，并变得更友好，更容易接受对方。另一个是我在心理学上做的第一个实验，就是加入团队实验（initiation experiment），它证明了那些为了成为团体成员而经历困难的人，为了减少认知失调，而比那些更容易进入团体的人更喜欢这个团体。人们说服自己："为什么我费尽心机进入一个糟糕的团体？因为这个团体比它看起来要好得多。我认为的这个团体的消极面，实际上是非常积极的。"人们说服自己，他们努力进入的团体比他们能够轻易进入的团体要有趣得多。这是一个重要的发现。我和我的研究生同学约翰逊·米尔斯一起完成了这个实验，它成为一个经典，也成为认知失调理论的基础实验之一。这个实验是利昂·费斯汀格一直在谈论、试图说明的，这是我生命中一个非常重要的事件。

心理学为世界变得更美好而贡献力量

《心理新青年》： 我们想听听您对我们人类面临的一些大问题的想法。具体来说，世界现在面临一些严重的挑战，例如新冠肺炎疫情、全球变暖、恐怖主义、反全球化、贫富差距的扩大。您认为社会心理学能做什么？比如心理学家能在这些具有挑战性的时代发挥什么样的作用？

埃利奥特·阿伦森： 在我的国家，我不确定在你的国家是不是如此，为领导人提供建议的人通常是经济学家、政治学家或律师，而不是社会心理学家。但是我相信社会心理学家的价值，因为我们处理的是人与人之间的互动，以及有关说服的问题、顺从和服从的问题，还有爱与恨、攻击、合作与竞争等问题。比如新冠肺炎疫情流行，在水牛城，有一群人非常重视自己的自由和个性，他们不想戴口罩，也不想接种疫苗，他们只想要自由。但是，当新冠肺炎疫情流行的时候，不戴口罩、不接种疫苗和类似的事情就违背了社会需求，我认为说服人们戴口罩、接种疫苗等是很重要的。现在，领导人要弄清楚的是，能在多大程度上说服人们去做，还是强迫人们去做，这是一个重要的问题。以气候变化为例，气候变化是一个非常有趣的问题，我们都知道，我们身处这个美丽的星球，但却正在毁掉它。但气候变化问题在很大程度上是被视而不见的。它一直被忽略，直到变得无可挽回。你需要考虑如何让人们动员起来，在这个问题上努力，比如少用化石燃料，以及做任何相关的事情。对比第二次世界大战，那时候在美国，人人都被动员起来，理由是我们正在与一个邪恶的团体作战。这是一场全面的战争，我们的生命、自由和国家都处于危险之中，我们都要行动起来努力保卫国家。我认为全球变暖这个问题太模糊了，不够具体，如果我们把它放在更具体的语境中，我们就可以促使人们更多地进行合作。这就是我认为社会心理学家可以做的事情，经济学家是做不到的。

《心理新青年》： 还有一个问题与中美关系有关。近年来，紧张局势一直在加剧，如出现了贸易战、技术竞争。您曾提出了如拼图教室这样的想法，用以帮助来自不同背景的人走到一起。您认为在这种具有挑战性的时代，我们如何才能做一些事情来帮助国家之间的关系顺利发展，帮助重建人们之间的友谊和合作？

埃利奥特·阿伦森： 我一直在思考这个问题。中国和美国是两个伟大的国家、两个伟大的经济大国、两个伟大的军事大国。如果我们能合作而不是竞争，那就好了，但事实是我们之间有很多经济竞争，比如关税。尽管我们是竞争对手，我们不一定要成为敌人，我们应该找到共同点，我们可以在某些方面一起努力。这也是我认为试图解决全球问题（如大流行病、全球变暖、贫富差距）对我们两个国家和其他国家都有好处的原因。我并不天真，我知道国家由人组成，但国家不是人，国家是由领导人领导的。因此，他们根据很多我不知道的信息做出决定。我唯一能说的是，美国和中国可以走到一起，并说："让我们努力解决这个问题，否则，我们都将被全球变暖所摧毁。"我认为，让两个国家走到一起的方式不是在会议桌上互相交谈，而是可以通过一种类似于拼图教室的方式来一起合作，解决一个共同问题，并暂时忘记我们是美国人还是中国人，而是把我们当作地球人，当作同一个地球社区的成员。这种共同性和合作不仅可以解决问题，而且可以帮助减少我们对对方的攻击性倾向，就像在我的实验中发现的一样。

寄语青年一代

《心理新青年》： 接下来我们会问几个关于年轻的心理学人如何成长的问题。您对一个主修心理学的研究生有什么建议？

埃利奥特·阿伦森： 一个研究生需要做的最重要的决定是选择一个导师，选择一个与你合作最密切的人来学习如何做研究，以及学习如何成为一个研究人员。我在学术界工作了很多年，以我的经验，选择一个你非常欣赏他的研究风格的人是非常重要的，而不是你是否欣赏他的研究内容或议题。议题很重要，但是做研究的风格更重要。因为当你成为一个研究人员时，你可以选择自己的议题、改变自己的议题，这很灵活。但是你在研究生院学到的研究风格则是十分关键的。研究风格主要从你的导师那里学到，他是与你真正紧密合作的人。因为从书本上学习做研究是非常困难的。它需要你亲自动手，你需要接受指导，因此你与导师之间几乎是一种学徒关系。一旦你进入这种关系，它就会变得接近父母与子女的关系，你与导师的合作将非常紧密，以至于你们之间建立了这种联系，它不一定是以研究主题，而是以研究风格为前提的，因为你感觉这样做研究是正确的方式，你感觉可以这样做并喜欢这样做。

此外，我还想和中国的社会心理学的学生与学者分享一个观点，即当你成为一个社会心理学家时，当你成为一个有作为的人时，无论你是一个教授，还是你在其他一些场合做研究，你都可能成为其他年轻人或学生的导师。假设你成为大学教授，你要成为一个好人，就像一个好父亲或好母亲一样，你需要严格要求自己，做一个温暖、包容的人，所以有时候我会和学生单独谈话。

在我当教授的生涯中，我曾指导过许多学生。有些时候，他们会因为我严格要求他们做好研究、要求他们花额外的时间工作而讨厌我。我要求他们应当尽可能地做好研究，但不能走捷径，不能偷工减料，试图用更少的时间来完成。有时研究工作可能很艰巨，需要很多时间，但做这些工作很重要。如果你不做，你永远不知道你会得到什么。另一件事是，如果你在做研究，你应该选择一个你真正感兴趣的项目，因为有时研究需要很长的时间，并且可能很艰巨。那些不能让你全身心投入去做的事情，可能只是你为了让自己忙起来而做的，并不是你真正想选择的。一个好的实验需要大量的时间，你要确保它是你真正关心的东西。

还有，要尝试着把更多的热情投入做研究的过程而非结果上，要享受做研究的过程，而不是过分关注结果。如果你过分关注得到好的、可以发表的结果，你可能会犯一些错误。你可能会使数据产生偏差，使实验结果难以重复，这对研究者来说是非常糟糕的。你必须绝对确定你得到的结果都是正确的，而且是基于良好的研究方法的，而实现这一目标的唯一途径是更多地关心过程而不是结果。这也是并非每个人都能在研究生院学到的一课。但当你把这句话记在心里时，它将成为你最好的朋友。当你是学生时，如果你的导师对你说这句话，你可能会有点反感。但当你是专业人士时，你会明白这句话的含义。我最后想说的是，作为一个专业研究者，做一个真正好的实验比做十个不好的实验要好得多。这是很难被接受的建议，因为在大多数大学中行政领导只看数字，他们关注你做了多少研究，而不是研究的质量，因为他们没有资格去判断它的质量到底有多好，但他们可以知道你做了多少实验。但对于你自己来说，你必须确保你所做的一切都能做到最好。

《心理新青年》：作为一个社会心理学家，您如何安排您的工作和时间？

埃利奥特·阿伦森：在过去我是这么安排我的一天的：我会在早上醒来，然后到学校里，跟和我一起做研究的研究生们见面。有些时候，我会花一部分时间教一门课程，我喜欢教社会心理学入门。我也喜欢接触大一新生，去教他们我非常喜欢的这个领域。因为我热爱作为社会心理学家的事业，我喜欢向 18 岁的大学一二年级学生传达知识。有时候我还会在白天进行一些写作，然后我会与同事见面、吃午饭，以及诸如此类的事情。这就是我的典型的一天。

现在我已经退休了，而且我失去了大部分的视力，所以我不能阅读了，于是我把大部分的时间都花在了写作上。我会写一篇新的文章或者一本新的书，或者一些我可以发表的东西。我在流行的杂志上发表文章，因为我想把我学到的东西传达给更多的人。这就是我的生活。作为一个社会心理学家，这是一种丰富的生活，因为在我看来，整个世界是一个社会心理学谱系，一直都有事情发生，我热爱做社会心理学家。

《心理新青年》：这是非常好的回答，让我们知道一个心理学家在工作和生活中是如何安排他们的时间的。在我们中国社会，心理学中没有很多关于学科间对话的介绍，比如说在临床心理学和社会心理学之间，我们对心理健康和咨询以及提供这些支持非常感兴趣。您认为社会心理学在临床服务中的心理健康方面能起到什么作用？

埃利奥特·阿伦森：我认为社会心理学的作用在于帮助我们理解这一点：许多发生在心理健康方面的问题是人际关系的问题，例如年轻人与他们的父母之间的问题，以及已婚人士与他们的家人之间的问题，这些都是社会心理学的问题。学习好的沟通技巧是属于社会心理学领域的，包括教人们在生气时如何沟通而不责怪对方，如何在讨论和争论中承担责任，所有这些在与他人互动时产生的问题都可能导致一个人精神上的压力和紧张，这都是社会心理学研究和社会心理学家可以发挥作用的地方。

第二章

罗伊·鲍迈斯特：

人类暴力为何在减少？

学者简介

　　罗伊·鲍迈斯特（Roy F. Baumeister），著名社会心理学家。他的研究涉及多个主题，他以在社会排斥、归属感、性与性别差异、自我控制、自尊、自我挫败行为、动机、攻击、意识和自由意志方面的工作而闻名。他发表了500多篇论文，著有30多本著作。他重要的学术成果包括提出著名的"自我控制力量模型"，巧妙地将自控力比作肌肉：使用后会损耗，锻炼后可增强。他在1995年发表的论文《归属需要：渴望人际依恋是人类的基本动机》中提出将"归属需要"看作人的基本心理需要，该论文目前被引用多达26 542次，是被引量最多的心理学论文之一。他的成就中最重要的部分是挑战了美国文化对提升自尊的盲目信仰，挑战了在各领域只鼓励、夸奖而不批评甚至不比较的社会规范。鲍迈斯特是世界上最有影响力的社会心理学家之一。

罗伊·鲍迈斯特

宏大生命问题呼唤心理学解答

《心理新青年》：我们对您的人生历程非常感兴趣。您是怎么进入心理学这个研究领域的，是什么激发了您对心理学的兴趣呢？

罗伊·鲍迈斯特：在中学时期，我的数学成绩很好，当时我希望继续学习数学。但在进入大学之后我发现高等数学并不是我的兴趣所在，于是我又想转而学习哲学和宗教，去思考那些宏大的问题，去理解人类的生命。但我的父母认为与哲学对口的工作很少，如果去学哲学会赚不到钱，会生活得很困顿，所以选择心理学其实是一种妥协。那时我在阅读哲学书时，读到过一些弗洛伊德关于道德的著作，那时我就在想，到底什么是对、什么是错呢？面对这个很宏大的哲学问题，我们怎么才能知道答案呢？而弗洛伊德说，我们要用科学的方法，让我们来研究孩童是怎么习得道德的吧，让我们回顾文明的历史去审视最早的道德吧。我认为这种想法很好，我们可以用社会科学的方法，收集数据、寻找证据，去解决这些宏观的哲学问题，我对这种研究方法很感兴趣。

关天心理学方面的书，我会推荐弗洛伊德的《文明及其不满》，这本书很薄，只有八九十页，但每十页就蕴含着一个伟大的思想。它体现了弗洛伊德成熟的思想，他的观点很有先进性。我们现在认为他在很多方面的观点都是错误的，但是他仍然毫无疑问是20世纪的伟大天才之一。我认为这本书能让你看到还有人在思考人类的心理并且提出自己的观点，这是非常振奋人心的，这也是我踏入心理学领域的原因之一。

《心理新青年》：您研究生涯中遇到过最大的挑战是什么？您又是如何克服的呢？您如何定义好的研究？您如何平衡科研中的严谨性和创新性？您从哪里寻找研究方向和想法的新灵感？

罗伊·鲍迈斯特：我很难说出一个具体的巨大挑战。在研究的过程中，你需要学会各种技能，而我认为科研生活的核心在于年复一年地持续进步。一开始你需要非常努力才可以让你的能力足够应对科研，但一旦你掌握了做研究的必备技能，你就可以进行实验，撰写论文，发表论文。只要你达到了这种水平，你就不用像之前那么拼命了。你可以试着每年进步一点点，努力成为一个更好的作家、一个更好的演讲者，思考验证实验假设的新方法，寻找新范式，看看其他研究者在做什么，向他们学习。我觉得最好的方法就是逐渐进步。你永远不可能是完美的，总会有其他人比你更好，那就向他们学习吧。这一直是我努力在做的事情。

在寻找研究方向时，阅读文学作品和文艺批评去发现他人的视角对我来讲是很好的启发，有时候你也可以从自己的生活中寻找灵感，比如在人们的身上发生了什么，他们又是怎么应对的，这也是一种好的方法。关注社会生活，去思考为什么会什么此样，而不是彼样。好的研究需要同时兼具严谨性和创新性，在严谨性这一方面，你应该不断努力寻求进步，努力在每一个研究中进步些许，我总是只求进步一点点。

而要想获得创新性就需要看得多、见得多了。我最近读了一些关于成功事业的文章，文章阐述了成功的人使用的策略：他们先进行大量探索，在探索过程中找到能走通的一条路然后坚持前进，先锐意探索，再充分利用，使其发挥出最大的价值。所以去尝试各种东西吧，哪怕其中许多尝试不会成功。要尝试各种领域，产生想法，然后确定哪些是好的想法并付诸行动。

用心理学阐释人类与社会

《心理新青年》： 人是否有自由意志？人们是否可以选择自己生命的意义，抑或自由意志只是人类的幻觉？哲学和社会心理学是如何理解这个问题的？

罗伊·鲍迈斯特：这是一个非常复杂的问题。哲学家是专业的思考者，他们非常专注于思考，这是他们的本职工作，他们做的就是着眼于疑难案例，思考双方的例证等诸如此类的事情。他们的工作对我们帮助很大，但身处心理学界的我们做的工作和他们不一样。我们不需要精确到边界或者精准的概念，我们可以分析数据以得到常规模型。所以关于自由意志，哲学所研究的问题和心理学不同。我们可以研究大脑是如何做决定的，我们可以研究人们对自由的信念。自由意志的一个简单的定义是，在没有他人给你施压的情况下，在同一个情形下你可以自由做不同的决定的权利。这是自由意志的一种重要类型。这个定义对心理学来说足够了，然后我们就可以研究这种情况下的心理过程。

《心理新青年》：我们对心理学理论非常好奇，从现代心理学的历史来看，当下似乎没有大的学术流派。我们是否真的处在心理学的"小理论"时代？要如何构建更为宏大的理论来解决人性的基本问题呢？

罗伊·鲍迈斯特：我认为当前是有一些流派的，进化心理学有一个强大且相当统一的方向，当然也有其他人不认同他们的观点，但这是当下很有影响力的大理论。但你说得没错，总的来说，社会心理学或者说整个心理学，都只是在用一些小理论分别解释某一种现象，这个情况也是由大家处理数据的方式决定的。这也是我想在做实验研究的同时撰写文献综述的原因，一个实验只能解决一个小问题，但文献综述可以把他人的许多实验综合起来去解决更宏观的问题。所以如果你想从更宏观的层面去思考，文献综述应该是你的首选方法，或许也是唯一的方法。你可以只在一个方向上进行宏观性思考，如果你将穷尽一生研究这个方向，那我认为你也需要借助其他人的研究发现。做实验只能解决一个很具体的问题，当然你也可以说这个研究与生和死的意义或者其他什么宏大的课题有关，但期刊审稿人通常会说，你不能这么说，你不能就从这些数据中得出这种结论。所以我的意思是，所有这些发表出的期刊文章都被解释得不够充分，有一些宏观观点没有在这些文章中被表达出来。所以当你阅读200篇大致关于一个主题的文章，你就可以提出更大的理论去把这些研究都整合在一起，因为这200篇文章中没有一篇可以单独解决这个大问题。

《心理新青年》： 史蒂文·平克（Steven Pinker）认为在近代史中，人类的暴力行径正在减少，您也写了一本书《恶：在人类暴力与残酷之中》。人类暴力真的正在减少吗？文明的进化能否提高人类的道德标准？

罗伊·鲍迈斯特： 几年前我写了一本书，平克也写了一本书，论述暴力正在减少，并且这个观点是基于很有力的证据的。在他写书之前我就认同这个观点，并且发现了充足的证据，而他非常漂亮地把证据都整合在了一起。我看过这本书零零散散的一些片段，确实是一本好书。我觉得里面的数据都很有力。其实没有办法断定文明的进化是否提高了人类的道德标准，但我认为在某种程度上确实提高了，至少在控制暴力行为这一方面。总有一种论调认为人类的道德正在走下坡路，这其实是有一些道理的，因为小团体中的道德感总是最强的，如果你做不道德的事情，所有的人都会知道你是个坏人，如果你说谎，大家都知道你是个骗子，就不会再听你的了，但这种情况只适用于一小群人。

中国的城市规模越来越大，有的城市甚至有2 000万人口，你对一个人撒谎的顾虑变少了，因为你永远都不会再见到他。这就是为什么法律和警察变得更加重要，他们本质上在行与道德相同之事。他们都对人们的良好行为提出了要求。不杀人、不偷窃、不撒谎这些事情是符合道德的，而现在我们用法律而不是道德来确保这些行为不会发生，但这只是更大的社会规模和更复杂的人际关系的必要要求。

《心理新青年》： 自我损耗这个概念已经产生了广泛的影响。近年来，自我损耗的实证基础受到了挑战。您如何看待关于自我损耗的批评？您如何看待社会心理学所面临的可重复性危机？

罗伊·鲍迈斯特： 对这个概念有两种质疑。有人认为自我损耗这个概念是虚假的，另一些人提出了关于自我损耗不同的理论，但这两种之一必然是完全错误的，因为你不可能对一个不存在的东西提出一个真实的理论。我认为质疑这个理论的人更有可能提出相同现象的替代理论，我的观点在最近 20 年中也改变了不少，因为在这个过程中我一直在继续研究。

其他人也提出了一些有道理的观点，还有人的观点不那么有解释力，但自我损耗这个概念一定是真实的。我一直在看与之有关的研究的影响力、文献综述等，我现在认为自我损耗可能是社会心理学中可复制性最好的一项发现。什么才叫一项可复制性好的发现？需要有很多实验能够呈现同样的结果，这些结果不会相互矛盾，这需要现实生态效度良好的证据。

之前有一个新的多实验室联合研究，10 或 20 个实验室同时做相同的实验。有一个早期实验的结果不支持自我损耗的理论，实验结果中出现了自我损耗情况，但他们没能很好地操纵自变量，所以就无法证明实验假设。我最近阅读了报告一些社会心理学实验室进行的多站点复制实验的文章，35 篇中只有 4 篇的实验结果是显著的，而其中一篇就是研究自我损耗的。所以其实自我损耗已经是这个领域最好的研究发现之一了，文献中有 600 到 800 个显著的实验发现，几乎没有与之相反的实验发现，研究方法中有实验室预先注册的实验，也有许多现实场景中的研究，说明这个现象不止能在实验室中被发现。像我之前所说，虽然我在读这些文章之前没有想到会是这样的情况，但是，我确实不觉得我们可以再在社会心理学领域找到具有这般有力的实证研究支持和可复制性的发现。

再来回答你关于实验的可重复性的第二个问题。用"危机"这个词来形容总是有些夸大，但这件事确实是一个问题，尤其是在社会心理学中比其他学科都要严重，我认为其中是有一些原因的。社会心理学家更乐于雄心勃勃地尝试新想法，因为他们更担心结论与直觉相悖，所以他们有更强的动机去做有创意的、不常规的实验。但对可复制性的顾虑正在改变这个领域，如今大家觉得好像我们必须有大样本实验才可以，但获取大样本又不方便，所以很多人就采用了线上问卷调查的方式，让被试先想一件事，再想另一件事。社会互动几乎已经从社会心理学中消失了，学者只是在研究人们对一件事的思考如何影响他们对另一件事的看法。这也是可以研究的，但不应该是我们做研究最主要甚至唯一的方法。这个领域的研究生态需要有多元化的研究方法去实现方法论上的严谨性。你需要尽你所能地去研究各个主题，而不是只着眼于你只用一种特定方法完成研究。

我认为可复制性的"危机"对这个领域的影响的消极成分更多一些，这很可能会让有创意的研究无法实施，就像一句英语谚语所说的：药比病更毒。我想说的是，这个领域对可复制性做的应对措施比可复制性低这个问题本身还要糟糕。

《心理新青年》：你来自一个移民家庭，我想移民家庭中的文化可能会影响您对文化如何影响行为的理解。并且您生活在美国，这是一个多文化、多种族的社会，不同的文化聚集在一起共同影响人民。在澳大利亚也有相似的情况，既有原住民也有其他不同文化的人生活在一起。那么您怎么理解文化的子系统对一个人的行为的影响？

罗伊·鲍迈斯特："移民"这件事在人类社会中很常见，但在其他动物中非常罕见，这又是一种人类特有的情况。那么问题就来了：对原有文化，你要保留多少，改变多少，才能去适应新文化呢？我父亲是从德国移民到美国的，所以我知道人可以从在异国他乡中生活学到很多。我觉得在另一个国家生活一段时间对一个社会科学学者来说是很有好处的，从远方观察自己的祖国是一个很有趣的经历，因为当你在那里的时候，就像笑话里讲的，一条鱼问另一条鱼："今天水怎么样？"另一条鱼一怔，问："水到底是什么东西？"它不知道自己是生活在水里的。同样的道理，当你浸润在自己的文化中时，你把一切都当做理所当然的，不会多加注意，而在另一个国家的生活会提供给你一个新的视角，正如我们知道的，有的文化更同质化，有的文化更多样化。美国正在经历一场变革，之前很长一段时间里，我们的宣言是，人们可以来自任何地方，而来了这儿就都是美国人。现在随着身份政治的崛起，人们分裂成不同的群体，并且认为群体之间是充斥着竞争和冲突的。

正如一些学者指出的那样，这反而又退回到了从前的部族化状态。但其实一个国家的人民都应该认同这个国家，我们之间的相同点比差别更重要，这对大规模的合作很有帮助。这才是文化真正应该发挥的作用。

学术路上砥砺前行，劳逸结合提高效率

《心理新青年》：这个问题有关您的个人生活，我们很好奇您的日常一天是如何安排的？您如何平衡工作和生活？

罗伊·鲍迈斯特：要想在这个领域获得成功，你必须做很多工作，而要做到这一点，你必须享受工作。所以你需要减轻压力并且找到你能够适应的工作方式。刚开始写作的时候是非常困难的，但慢慢地会越来越轻松。我相信充足的睡眠是必要的，所以我从不设闹钟，总是睡到自然醒，然后起床吃早餐，以良好的休息和丰富的早餐开启新的一天。对我来说最重要的工作是写文章并发表，所以我会在我精力最充沛的时间里进行这项工作。当然我还有其他的事情需要做，比如教学、审稿，或

者干一些杂事，而且当我在这个职级的时候，还会收到非常多的邮件。这些事情会花费我一到两个小时的时间，然后我还要做检查之前的文稿之类的其他事情。但是你要想清楚到底什么是对成功的事业来说最重要的，对我来说就是发表文章，多写作、多发表对我来说是最重要的事情。当然，生活也需要乐趣，要做点有创意的事情，要去娱乐。如果我们今天不进行这个采访，我会去弹钢琴，因为创造音乐和自己作曲都是愉快的享受。在冬天我有时候会去滑雪，但大部分情况下我每天都会工作。要想成功，你需要扪心自问："我今天进步了吗？我的研究有进展了吗？我写了什么吗？我收集数据了吗？我做实验了吗？实验成功了吗？"实验是研究的一部分，如果你做了一个规模很大的实验但最后失败了，不要觉得自己没有获得任何进展，这是研究的一部分。当然，不要总是很久都没有进展。

在工作中，比如说在研究的初期，一定是有很多困难的。研究者需要学习各种技能，直到他的能力足够开展一个成功的研究。努力吧，一开始你必须很努力才能达到这种程度，之后你可以慢慢来，不断进步。现在，对年轻的研究者来说，我会建议大家学习大数据，我认为社会心理学未来很重要的一个方向就是大数据研究，这种方法可以解决一些之前的研究方法带来的问题。我还是一个学生的时候大数据还没有得到发展，我自己也有三四十年没有作为学生去上统计课了，所以我没有使用大数据进行研究的能力。但是如果我现在是一个新手，这应该是一项我需要学会的技能。我也会想尝试不同的东西，设计许多新的方法，和不同的人一起工作，学习他们如何思考、如何研究。努力学习各种技能吧，这样你毕业之后就可以着手开始研究了。你可以进行实验，然后发表论文，这样子过几年，直到你的职业生涯中已经有一些成果了，可能你已经得到终身教职了，这时候你就可以走出去尝试新的东西了。但是我想说，当你还是一个在学习各种技能的学生的时候，当你获得博士学位，拿到研究所里的职位之后，先去高产地做研究，去提高你的能力，不要急着去尝试新的方向，等到你已经比较稳定了之后再去向外探索。

对于做研究，还有一个我很早就体会到的道理，这个道理很重要，那就是不要把事情留到快到截止日期时才做。当截止日期快要到的时候，你必须放下一切事情去做这个工作，这个时候你压力会非常大，这可并不好受。不花足够的时间去做研究是不行的，所有事情实际花的时间都是看上去的两倍。比方说如果一件事的截止日期是周一，你没有计划好时间，但不管怎么样你都必须做出一个东西提交，那最后的结果可能就不尽如人意了。我一生中发生过很多次这种情况，我不喜欢我那样赶出来的工作。所以在做任何事的时候我都尽量提前完成，试着在三月就完成在四月底截止的事情，其实花费的时间是一样的，但这样会更轻松一些。如果过程中有一些延误，比如遇到数据需要重新分析，我就可以把它放在一边几天，不需要去担心什么，也不需要做额外的工作。但如果这个工作下周一就截止了，那问题就大了，我必须想办法解决问题。很多人总是拖到最后一刻才开始工作，对此我感到很诧异。做事做在前面会让你的生活更愉快、更幸福。另外，确保你每天有充足的睡眠和一点乐趣。

《心理新青年》：我还有一个相关的问题，我知道像您这样的著名社会心理学家有很多工作要做。您在时间管理方面有什么小妙招吗？

罗伊·鲍迈斯特：我之前也说了，要确定最重要的事情，确保你每天有时间做这些事情。你回复邮件的时候很容易有一种自己在工作的错觉，但你必须意识到这个行为不会有任何成果，回复完邮件就只是回复完邮件了。要去收集数据，去写论文，要懂得这才是推动你前进的动力。并且保证你是总有进展的。不一定要是每一天都有进展，毕竟每一段时间里都会出现倒霉的一天，但至少要确保一周中的五天你都在进步，这是很重要的。比方说写作是你最重要的事情，那你就要在一天中状态最好的时候去做。对很多人来说最好的状态在清晨，但是对我来说不是，我喜欢睡到自然醒。对另外一些人来说，最好的时间可能是下午或者深夜。总之要在你状态最好的时段做最重要的工作。别的工作我不了解，但是在写作的时候你是需要专心致志的。我以前练习写作的时候，我只有一台没有联网的电脑，在一间装潢美丽、风景宜人的书房里，没有电话，没有网络，听不到门铃，几乎是与世隔绝的状态，这使得我可以专心做事。

现在人们总是会习惯看一下电子邮件或者其他东西，思维被切成一块一块的。然而是当你进行写作的时候，是必须把一切都记在脑子里的，所以哪怕只是一通 5 分钟的电话的打扰也会让你需要花半个小时去找回之前所有的想法，哪怕它们一直都在你的脑海里。在你思考最重要的事情、做最重要的工作的时候，确保你有充足的时间和空间可以保持一段时间的专注。我一直觉得，如果你每天可以写作 2 小时，这种写作量足够让你进步，并不需要每天在写作上花 5 ～ 6 个小时甚至更长的时间，而且最好是每天都写点东西，而不要出现三个星期里什么都不写的情况。

在写论文的时候，不要每天以 12 个小时连着写 4 天，然后完全停工这种节奏工作，这样的效果是不好的。你应该以一种轻松的节奏工作，这样写作就会变成一件自然而然的事情。如果你三个星期里一个字都不写，那你就不可能自然而然地写作。所以你需要合理地安排自己的计划，写多少字、写多少段这样的事情都需要计划好。当你在学习写作的时候，考虑语句措辞是一种煎熬，但随着时间的推移，文字会自然地在你的笔下流淌的，但这取决于你能否坚持下来。每天写邮件可不算真正的写作，要让自己每天真正写一些东西，哪怕只写 15 分钟。

《心理新青年》： 您对中国的心理学研究者和心理学专业的学生有什么建议吗？

罗伊·鲍迈斯特： 我觉得中国是一个伟大的国家，有很多智慧的人，所以希望你们能真正推动心理学的发展，享受你们在做的事情，努力进行研究工作。在整个职业生涯中，我一直会去图书馆阅读，我会浏览领域内的顶级期刊中所有文章的摘要。我做这件事的时候没有压力，也没有任务，我只是想知道现在大家在研究什么。有时候看到有的研究我会想：这个研究好有趣，我从来没有想到过。由此我能够把握这个研究领域中大家正在研究什么，并发现一些解决问题的创意方法。

你也需要记录实验方法，你学到的不应该只是想法，因为研究需要收集数据，而研究方法会局限你能提出的问题。统计方法也是同样，尽可能使用多种统计方法，只有这样你才能提出和回答各种问题。我想这算是个好建议吧。

第三章

苏珊·费斯克：
我的社会心理学之旅

学者简介

　　苏珊·费斯克（Susan T. Fiske）教授是美国普林斯顿大学心理学和公共事务杰出教授。她于 1978 年获得哈佛大学哲学博士学位。费斯克教授的研究探讨了人们的社会关系如何促进或阻碍刻板印象、偏见和歧视的心理过程，比如合作、竞争和权力等。她和合作者共同编著了 350 多篇学术论文和图书章节，并主持编纂了众多社会心理学领域具有高度影响力的论文和书，包括《心理学年度评论》和《社会心理学手册》等。她是当代著名社会心理学家，因其在社会心理学领域的卓越贡献而多次获奖。其中，《社会心理学手册》于 2010 年获得美国心理学会杰出科学贡献奖。她于 2013 年入选美国国家科学院院士。

苏珊·费斯克

我的社会心理学之旅

《心理新青年》： 我们留意到您在哈佛大学的拉德克利夫学院学习社会关系，然后在博士期间研究心理学和社会关系。我们十分好奇您的职业路径及其背后的故事。您当初为什么会选择心理学？又是如何对刻板印象研究产生了特别的兴趣呢？

　　苏珊·费斯克： 我踏入心理学领域，特别是从事刻板印象研究，有这样几个方面的原因。我的研究轨迹受到了我的家庭、我以前住的地方以及我所成长的时代的影响。我的母亲和祖母都毕业于哈佛大学的姐妹学院——拉德克利夫学院。我母亲的文凭上甚至用拉丁文写着："这个学位和哈佛大学的学位一样好。"当我上高中的时候，几乎所有的常春藤盟校都只有男生。所以我申请了拉德克利夫学院这个女子学院，之后毕业于"哈佛大学的拉德克利夫学院"。

　　我受到的家庭影响有一方面来自家庭中的女性，她们对如何建设性地解决性别和种族问题很感兴趣。我的曾祖母和我的祖母都致力于争取妇女投票权益的工作，她们永远不会说自己是"争取选举权的妇女"，因为那听起来太渺小了，她们宁愿说自己是"主张扩大妇女参政权的人"。我母亲在芝加哥的一个无党派团体中工作，该团体倡导政治领域的对话和事实。她是女性选民联盟的一名成员，这是一个在妇女有了投票权之后成立的社会团体。家庭影响的另一方面来自我的父亲唐纳德·菲斯克，他是一位方法学家和心理测量学家。他在《心理学公报》中发表了一篇100年来被引用次数最多的文章（Campbell & Fiske，1959），该文章提出了一个经典方法，即采用多特质－多方法矩阵进行聚合分析和辨别验证。所以，在某种程度上我结合了我父母的兴趣。另外，我的兄弟艾伦·菲斯克是一名文化心理学家，他也给我带来了很大的影响。

我生活的地方也影响了我的研究。我小时候在芝加哥的海德公园（也是奥巴马成长的社区）长大，那是一个较为稳定、种族融合程度较高的社区。当我去了波士顿上学时，我感到很震惊，因为我在波士顿看到的种族差异要少得多，然而种族隔离的现象很多。尽管芝加哥也有不少种族隔离的情况，但是我上小学的时候，会和各种各样的人一起上学。当我到达波士顿后，突然发现我的身边几乎全是白人。作为一个习惯于不同事物的盎格鲁－撒克逊白人，对我来说这是一个很令人震惊的事情。我不明白为什么两个城市会如此不同，因为波士顿是个非常先进的城市，所以这看起来很奇怪，我想弄清楚背后的原因。

我所处的时代节点也给我的研究带来了变化。我成长在20世纪70年代，那是越南战争和民权运动的年代。我想让这个世界变得更加美好，但我想不能仅仅通过发表意见来达成目标——我必须有依据。我当时意识到，我必须去读研究生，获得必要的工具和方法，从而才能去代表那些没有被社会所听到的声音。因此，我的整个社会背景和我的家庭影响都促使了我去研究美国社会的刻板印象、偏见和歧视问题。在当时，我已经非常清楚，"你是谁"如何影响着你的思维，是一个值得研究的有趣的问题。你选择什么问题，你如何给它命名或贴标签，你如何研究它们，你得出什么结论，都被你是怎样的人所影响着。当然，之后你必须学会在市场上流通的各种想法和科学同行的评议中捍卫自己的立场和观点。

在我读本科时，几乎没有女性心理学家或女性社会心理学家，这个环境影响了我的研究取向。比如，如果你在一个黑暗的房间里，你坐的椅子倾斜了，你会注意到墙壁的外在线索还是个人的内部线索？女性和少数族裔被认为具有"场依赖性"，而男性和多数族裔被认为具有"场独立性"。但是我当时在想，为什么不把它叫作"场敏感度"呢？哪个听起来更好？这个例子说明了你的认同会影响你如何给一个现象贴标签并提供解释。作为当时为数不多的几位女性心理学家之一，我看到了这些个体差异，尤其存在于性别。不幸的是，那些标签都让女性看起来很糟糕。我觉得这样不好，持有不同观点的人必须出现并发声。

后来，我把我的研究目标扩展到了女性之外的群体：美国移民，因为我认为世界的总体趋势是全球化。我们将会看到更多的人去做不同的事情，去不同的地方走访，成为朋友，成为夫妻，一起工作。我认为那会是人类未来的发展道路，而且是一个非常健康的发展方向。我想这些都是影响我进入这个领域的主要因素。

《心理新青年》： 您的刻板印象内容模型在中国社会心理学话语体系中非常流行且具有影响力。许多研究者在他们自己的研究中应用了您的理论。一些人指出，中国文化强调道德伦理（如孝道、博爱、和谐）。您对刻板印象内容模型的发展及其在不同文化背景下的应用有什么看法？

苏珊·费斯克： 有位中国教授曾对我说，现代中国文化是多个文化的动态组合，而且一直在变化。我们有这方面的数据。例如，尊重老人是中国及其他东亚国家和南亚国家的传统价值观，但当我们测量年龄歧视时，东亚的情况其实比西方更糟。我们的数据结果表明，这是出于人们对资源的担忧。在过去的美国和中国，人们会照顾老人，他们会住在孩子家里。但现在出现了更多的担忧，至少在群体层面需要考虑如何为这些老人埋单。在美国，人们曾经担心婴儿潮一代会成为美国经济的负担。我不知道中国是什么情况，但也许是独生子女政策让人担心人们将如何奉养老年人。所以，我认为人们可能同时感觉到他们对祖父母的爱戴与对整个社会如何奉养老年人的担忧。

世界各地的人，包括美国和中国，认为老年人是热情和善良的（值得帮助的），但同时认为他们没有能力为社会作出贡献（需要资源）。这一种矛盾的刻板印象是刻板印象内容模型（以下简称内容模型）的典型发现。同时，残障人士和儿童群体也被视为温暖但无能的，需要被照顾。另一种矛盾的刻板印象是高能力但冷漠，世界各地的富人都是这样被感知的，我们发表过的论文中也讨论过这一点。

热情是由道德和社会关系组成的，这两者是高度相关的。能力是由才能和能动性组成的，两者也具有高度相关性。所以，你可以把内容模型分成四组类别，包括前文所提到的两种矛盾性刻板印象类型，再加上高热情 - 高能力的理想公民和低热情 - 低能力的被社会所驱逐和排斥的人。至于内容模型的普遍性，在某种程度上，它具有文化普适性。如果你问人们对于社会不同群体所持有的态度，两个维度（热情和能力）可以将这些群体很好地区分开来。你看到这些结果，感觉它是有道理的，而且来自那个具体文化中的人也认为这些结果是有意义的。

在这四个象限之外也有几个例外情况。有时它更像一个矢量，而不是一些散点集合。比如矛盾性刻板印象会消失不见。具体而言，有三个主要的影响因素。

第一，矛盾性刻板印象消失的情况可能会发生在更加平等的国家，比如瑞士和斯堪的纳维亚半岛这样拥有庞大社会安全网络的国家。某一群体要么属于"我们"（国家的一部分，在两个维度上都很高），要么不属于"我们"（在两个维度上都很低）。

第二，如果一个国家发生内战或国际战争，矛盾性刻板印象消失的情况就会更多，因此"我们"和"他们"之间的区别也会更大。但是，如果一个国家像美国和中国一样存在很多不平等现象，那么我们更有可能观察到四个象限。我认为，这是因为社会必须解释为什么有些人是贫穷而应得的，而有些人是贫穷但不应得的。

第三，我们首次研究东亚文化是在中国香港、日本和韩国，我们发现这三个地方都没有出现高热情 - 高能力的象限。本来在西方文化中会出现高热情 - 高能力组合的情况，在东亚文化中这些品质变得更加中立和谦逊。对于我来说，它符合文化心理学的研究结论：在东亚文化中，对自己和自己的内群体保持谦逊（谦卑和中立）是一种传统美德，而一些美国人刻板化的傲慢看起来是幼稚和不成熟的。因此，这是三个主要影响因素。

《心理新青年》： 我们生活的世界中充满了刻板印象、偏见和歧视现象。您会建议社会心理学家做些什么来架起一座沟通的桥梁，或者促进理论和应用之间的对话？

苏珊·费斯克： 我认为向更多的人讲授这些知识体系和研究发现非常重要，因为世界各地的大学都在培养那些未来将会成为领导和决策者的人。了解多样性是有必要的，从务实的角度来看，多样性可以带来很多利润。做生意需要多样化，如果你想拥有一个多样化的客户群体，你就需要有一个多样化的员工结构基础来预测客户的多元需求。将不同的活力汇聚起来就会产生创造力。同时，我认为了解多样性也有道德层面的原因，追求多样性是正确的。我希望世界变得更加全球化，并且大家能接纳这种变化。

学术生涯是一场马拉松长跑

《心理新青年》： 大家都知道，中国在过去 40 年内发生了大规模和剧烈的社会变革，我们很想知道，您会如何看待现代中国所经历的快速经济转型和文化变迁。您认为哪些议题对社会心理学家来说，无论从理论层面还是实证层面，是非常重要、值得探究的问题？中国学生、学者如何才能在社会心理学领域开展更多具有独创视角且有国际影响力的研究，进而对整个社会心理学领域的发展做出自己的贡献？

苏珊·费斯克： 我认为大家首先应当记录并描述这些变化。人们总是会受到所处的地域和时代的启发。例如，在美国，有关传播和说服的研究是在"二战"后出现的。有关领导力的研究是在比较自由放任的民主政治或独裁专制的政治环境中产生的。所以，我认为某个地方和时代的本质会自发地促使人们对不同的话题产生兴趣。我很乐意为大家提供有关如何识别这些主题的建议，但并不能告诉大家这些主题是什么，因为我并不知道你们的生活是什么样子的。

我还想告诉大家的是，当你们在读西方主导的社会心理学文献时，不妨问问自己：这里是不是缺少了些什么？要做到这一点，你必须注意到徘徊在你脑海中的那些怀疑的声音：他们为什么不研究这个？他们为什么要这样研究？他们为什么不那样研究？与其无视或推迟这些怀疑的声音，不如当它们出现时就把它们记录下来。有时，当你翻看笔记时，你可能会发现，你一遍又一遍地重复同样的话，这可能暗示你应该研究这个问题。如果你真的发现了寻求新突破的方向，那么你必须准备好应对抵抗。你必须有很多证据，而且你必须愿意持续地积累证据。

你可以去发现那些文化比较之外的原则，然后去探寻这些原则的本质。它们可能来自本能，来自观察，甚至是文化心理学中的实证发现。举个例子，我们发现东亚文化中缺少高热情－高能力象限，其实也可以在美国文化情境中研究这个问题。我可以探究，在什么情况下，一个美国人会表现谦逊并贬低他们的群体。大多数的现象其实在哪里都有可能存在，只是这些现象在某些文化中比在另一些文化中更加被强调。例如，文明礼貌和含沙射影可能在其他文化中存在得更多，但其实在美国也会存在，也许是以另一种方式存在。所以，与其说文化之间有差异和区别，不如去研究它的本质，它是如何运作的，文化情境会如何影响它什么时候发生、在什么地方发生。

《心理新青年》：您在社会认知领域做了大量、丰富的研究，特别是群体感知和人们如何理解世界。如果面向一群对您的研究领域感兴趣但是知之甚少的听众进行总结，您会告诉他们哪些最重要的经验和教训？

苏珊·费斯克： 我想说的是，人们必须相互理解，才能度过一生，甚至度过每一天。人们没有时间或心理资源单独对待每个人，处理他人的多重维度，关照他人的独特个性——仅仅因为你和每个人都要交谈。人们必须采取捷径，这些捷径对于日常生活而言是足够好的。当然有时候，这些捷径是错误的，但大多数情况下，它们又是正确的。而且，这些捷径是完全可以理解的，因为一个人是如此复杂。我把它理解为社会认知的奇迹。我们每个人是如此复杂，竟然可以互相理解，这是多么令人惊叹的事情。我对人们如何形成对彼此的印象非常感兴趣。而且，人们会持有一种幻觉，以为自己可以预测他人，甚至可以控制自己的命运。总而言之，没有这种幻觉，我们人类无法正常生活。

人们的认知捷径包括刻板印象，因为分类思维实际上是不可避免的。这种分类显然存在于性别、年龄、种族和社会阶层之中。它让我们注意到某人是男性或女性，或者某人的种族。我认为人们有 99% 的概率会马上把别人进行归类。

那么，问题是你会如何处理这些分类。每个类别都有很多相关的信息，这些信息会自动被激活，从而让人形成刻板印象。接下来会发生什么取决于你的动机，以及你现在拥有多少时间和心理能力如何。例如，当人们开车时，如果前面的人做出了令人讨厌的事情，人们常常会推断，前面那个司机一定是一个老男人、一个移民，或者一个女人等。人们会很快速而轻率地得出一些结论。这是心理层面上自动分类的消极面。

积极的一面是，修正这些过程其实很容易。从一开始，如果你有一个目标，就是想完整深入地了解另外一个人，那么这些分类很快就会消失。例如合作，如果老板让员工们一起完成某个项目，员工们会超越自己的自动分类机制，因为他们需要彼此协调，不能仅仅认为对方很无能。

所以在工作情景中，人们会想出办法来一起达成有效而愉快的合作。

《心理新青年》： 对您个人而言，最有影响力的三本书是什么？为什么？

苏珊·费斯克： 从实证角度来看，我最喜欢的书是戈登·奥尔波特的《偏见的本质》。我在读研究生时买的那本《偏见的本质》，因为用得太多，已经散架了。我教书时，也用奥尔波特的那本教材。它是如此易读和美妙。我认为他 90% 的观点都是对的，另外 10% 是错误的，或者没有经得起时间的考验。我采用分类的视角研究刻板印象来源于奥尔波特。

接下来是《社会心理学手册》和《心理学年度评论》，我把它们放在一起。我认为概述性的文章可以让你看到一个领域的全貌，以及相应的缺陷在哪里。

最后是威廉·詹姆斯的《心理学原理》。詹姆斯非常了不起，他的写作风格总是很有趣。我认为他是现代心理学的奠基人。

《心理新青年》： 最后，您对年轻学者有什么建议或祝愿吗？

苏珊·费斯克： 对于年轻学者来说，我的建议是研究你所热爱的东西。你必须相信你自己并相信你的想法。同时，你必须以创业者的心态去经营和发展自己的想法。另一条建议是学会"新陈代谢"你的失败。保持热情，保持弹性。对于我来说，从哈佛大学到普林斯顿大学的道路并不是一帆风顺的，学术生涯更像是一场马拉松长跑。

我的居所墙上悬挂的书法作品是一个汉字"道"，它可以被翻译成多个意思，比如路径、进步或过程。数据分析是一个过程，而不是结果。研究是一个过程，人生更是一个过程。

第四章

丹尼尔·吉尔伯特：
幸福没有秘诀

学者简介

　　丹尼尔·吉尔伯特（Daniel Gilbert）博士，哈佛大学心理学系教授，2014 年被《科学》杂志评选为世界前 50 名网红科学家之一，他的 TED 演讲视频点击量累计超过 1 500 万人次。吉尔伯特博士的研究方向包括人际互动、社会决策、情绪预测等多个领域。他的积极心理学著作《哈佛幸福课》（*Stumbling on Happiness*）连续 6 个月蝉联《纽约时报》最畅销书籍榜单，全球销量过百万。

丹尼尔·吉尔伯特

浓厚兴趣激发心理学探索

《心理新青年》：作为世界知名的社会心理学家，您可否与读者分享一下您是如何走上心理学探索之路的呢？

吉尔伯特：我进入心理学这个领域纯属意外。我原本想做一名小说家，那时也发表了一些小说。有一天，我想去当地的学校进修一门写作课，可是我到那儿的时候，他们跟我说这门课程已经报满了。我问："你们还有别的课程吗？"一位好心的女士告诉我："心理学导论。"所以，我进入心理学的课堂是个意外。但一开课，我就发现我对心理学产生了浓厚的兴趣。我的父亲是一位分子生物科学家，我的母亲则是一位艺术家和诗人。我从未料想到，世界上会有这样一门学科，它能运用科学的方法来回答艺术家和哲学家长久以来提出的问题。对我来说，心理学就是这样一门神奇的学科，它的存在让我大开眼界。从那以后，我就再也没有停止过对心理学的探索。那一年我 18 岁。

《心理新青年》：很有意思的故事。当时您在哪儿？

吉尔伯特：当时我在科罗拉多大学。我是在芝加哥长大的，但是高中就辍学了。17 岁的时候我结了婚，接着跟随我的太太搬到了她的家乡科罗拉多，而且生了孩子。大家知道，18 岁的时候养娃可不是一件容易的事情。不过好消息是，我今年（2020 年）61 岁，而我最大的孙女都已经上大学了。我很开心我还年轻，可以和我的孙辈享受天伦之乐。

《心理新青年》：很有意思的人生经历。从那之后到现在，您和合作者开展了无数的心理学研究。其中哪一项研究发现最令您感到兴奋呢？

吉尔伯特：当你问一名科学家，他的哪项研究成果最令人兴奋，就好比问他最喜欢的孩子是哪一个，他一定想说每个孩子都爱。不过有些研究成果相对来说还是更加令人兴奋的。比如，我们有项研究表明，人们往往比自己以为的更加坚韧。当我们评估未来的时候，我们总是认为生活中发生的负面事件会给我们带来长久的恶劣影响。确实，负面事件会给我们带来负面影响，但是这种负面影响并非如同我们想象得那么长久、那么恶劣。有时候，我们看到身边的人在遭遇车祸、离婚、失业、亲人离世等重大事件的打击之后不久就复原了，我们会感到十分惊讶。但其实没有什么好惊讶的，因为人本来就应该这样。我们大大地低估了自己在面对逆境时的韧性，我想这项发现是最令我振奋的。

幸福没有秘诀

《心理新青年》： 多年前我观看您的 TED 演讲时，感到醍醐灌顶。您在幸福心理学方面开展了许多研究。请问您认为幸福的秘诀是什么？

吉尔伯特： 我不认为幸福有什么秘诀——如果真有的话，每个人都迫不及待地想知道，因此它就不可能成为一个秘密了，毕竟没人能保守秘密。得到幸福就跟减肥一样，没有秘诀，没有捷径。要想减肥，你就得少吃多动，这是热力守恒第一定律，就是这么简单，仅此而已，但是人们不相信，人们还是锲而不舍地追问："减肥的秘方是什么？我要知道秘方。"问题是没有秘方，唯一的办法是每天去做你该做的，像信仰宗教一样虔诚，并持之以恒，然后你就会看到微小但是稳定的进步。提升幸福感也是一样的道理。许多每天坚持做的事情都可以提高幸福感，但是没有一件事是可以让一个郁郁寡欢的人瞬间狂喜不已的。

《心理新青年》： 那么，您认为有哪些具体的我们可以去坚持的事情呢？

吉尔伯特： 人们总是期待一些特别戏剧化的答案，可是真相往往平淡无奇，可以是睡个好觉、坚持运动、练习冥想，等等。其中一件最重要的事情是拥有良好的人际关系，它比年龄、健康、收入等其他一切因素都能够更好地预测一个人的幸福指数。假如你有很多很好的关系（如家人、朋友），你就很有可能感到幸福。可是，有谁想听这么无聊的话呀？放下你这个周末本来打算要做的工作，多花一点时间和你的亲友在一起，陪妈妈说说话，这些听起来太简单了，可是妈妈告诉你的这么简单的道理，就能够真正带给你快乐。不过妈妈讲的道理，只有一件是不对的。

我妈妈是这样说的——我猜你妈妈也这么说过——孩子是幸福感的重要来源，但我们得到的数据是相反的。孩子对人们的幸福感几乎没什么影响，即使有，也是略微负面的影响。人们要小孩有各种各样的原因，不过提升日常幸福感并不是其中之一。没有小孩的人通常比有小孩的人更开心，而有小孩的人最开心的时候往往是小孩离家去上大学的时候，或对于有小孩的家长来说，小孩不在家的时候最开心……

但是大家还是会生小孩。或许人们应当为了别的原因生小孩，不要去期待有了孩子的生活每分每秒都是快乐的。人们为了家人而愿意牺牲自己的一部分快乐，这也是很高尚而美好的。孩子会给你的生活带来更多意义，但不见得会让你每天笑得更多。

专注学术，用心理学造福人类

《心理新青年》： 下一个问题是关于如何做好心理学研究。在心理学领域，我们可以研究的课题太多了，如何选择一个好的研究课题呢？您是如何选取研究课题的？您认为什么样的研究问题是好问题？

吉尔伯特： 大多数人琢磨的是如何解答一个问题，但是解答问题是简单的，科学告诉我们如何解答问题。但是在心理学领域，唯一的难题是寻找到一个好问题。你找到问题之后，接下来要走的只是一些程序，而且你也知道怎么来完成这些程序，但是如何寻找问题是一个最难回答的问题。

我想一个好的科学问题通常具备以下几个方面的特质。

第一，你会发现你自己特别渴望知道这个问题的答案。如果你自己对这个问题不是极度感兴趣，那么你也没法说服别人这个问题值得研究。如果是这样的话，你就马上停止研究，不要再继续。

第二，一个好的科学问题应该可以引申出更多的问题。它不会仅仅止于一个简单的答案。如果你基于这个问题做了实验，写了一篇论文，然后发现没有别的论文可写了，那它大概不会是一个好的研究题目。

一个好的问题会让我们感到好奇心被满足了，同时让我们变得更为好奇。好的心理学问题能够回答有关人性的深层次的东西，这种深层次的东西不会受到时空的限制。举个例子，现在有一些人在研究使用手机对人的幸福感有什么影响。对我来说，这就是个无聊的问题。为什么？因为20年后，我孙子的孙子或许都不知道手机是什么。所以，这个问题不是一个有关人性的深层次的问题，这不是一个亚里士多德会思考的问题。我喜欢问一些我认为全世界的人类无论在哪个时空都会好奇地探索的有关人性特点的问题。

第三，一个好的心理学问题也应该是可以用科学方法解答的问题。而对某些问题我常常和我的学生面面相觑，然后我们发现这个问题不是科学可以回答的，至少在目前的方法学框架中无法回答。有意思、有深度的好问题也有很多，但不能用科学实验回答的问题，也得暂时放在一边。

我可能没有真正回答你的问题，因为说实话，我能"闻"到这些好问题。或许你已经提了一个又一个问题，突然你想到了一个问题，并立刻意识到这是个好问题。很多学生问我，他们应该找谁做导师呢？答案是，去找个能提出最好问题的人做导师。当你跟着导帅做了七八年研究之后，你也许会发现自己也能"闻"到好问题了。

《心理新青年》：您刚刚提到一个好的心理学问题应当涉及普遍的、根本的人性。我们当今所处的世界正在面临各种各样的危机与冲突，包括种族、政治、宗教、文化等。您认为实验心理学家是否可以在这样的世界现实中扮演重要的角色？

吉尔伯特：我认为心理学家在这些现实问题中不仅可以扮演角色，还可以是最为重要的一分子。人类面临的每一个重大问题似乎都与人类的行为有关，但这并非一向如此。比如，几千年前人们面临的可能更多的是有关大自然的问题，包括种植食物、捕食者等，但是人类征服了自然世界。当前，人类面临的最大威胁是人类自身，而造成这一事实的唯一原因是人类选择了他们的行为。因此在我看来，了解人类行为及其可能带来的后果是人类需要回答的唯一重要的问题。其他问题，比如宇宙是如何形成的，虽然也很有趣，但是假如人类不复存在的话，也就失去意义了。

我认为人类未来的发展取决于我们如何认识人类对自身构成的威胁。我们或许是这个星球上唯一会自我毁灭的物种——别的生物都是基于周围环境的原因灭绝的。如何避免这一后果，取决于对人类行为的研究。这不是一个化学、物理、生物问题，而是一个心理学、社会学的问题。我对此保持乐观。我认为一千年以后，我们的后人将会无法理解我们今天怎么会有国家、种族这样的概念，他们会觉得这些是没有意义的概念。人怎么还分种族呢？在历史上，河流和山川的走向决定了人们在哪些地方栖居繁衍，但是这样的时期已经过去了。现在我们已经进入了全球化时代，很快我们甚至都不需要"全球化"这个名词了，因为地球上只有人类。在这个进程中，心理学家会扮演极其重要的角色。

《心理新青年》：很高兴听到您分享这些有趣的观点！我的最后一个问题是，

您认为对心理学在读博士生来说，哪三件事情是最重要的？

吉尔伯特：我认为最重要的三件事是导师、导师和导师。博士生项目的好坏和系里的资源、排课等事项没有太大关系。对本科毕业生来说，他们需要明白博士项目并不是本科项目的扩大版。博士项目是不一样的，在读博士期间，你会和一个导师长时间地、大量地、紧密地合作，你和这个导师之间的日常对话构成了你博士训练的很大一部分。如果我跟你说，你要和你的导师在接下来五年至七年的时间里常常坐在一块儿讨论和工作，你觉得什么是最重要的？最重要的一定在于选择你的导师。

那么如何选择导师呢？通过阅读文献。如果你读到一篇论文时，认为它很无聊，那么十有八九你会觉得写这篇论文的人也很无聊。相反，如果有一篇论文令你激动，你抑制不住地想着："天哪，要是能见到写这篇论文的人就太好了！我想和他讨论这个部分、那个部分……"那么这有可能预示着这个作者适合做你的导师。所以去读文献，列一个感兴趣的导师列表，再拿着这张列表向更年长、更有经验的人寻求建议（比如他会告诉你千万不要选这个导师，或是这个导师真的很好）。

本科生往往会根据学校名气来选项目，这对于博士生项目是不适用的。如果是选择本科学校，去一个有名的学校没什么不好——能上哈佛还是很不错的。但是，读博士不应该根据学校或当地气候来选择，而是应该根据导师来选。

第五章

黑兹尔·马库斯：
文化心理学正芳华

　　黑兹尔·马库斯（Hazel Markus）教授是美国当代著名社会心理学家，20世纪80年代美国文化心理学运动的主要发起人和重要奠基人。目前，她是美国斯坦福大学行为科学领域的戴维斯－布拉克（Davis-Brack）荣誉教授，领衔心智、文化与社会实验室，致力于为社会现实问题提供社会心理学的答案。她的研究兴趣包括文化、种族、自我、认同、情绪、性别与动机。

黑兹尔·马库斯

在全球化不断深化与不同文化频繁碰撞的时代背景下，文化心理学的重要性与价值意义越发凸显。快速而剧烈的文化变迁对人们的生活方式、工作方式、心理与行为等产生了持续而深刻的影响。自 20 世纪 80 年代文化心理学运动兴起以来，文化心理学经历了怎样的历史进程？最新趋势与前沿进展如何？正在拥抱怎样的未来？文化心理学的先驱人物之一、美国斯坦福大学心理学系的黑兹尔·马库斯教授，将分享她的独特经历，解读研究背后的故事，并且为我们描绘出一幅美妙的未来画卷。

我的文化心理学之旅

《心理新青年》： 如果让您回首过去的生命历程，尤其是学术道路的发展轨迹，您可能会为走过的精彩旅程而感慨万千。是否可以请您和我们的广大读者，尤其是年轻的学生、学者分享一下，当初您是如何走进文化心理学世界的？大致走过了怎样的历程？

黑兹尔·马库斯： 我出生于英国，大约 6 岁的时候移民到了美国。我看到身边的人取笑我母亲的英语发音。我记得在洛杉矶的时候，其他孩子问我的母亲是否是中国人，因为他们听不懂她那时比较严重的口音。所以，我觉得很多对文化心理学感兴趣的人，可能或多或少都有一些局外人的体验，有过一段很难融入当地文化的个人经历。另外，我父母拥有不同的宗教信仰，天主教和犹太教，这两种宗教文化具有很大的差异。我并不确定当时我是否能够理解其背后的故事和含义，但是现在我觉得这些经历能够解释为什么我会对文化问题产生兴趣。

后来，我去了密歇根大学读研究生。学校在安娜堡，在底特律附近。我对种族所扮演的角色以及种族如何影响自我概念很感兴趣，因为底特律是一个以非裔美国人为主的城市。然而，1973 年，我的导师说这不是一个值得研究的话题，因为它不属于基础心理学的内容和范畴。我的研究想法并没有得到鼓励，导帅让我去研究其他的问题。

于是我尝试探讨性别和性别角色的问题，因为那时心理学是由男性主导的，鲜有女性研究者。作为一个女研究生，我意识到了性别所造成的巨大差异，同时看到教授中很少有女性。然而，有人对我说："研究这样的课题会把你边缘化的。"我当时想："真的是这样吗？"我后来继续做基础性的自我研究，大家认为这是更加合理的选择。

还有一段对我影响很大的人生经历。我去了斯坦福大学行为科学高等研究中心访学一年，那里聚集了来自世界各地的、不同学科的研究者。我注意到了我从密歇根大学这个公立大学而来，而从私立大学，例如哈佛大学、耶鲁大学、普林斯顿大学而来的研究者和公立大学的研究者具有非常明显的区别。我之前不了解这种差异，那就是从私立大学来的人带着一种独有的精英感，他们认为自己是很特别的。通过这一点，我看到了巨大的文化差异。当我从密歇根大学到了斯坦福大学的时候，我感受到了成为一个理念很特别、很精英化的大学的一部分究竟意味着什么。

我注意到了各种各样的文化差异。当我从南加州到了中西部的时候，我发现中西部文化差异非常大，中西部的人互相依存的程度要高很多，我感到非常诧异。中西部的人更加注重社区，大家一起共事是非常令人愉悦的。而加州的人更加注重个人主义，当然这也有其优势。

《心理新青年》：您的研究路径曾受到很多人的启发和影响，如果一定要特别指出几位对您影响最为持久而深远的人，您会觉得是哪些学者、导师或者同事？

黑兹尔·马库斯：对我影响最大的人来自密歇根大学的女性教授们，她们都是对性别和种族问题非常感兴趣的研究者。伊丽莎白·杜瓦尔（Elizabeth Duval）对性别非常感兴趣，以及帕特里夏·古林（Patricia Gurin）现在仍在密歇根大学带领一个群际对话的大型项目。这两位都是对我启发很大的学者。之后，我又遇到了北山忍（Shinobu Kitayama），他一开始对文化心理学不是特别感兴趣，因为很多来美国的国际学生只是想要融入美国，只要是关于美国的课题，他们都会去做。所以，直到他快要完成博士论文之前，他对文化的话题都不是很感兴趣，但是我们在读研究生的时候聊过很多这方面的话题。

我在密歇根大学完成了博士学位，然后留在那里任教。我和理查德·尼斯贝特（Richard Nisbett）一起工作。由于彭凯平的影响，他开始对文化产生了兴趣。当时我和他讨论开设一门文化心理学课程，后来课程开设了。再后来理查德申请了一笔拨款，并和凯平做了一些初步研究。这些都发生在 20 世纪 90 年代初。当时对文化感兴趣以及想做文化研究的那些人对文化心理学的发展是非常重要的。因此，当我在想这一切是如何开始的时候，我觉得凯平和理查德有很大的功劳。那是一个有趣的年代，当时大家对这些想法持有非常开放的态度。

我去过几次日本。我不断地说："日本人真是好奇怪呀。他们会这样做，会那样做。"去日本的经历影响了我的一生。作为一个社会心理学家，我看到了一个社会可以以完全不同的方式来组织和运行。所以，我一直说日本真是太奇怪了。有一天，北山忍对我说："到底谁才是奇怪的？美国人才是真正奇怪呢。"于是我们开始讨论文化差异，并且试图解释为什么会存在这些文化差异。

《心理新青年》： 很棒的故事！之后您们一起孕育了自我构念理论。可以和大家分享一下背后的故事吗？这个理论是如何发展出来的？

黑兹尔·马库斯： 在日本，我看到了人与人之间互相联结的重要性。若要理解日本人，理解其人际关系就太重要了。我开始思考如何去描述这些不同的自我，以及产生这些行为差异的各种方式。我认为对美国人来说，你的行为动机或者主体性来自个体内部。北山忍说他不太理解这个说法，他感觉当他在行动时，感受到的是外界的推力，这是他体验到能量和动力的来源，他要做出某种转化才能成为内在的感受。我们 30 年前就开始了这些对话，现在我们仍旧在继续着这些对话，并试图找到恰当的语言来描述这些差异。

不仅在文化心理学中有这些探讨，跨文化心理学中也有这样的概念，即人们持有不同的态度。这是对的，但文化影响的不仅是态度，而是作为一个人的整个存在方式，也就是我们所说的最为基本的过程。如今心理学中的主导思想仍然是基本心理过程，包含人们的认知、情感和动机等，这些基本心理过程是存在于个体内部的。然而，如果从日本、中国、南亚、印度文化的角度来看，这样的观点忽略了我们与他人的联结，以及我们如何适应、调整与他人的关系。

奇怪的是，虽然文化心理学很大程度上是基于社会心理学的，也就是说，我们应当理解社会性的重要性，但是我们的理论仍然是被基本心理过程的思想所主导的。所以，我认为这个方向上的挑战仍然是真正找到恰当的方式去描述在东亚、南亚等东方的文化背景下更为常见和普遍的东西，包括适应他人、关注他人、体察他人，以及被文化规范引导等。然而，从美国的视角来看，这就像是循规蹈矩，像是一种软弱的表现。

所以，我们需要找到一种方式去描述这些差异和现象。现在我看到美国内部的社会阶层导致的心理差异。当一个人拥有很少的资源的时候，他会有功能性的依赖，这样可以帮助他理解依存性，因为他需要其他人，需要人际关系，这也是幸福、健康的源泉，这是非常重要的。

《心理新青年》：后来您把这些思考和研究写成了那篇关于自我构念的文章。它的影响力至今都非常大。

黑兹尔·马库斯：是的，但有意思的是，我们当时没想到会有那么多人关注这篇文章。我认为人们关注它的原因是，20世纪90年代，日本经济蓬勃发展，那时的口号是日本是世界第一的国家，日本人表现得太优秀了，日本人生产的汽车、电脑、相机等都是美国人想要的东西。西方人其实从未真正对其他国家或地区感兴趣过，因为他们认为自己是全世界最好的，做的所有事情都是最好的。但那时他们在想：日本是怎么回事？我认为这是一种幸运和偶然，我们的文章在日本经济变得强大的时候发表了，所以人们开始感兴趣，日本人是怎么做到的？他们的故事是什么样的？我想，如果我们的论文提前5年发表的话，也许没人会感兴趣，我们刚好赶上潮流是很幸运的，当然还要取决于很多其他因素。

文化心理学正芳华

《心理新青年》：广义上，当下我们为什么迫切地需要文化心理学？从实践层面来看，我们生活在一个全球化加深、多元文化碰撞、文明冲突、机遇与挑战并存的时代，您认为文化心理学应当扮演什么角色？文化心理学如何提供理论洞见和实践意义？

黑兹尔·马库斯：当下的世界有着如此多的冲突，无论在哪里都有冲突。此外，历史上从未出现数百万人口每天从一个地方迁移到另一个地方的现象。移民问题之所以成为一个大问题，是因为人们未能全面地思考各个强国的行为对整个世界体系的影响。他们的行为对许多国家造成的后果是，那里的人们无法谋生，不得不迁移到别的地方。

当然，美国是这样建立的，美国就是一个移民国家。但是，由于现在是一个冲突如此多的时代，贫富差距如此大，经济不平等如此严重，以至于那里的人们都感受到相当程度的威胁。人们很容易认为其他族群是问题的根源。我认为，我们的社会文化比以往任何时候都更加多元，社会多样化是一个现实。现在我们必须思考人们如何在同一个世界中和谐相处，如何把我们的许多小世界融合到一个大世界中去。我们对此并没有多少经验。因此，我认为现在是从事文化心理学或从文化角度看待任何社会科学（社会学、政治学和经济学）的绝佳的时刻。所有这些领域都需要文化视角，因为没有别的东西可以解决我们的问题。

我们面临的主要问题都是行为问题。想一想国家与国家之间的冲突、国家内部不同种族和民族之间的冲突，以及气候变化、移民问题，所有这些问题都是行为问题，都与人们尝试着融合到一个世界中去有关。这就是为什么我认为中国人可能有领先优势。我觉得中国人有整体性的思考，有相互依存的思考，有不断调整的经验，这些都是有帮助的。所以，中国人可能在这些领域中发挥着很大的影响力。

《心理新青年》： 您刚才提到文化心理学运动，它已经开展了将近 40 年。您能谈谈在这一运动中，究竟发生了什么，是如何发生的，以及未来图景会是怎样的吗？

黑兹尔·马库斯： 我认为早期人们对文化没有多大兴趣，是因为美国心理学占主导地位。当时的想法是有一套基本的心理学规律适用于世界各地的人。西方人很容易想象欧洲和美国是领导者，如果他们以自己的方式变成了发达国家，那他们的方式就是最好的方式。但随着其他国家逐渐变得更加强大，他们这才意识到还有其他的生活方式值得注意。我认为在接近 20 世纪 90 年代末的时候，人们开始更多地认识到群体的文化对人们来说是非常重要的。我认为，美国越来越多的移民已经让人们思考这些文化差异了。总的来说，我认为"人就是人"这种观念在某些层面上是有一定道理的，因为人类有很多相同的地方，有共同的人性。对文化种族差异的认识很大程度上来自 20 世纪 70 年代美国的身份认同运动。我们创造出亚裔美国人这个群体，把所有亚裔归在其中；创造出美洲原住民群体，把所有的原住民归在一起。在民权运动中，非裔美国人说："我是黑人，我骄傲。"他们想为自己的族群在世界上争取空间和权利，然后许多族裔也开始争取自身的权利。我认为，民权运动持续对美国产生非常大的影响。尽管我们还有很多问题要解决，但至少我们有这样一个想法，即人们的群体身份非常重要，我们不能忽视它。

《心理新青年》： 您认为最新趋势与前沿进展如何？

黑兹尔·马库斯： 我认为是人们开始理解"每个人都受到多元文化的影响"这一事实。出生国只是影响我们的重要因素之一。人们开始意识到一些从中国的角度来看可能非常明显的东西，那就是你所处的环境、你花时间与之在一起的人，对你成为什么样的人是非常关键的。在美国，仍然存在这样的想法：你有一个不应该太受他人或环境影响的自我。但是现在我认为，人们很清楚自己必须思考这个问题了。

《心理新青年》： 那么下一步，文化心理学将向何方发展？

黑兹尔·马库斯： 我认为人们再也不能假装世界是分裂的了。可能还有一些地方，在那里你会认为每个人都像你一样。但是在所有的大城市，人们非常清楚，每个人对不同的生活方式、工作方式和对什么是重要的有着不同的理解。我认为现在文化多样性是一个事实。我们必须考虑如何包容这种多样性，如何应对我们处在多元文化中这一事实，如何在学校、工作场所和社区做到包容这种文化多样性，如何给予人们让他们感到自在的空间。确实还有很多工作需要完成。我认为，在世界上找不到很多做得很好的例子。因此，它确实也是前沿问题，它应该与维和工作结合起来。我认为所有领域的文化和社会科学家都懂得很多，这是非常有用的。事实上，整个世界都需要这样做，否则我们只会自我毁灭。

《心理新青年》： 作为文化心理学家，您是如何做出更多转化性和翻译性的工作，以进一步促进学术成果与日常生活的对接和应用？是否可以和大家分享一下，您带领的斯坦福大学文化心理学实验室在这方面做了哪些有益的尝试？

黑兹尔·马库斯： 我们确实在不断地尝试和努力，因为我们需要将信息传达给更多的人。我们可以仅在学术界自己交流，这也很好，也是应该做的。但需要知道的是，非学术领域的人是不会去读那些刊物的文章的。我曾经以为，有些人会读这类文章并把它们转化到产业中去，然而这是不会发生的。所以，我们需要自己去和教师、医生、管理者及警察沟通和联动。这也是我们在 Stanford Spark 项目中正在做的。将我们对这些不同领域的了解，以及如何跨越界线、联通这些领域的知识带给人们。大家对这些知识是很感兴趣的，因为他们自己并不了解。所以我认为应该主动去接触他人，多去和实践从业者互动，问问他们遇到了什么样的困难，并且开放地在不同产业中去做与这些困难相关的研究。我也认为，我们应该认真思考如何采用易于大众理解的方式来写作。我们应当学习如何为学术刊物写作，但我们也需要去练习为普通杂志写作，如何在广播里、视频里讲话，如何将我们的思想呈现为可以转化到产业中去的形式。我们需要使用让大众感受到影响力的语言。

《心理新青年》： 近年来，中国的心理学发展速度很快，已建立 500 多个心理学系。越来越多的学生和学者开始对文化心理学感兴趣并从事文化心理学研究。是否能给我们的读者提供一些建议，帮助大家做出更多高质量、高影响力的文化心理学研究？如何讲述中国故事，同时能在全球语境中让不同文化的人们更好地接受和理解？

黑兹尔·马库斯： 尽管我认为这是不应该的，但是科学界主要使用的语言仍然是英语，所以英语的口语和写作能力仍然是非常有用的。很多不擅长英文的人也做出了很好的研究，但是你的研究小组里至少要有一个精通双语的人。由于西方期刊仍然在设定优秀文章的标准，所以在西方国家生活一段时间也是很有益的。

然而，我发现中国的文化心理学学者正在使用非常有创意的方法，所以我认为，我们看到中国的研究取向和方法成为新的标准只是时间问题。在神经科学领域，我们已经看到这样的范例了，我认为我们很快也能在方法论和大数据应用方面看到。在社会心理学领域，中国人非常了解社会性因素如何影响人的理念，所以中国人很容易在社会心理学领域成为先锋。有些人已经做到了。

第六章

戴维·迈尔斯：

全球迫切现实问题让社会心理学焕发持久的生命力

学者简介

　　戴维·迈尔斯（David Myers）教授在美国霍普学院担任了 30 余年的心理学教授，作为一名杰出的研究者，他因对群体极化的研究获得了美国心理学会颁发的戈登·奥尔波特（Gordon Allport）奖。迈尔斯曾在 30 多种科学期刊上发表过论文，包括世界顶级学术刊物《科学》。此外，他还出版了 60 多本书，包括心理学、探索心理学、社会心理学等，并在专业期刊上发表了大量学术研究文章。他所撰写的《心理学》是当今最畅销的心理学导论性教材，600 多万学生在用它来学习心理学。迈尔斯因其对幸福的研究而被广泛认可，也是积极心理运动的支持者之一。根据开放教学大纲项目，迈尔斯是大学心理学课程大纲中最常被引用的作者。

　　佐斌教授现为中山大学心理学系教授、中国社会心理学会侯任会长、中国心理学会社会心理学专委会主任。他的主要研究领域为文化与社会心理学理论及应用、青少年儿童发展与教育、网络心理与行为等。围绕刻板印象、社会与群体认同、人际关系、网络游戏与青少年发展等主题进行了系列研究。佐斌教授已发表中英文论文 300 篇，主持国家社科重大项目和教育部哲学社会科学重大攻关项目等多项，出版《社会心理学》等著作 10 多部。

戴维·迈尔斯

命运千折百转，生活不可计划

佐斌：您是杰出的心理学家，请与中国的心理学家，尤其是年轻的心理学家和学生们分享您的人生经历和对心理学的看法。中国很多年轻的心理学家都想知道您是如何进入心理学领域的，是什么激发了您对心理学的兴趣？

戴维·迈尔斯：我在美国西北部的西雅图长大，后来在家族保险公司工作，打算成为一名保险人员。但之后我上了大学，决定成为一名医生，所以我学了化学和生物。夏天我在一家医院工作，参加了医学院的入学考试。我已经填好了我的医学院申请，却在最后一分钟决定，不去医学院，而是成为一名教授，不过不是教授化学或生物。我回想起我大学第一年上的一门心理学课，我非常喜欢这门课，于是我又上了几门相关的课程，最后进入研究生院学习心理学，后来又进入了社会心理学领域，这引发了我对群体极化的研究。研究群体极化使我能够从美国国家科学基金会获得一些研究经费。为了进行研究并发表成果，我受邀参加一个在德国举办的小型研究会议，与会者包括德国人，其他欧洲人，以及 8 个美国人。在那里，我结识了一些人。当我们回到家的时候，他们中有一个人被麦格劳－希尔（Mcgraw-Hill）出版社邀请写一本社会心理学教材，但是他拒绝了，并让他们打电话给霍普学院的戴维·迈尔斯，也就是我。这通电话是一段很长的对话，最终导致我的整个职业生涯从主要做研究转变为通过写作和写教科书来教学，这就是我对我如何进入心理学领域的回顾。

我把这个故事讲出来，不是因为我的故事和你们有什么关系，而是我预言，在某种程度上，这也会成为你们的人生经历。你很难预测你的未来。当我 18 岁的时候，我想也许我会成为一名保险行业的商人。后来我以为我会成为一名医生，然后我以为我会成为美国的一所小学里的一名教师。结果到最后，我对未来的所有想法都被证明是错误的，因为新的机遇从天而降，我的生活转向了一个又一个新的方向。所以我的未来和你们的未来充满了未知和惊喜，这是你们可以期待的快乐。在你的生活中，会有一些失望，不会都是快乐，而这是无法轻易预测的。这是我的经验，我猜你们也会有这样的经历。

因此，生活是不能被计划的，我们在社会的裹挟中变化，在环境中不断变化，并受到人们的影响。我在研究生院的导师首先向我介绍了关于小组讨论的影响的研究，小组讨论对人们的决定的影响最初与人们的冒险意愿有关。我们和其他人都发现，在小组讨论中，人们变得更大胆、更敢于冒险。但结果是，它只适用于某些风险问题，在这些问题中，人们作为个体已经倾向于承担风险。如果在不同的情况下，他们本来就非常谨慎或保守，那么在小组讨论中就会变得更加保守。这让我们思考：也许这与问题的风险无关，而是有思想的人之间的小组讨论会倾向于极化、增强或放大他们最初的倾向。所以我的导师帮助我进行这方面的研究。有时我们从事调查或研究，但不久后我们就遇到了研究的终点。但我很幸运地进入了这个研究领域的初期阶段，这是一个富有成果的研究路线。我不是社会心理学领域最聪明的人，我只是霍普学院的戴维·迈尔斯。如果你有一个重点，并为此努力工作，有时你在生活中就可以完成一些真正有趣的事情，即使你不是最聪明的人。

用写作传播心理学知识

佐斌：您是世界知名的社会心理学家，您撰写的社会心理学教材在中国被广泛使用。那么是什么决定了您的成功呢？如何获得这样的成果？

戴维·迈尔斯：首先我想说的是，我很荣幸，能够协助中国心理学的教学，这本书能够用于中国的众多社会心理学学者的授课当中，我也很高兴。我希望我妻子的父亲还活着，因为在"二战"期间，他在延安与当今中国政府的创建者在一起，并对他们有很深的感情。如果他知道他女儿的丈夫在中国教这么多人，他会很高兴的。这本教材为什么畅销呢？我认为，第一，它风格独特，我希望它能让人们更喜欢阅读和享受阅读；第二，它关注与人们日常生活相关的重大想法；第三，我们不断地更新书中的内容，为此我不断地阅读所有我能在世界各地得到的期刊。我不断更新它的原因是，其一，科学一直在改变，因此我们总是在学习新的东西。我希望能在新版本中向人们提供最好、最新的信息；其二，世界在变化，所以我们应用的社会心理学的例子也需要更新。总之，我的职责是用多种文字向全世界的读者展示整个世界的心理学和社会心理学。我努力用个人的声音写作，向全世界展示心理学的成果，以及让宏大的思想与日常生活联系起来。以上谈到的几个方面可能是这本书获得成功的原因。

佐斌：您现在是一位非常成功的心理学教科书作者。大多数大学教授专注于科学研究和发表论文，不愿意在教学或为公众写书上花太多时间。为什么您对写书和教授大众心理学有热情？

戴维·迈尔斯：我对写书和教授大众心理学充满热情，因为我热衷于教授关于什么是人性、我们是谁的重要课程。在人们对人性的奇迹有了真正的欣赏之后，我也渴望教导人们如何批判性地思考，如何对他人有更多的辨别力和更少的评判色彩，如何推理和使用证据作为决策的基础，而不仅仅是直觉。把所有这些东西都融合在一起就是我的工作，即使我应该退休了，我仍然在阅读和写作，试图将我的知识传递出去。我享受阅读和写作的过程，每天学习新的东西，并且还能有这样一个机会，在一个星期天早上，与在世界的另一端的你们交谈，不论你们是在北京、上海、武汉或其他任何地方。

佐斌：在您的职业生涯中最大的挑战是什么？您写了那么多书，发表了那么论文，您是如何克服职业生涯中的这些挑战的？

戴维·迈尔斯：在开始动笔写作时，我也曾遇到困难与挑战，但最终我学会了如何更好地写作。我在大学毕业时并不是一个好作家，可是当我被要求编写心理学教科书时，我需要成为一个好作家。因此，我所做的事情之一，也是我认为很多人都会受益的事情，就是投入大量的时间来提高我的写作水平。我通过阅读很多关于写作的好书来做到这一点，这些书是有效写作的手册或指南。我可以从书中学到如何安排词语的顺序以产生影响、如何创造风格、如何讲述故事并让人们乐于阅读，等等。我做的第二件事是阅读伟大的非虚构作品，这些人都是广受赞誉的作家，而且都是科学领域的，例如卡尔·萨根（Carl Sagan）等人，或者像路易斯（C.S.Lewis）这样的伟大的虚构与非虚构作家，并在我观察他们正在做什么、他们正在写什么的过程中尝试向他们学习。然后，我做的第三件事是聘请一位获过奖的诗人，同时也是在写作方面获奖的教师来做我的写作教练。几年来，他给了我大约 5 000 页的写作反馈，并教我如何为节奏安排词语，如何感受自己观点发展的过程，而这是非常有价值的。最后一件事是，我的写作是由世界级的编辑来编校修改的，他们本身就是帮助作者更好地沟通的大师，他们是非常敏感的人，他们也是非常善良的人，我从他们那里受益匪浅。我想说的是，我最大的挑战是以一种非常刻意的方式将自己培养成一名作家。至于结果如何，我把它留给别人来评判。但我要告诉你，我和以前比起来有了许多进步。

我的写作习惯有几点。第一，我在办公室写作。第二，我试图创造时间模块。比如说，我也在教课，但我会在星期二和星期四上完我所有的课，这样就有另外 3 天或 4 天的时间来集中精力写作。第三，我还必须组织我的材料，把它们按章节组织起来。如果我正在写社会心理学的章节，那么我身边就有一张大桌子，我可以把材料放在那里，并把它们组织起来。第四，我会写出样稿，并反复阅读，然后像在看别人的作品那样修改它。总之这就是写作过程的一部分，反复阅读与修改。第五，最终我要把它展示给其他人，一般来说我都是展示给其他教授进行批判和阅读，不过我也会从学生那里得到反馈。因此，向他人展示、获得反馈也是写作过程的一部分。

心理学注目全球现实问题

《心理新青年》： 您如何定义好的研究？你是如何平衡科学研究中的严谨性和新颖性的？您从哪里找到研究课题和各种想法与灵感？

戴维·迈尔斯： 在我自己的研究中，我经常从日常生活中观察到的事情里找到灵感。比如说，我之所以开始对幸福这个话题感兴趣，部分原因是我开始阅读关于这方面的研究，还有一些原因是我对如何能预测一个繁荣的、幸福的生活感兴趣。我发现有一些大数据资料，我可以用来探究一些问题，比如人们的收入、自我预测、实际幸福程度。他们极佳的状况是否能预测他们的幸福程度？他们的宗教参与程度是否能预测他们的幸福程度？我喜欢利用一些这样的大数据来回答生活中的有趣问题。

从另一个角度回答这个问题，作为一个展示他人研究的教科书作者，我认为什么是值得展示的好研究呢？其实最有趣的、值得告诉世界的研究，首先应当涉及心理科学中相当重要的想法或重要概念的研究，同时还应当是我认为人们应当知道的东西。当我读到这些东西时，我会认为它很有趣，也很重要，对全人类都具有意义，每个人都应当知道它，于是我把这些材料放入我的档案系统中，以便我以后可能会用到它们。另外，好的研究必须是便于我传达的东西，让读者可以理解并有可能记住。有些东西很重要，但它们的技术性过强，我很难使它们变得有趣和可理解，以便让我的读者可以记住。

我认为好的研究的标准是：它对心理学很重要吗？它是人们需要知道的东西吗？它是否能扩展我们的思想？例如增进我们对自己的理解，以及我们与他人的关系？如果有一些东西，我可以用人们可以理解和记忆的方式来沟通，那么，它们就是好的研究。

《心理新青年》： 我们非常关注实验室的心理学研究如何转化为社会政策。您认为社会心理学可以为国家或社会政策的制定和改良提供哪些智慧？

戴维·迈尔斯： 有一些例子能说明心理学研究如何为美国的国家政策提供信息。例如，我们有一个名为"领先"（Head Star）的早期儿童项目，它是由一位儿童发展心理学家发起的，他正在研究儿童心智的发展问题，以及我们如何能够支持性地照顾幼儿。另一个例子是，关于健康、心理、福祉和幸福的研究正在为世界各地的政府制定政策提供信息。

各国政府都会在一定的时间内追踪并研究人们的身体健康状况。那么人们的心理健康呢？是什么带来了繁荣、幸福的生活，使人们对自己的生活有一种深刻的满足感？如果事实证明，相比更平等的环境，严重不平等的经济状况往往会让人更不快乐，那么这项研究可以帮助政府决定收入分配和税收政策。

还有很多关于偏见和歧视的研究，为我们当代关于机会和正义的社会政策以及反种族主义的努力提供参考。有一些研究与建立和平的政策和减少国家之间的冲突有关。此外，我们看到很多关于社交媒体的研究及其对年轻人的影响。这些都是我心中关于心理学和社会心理学如何帮助制定公共政策的一些想法。

《心理新青年》： 这个问题与幸福有关。随着积极心理学运动的扩大和深化，您对不同文化背景和地区的人如何追求幸福有什么看法？例如，在西方和东方文化背景下，老年一代和年轻一代、高低社会阶层、农村和城市地区，幸福对于不同的群体意味着什么？

戴维·迈尔斯： 正如我在演讲中强调的那样，不同文化之间存在着显著的文化差异，比如农村与城市、老年人和年轻人。然而，我们都是人类，我们总是有共同之处的，无论我们的文化是什么，我们都是在追求幸福的。例如，一个充足的夜间睡眠可以使我们的身体得到休息和恢复，可以让我们的生活更加快乐、更有活力。无论我们住在哪里，无论我们在什么文化中，有氧运动都是一种强大的解毒剂，可以治愈轻微的抑郁症和焦虑症。因此，我们要离开沙发，参与到运动中。另外，我们知道，亲密的关系在任何地方都很重要。我们是社会性的动物，我们相互关心和支持，当我们享受亲密关系时，我们会蓬勃发展、茁壮成长，实现真正的快乐，像婚姻和友谊都是亲密关系的一部分。不要因为工作太忙而不在那些有意义的亲密关系上投入时间，它们其实很重要。还有研究表明，灵性、宗教参与对许多人来说是参与社区的机会，为人们的生活找到希望和目的，这也可以帮助人们。因此，这些是跨越文化和年龄的幸福因素的一些例子。

《心理新青年》： 这个问题与新冠肺炎疫情大流行有关。新冠肺炎疫情大流行对人类社会和人们的生活产生了巨大影响。您认为它对人类的社会行为有什么影响？您是否乐观地认为人类将战胜病毒？

戴维·迈尔斯： 我可以向你展示来自不同国家的关于新冠肺炎疫情的心理健康影响的数据。《英国精神病学杂志》有一期提到：英国的心理健康在新冠肺炎疫情流行期间有所恶化。例如，在新冠肺炎疫情流行之前，大约有 10% 的英国成年人患有抑郁症，在新冠肺炎疫情流行出现之后，这个数字达到了 20%。同样，在美国，焦虑症或抑郁症在新冠肺炎疫情流行期间浮现。在加拿大，人们心理健康在疫情期间受到损害，压力和焦虑的感觉加剧。《华盛顿邮报》报道，在美国，数千万人的心理健康受到伤害。盖洛普世界报告则报道，全世界一度有 40% 的人经历了很大的压力。

这就是新冠肺炎疫情流行对心理健康造成影响的例子。那么，我对未来是乐观的还是悲观的呢？我的回答是我很乐观，因为我们人类是有弹性的。很多积极心理学告诉我们，人类具有复原力，一旦我们适应了"隔离"，我们就可以"回弹"。之前我说过，我们是社会性动物，我们会与他人建立密切、支持性、持久的关系。当疫情通过身体隔离切断我们的联系时，就对心理健康造成了影响。但是疫情终将结束，这要感谢疫苗和防疫措施。最终我们会走出来，并得到恢复。

《心理新青年》： 在今天的数字时代，您认为社会心理学应该或可以专注于哪些研究课题？

戴维·迈尔斯： 我现在撰写的社会心理学教材是与琼·M．腾格（Jean M Twenge）合著的，琼是研究社交媒体对青少年影响的世界级专家。我们有几项相关的重要研究，我认为在未来还需要继续进行，因为目前还没有得出答案。首先，我们知道，从 2009 年开始，智能手机的普及率迅速提高，今天全世界的青少年都随身携带它。同时诸如 Instagram 的社交媒体也大量传播。然而，也出现了青少年抑郁症和青少年自杀企图的增加，这引起了极大的震惊。青少年心理健康问题的增加与社交媒体的增长同时发生只是一个巧合吗？对此我们进行了研究。在对相关性的研究中，我们假设人们在社交媒体上花过多的时间，会更容易出现抑郁症和自杀的想法，答案的确如此。我们也有纵向的研究，关于青少年的社交媒体使用情况是否能预测他们第二天的心理健康状况。答案又是肯定的，尽管对这项研究有一些争议。

实际上有实验刻意减少了人们对社交媒体的使用，让人们在一个月内没有任何或大大减少社交媒体的使用，从而减少自己在社交生活中和朋友们的比较——这似乎也是社交媒体影响造成问题的根源。其他研究人员并不完全相信这一点，但琼非常确信。纽约大学的乔纳森·海特（Jonathon Haidt）在《纽约时报》和《大西洋月刊》杂志上写了关于这个问题的文章，他也非常确信这是一个真实的结果。

我认为我们需要更多的研究，因为社交媒体不会消失，它对于连接我们与他人确实非常有帮助。比如脸书的最初愿景就是连接我们与全世界，让我们能够看看别人今天晚上在做什么。这个愿景很好，但是对社交媒体的过度使用与社会比较确实也会带来一些负面的后果。

《心理新青年》： 随着全球化的发展，对于一些文化差异，比如西方和东方的文化差异，社会心理学曾经强调的东西，例如集体主义或个人主义，可能会不那么适用了。所以对于一些现有的理论将会在未来式微的现象，您是怎么看的？

戴维·迈尔斯： 首先，我认为有很多关于个人主义和集体主义的好研究。这种差异既存在于国家内部，也存在于国家之间。在美国，有一些地方倾向于集体主义，有一些地方倾向于个人主义。例如，在美国，造成新冠肺炎疫情大流行的原因之一是有三分之一的人口拒绝接种疫苗、拒绝戴口罩，他们为了个人自由而不愿意妥协。这就是极端的个人主义，我有我的权利，没有人可以指挥我做什么，我不相信政府，我不会去关心其他人，我不想戴口罩，我不想接种疫苗，因为我不喜欢这样做。这种极端的个人主义对新冠肺炎疫情的流行产生了重大影响，导致80多万人死亡。总之我认为个人主义与集体主义是重要的概念，它与我们国家之间的文化差异有关，也与我们国家内部的差异有关。

因此，这种社会心理学的理论仍然会有影响，这些相关的结果仍然会长期存在。社会心理学家研究的是我们如何看待和理解彼此和我们自己，我们如何通过说服和顺从来影响彼此，以及我们如何彼此联系，不管是具有攻击性还是善意，为什么我们会被他人吸引或讨厌他人。这些问题是一直存在的，因此，我相信探索这些问题的科学在很长一段时间内也是有意义的。事实上，这也是社会心理学能在全世界获得发展的部分原因。

《心理新青年》： 在您的《社会心理学》中，您说心理学家和所有人类一样，都该对我们的星球负责。所以，我们应该多使用可循环的产品，这也是很多人同意的观点。但是在日常生活中，有一些浪费的情况还是难以避免的。比如说要坐飞机去海外长途旅行，或者要包装礼物送给别人。您如何看待这种情况？我们如何解决这种不可避免的浪费？

戴维·迈尔斯： 心理学中有一个领域叫环境心理学，有一些环境社会心理学家在研究如何才能影响人们，让人们在生活中能对自然环境更加负责，减少浪费与污染，更加适度地消费。这也是将来社会心理学依然会有存在的意义的一个例子。更重要的是，未来的社会心理学将研究我们如何能够改变人类的行为，使人们生活在一个可持续的未来。为此，我的社会心理学家同事罗伯特·B. 西奥迪尼（Robert B.Cialdini）做了很多实验，研究怎么利用一些实际的措施，比如制定规范来引导人们以可持续的方式生活。比如说，如果人们看到周围其他人在回收利用东西，他们也愿意这么做的可能性会更大。生活中有很多像这样的小事可以做，用来影响人们。此外，还要让人们思考怎样才能真正让人类繁荣发展，对于幸福、满意、有意义的生活来说，什么才是最重要的。重要的不是你消费了多少，而是你所拥有的关系、你的目标和你对未来的希望。因此，要帮助人们理解这一点：重要的东西不是可以在商店里买到的东西，而是可以帮助人们过上更幸福的生活，同时可以使未来具有可持续性的东西。

象牙塔中的"面包"

《心理新青年》：科学领域如何与公众进行沟通？如何用通俗易懂的语言向普通人介绍心理学？

戴维·迈尔斯：应当使用清晰和简单的语言与公众进行交流，把那些在象牙塔里"烘烤"出来的思想带到大街上，让人们能够"吃"到在象牙塔中"烘烤"出来的"面包"。这样，那些有好奇心的人就可以理解这些内容，从而更好地了解自己。同样，我们可以通过撰写论文、杂志文章、图书等方式来做到这一点，还可以通过教学来普及心理学知识。我们也可以使用其他新媒体来分享信息。例如，我有一个博客 talkpsych.com，我时不时地会在上面发布一些论文。

《心理新青年》：做研究就是挖掘自己，让自己更有勇气去坚持做事情。

社会心理学已经研究了很多领域，取得了很多成就。那么从您的角度来看，社会心理学未来的方向在哪里？哪些研究是有潜力的？如何寻找社会心理学的新突破？

戴维·迈尔斯授： 这是个很好的问题。首先，我的任务是展示社会心理学的成果，因此，我总是在回顾过去、审视现在。我不是一个预测未来的幻想家。然而，如果你让我猜测的话，我认为社会心理学正在将其注意力转向现实世界的大问题。例如，气候变化是一个问题，在未来这个问题的重要性会不断增加。因此，关于说服力、金钱、物质主义、消费和幸福的社会心理学，可以为创造一个可持续的未来做出贡献。另一个问题与社交媒体和互联网有关，它们取代了面对面的交流，并导致了新的社会比较。这也是人类未来的一部分，我们将看到更多与此相关的研究。此外，美国内部存在的极化现象比我一生中经历的任何事情都要重大。左派和右派的人互相憎恨，唐纳德·特朗普的反对者和乔·拜登的反对者比过去更加不同。另外，国家之间的差异也在某种程度上造成冲突，即使它们也在其他层面上进行合作。我认为缔造和平和去极化的心理学，将是社会心理学对人类未来的贡献的一部分。

第七章

杰米·彭尼贝克：

社会心理学亟须关注现实世界

学者简介

  杰米·彭尼贝克（Jamie Pennebaker）是一名著名社会心理学家。他是得克萨斯大学奥斯汀分校的百年人文学科心理学教授，并且是杰出教师学会（Academy of Distinguished Teachers）的成员之一。他的研究侧重于自然语言使用、健康和社会行为之间的关系。他的谷歌学术论文引用量高达 83 658 次。

杰米·彭尼贝克

人们如何应对不确定性，又如何感知风险？为什么创伤事件的影响可以几十年挥之不去？又有什么心理干预可以适用于人群范围内大规模的心理康复？表达性写作（expressive writing）是其中有大量科学证据的一个潜在解决方案。得克萨斯大学奥斯汀分校著名心理学家杰米·彭尼贝克将为读者做出精彩解读。

我的研究历程

《心理新青年》： 您能简单地和我们分享一下您的个人经历吗？您是怎么开始心理学研究的？

杰米·彭尼贝克： 在我上大学的时候，我以为自己会成为一名律师，我当时还获得了音乐奖学金（吹单簧管）。我在想我是不是要进法学院。由于我不需要专攻一门领域，所以我不断地从一个领域跳到另一个领域。有一次我上了心理学课，我觉得心理学很有趣，所以之后我开始上更多的心理学课程，直到大学快毕业，我才踏入心理学领域。我被心理学领域深深地吸引了：心理学导论把心理学描绘成一门可以让我研究任何我想要研究的辐射学科——在某种程度上心理学也确实是如此。所以，我最终读了社会心理学的博士。

我最初和戴维·格拉斯（David Glass）一起工作，他对有关生理的问题很感兴趣。我一直对生理学、学习和社会心理学都很感兴趣。他开始研究 A 型行为（指过度竞争意识、强烈的时间紧迫感、较强攻击性、缺乏耐心和富有敌意等的行为模式）与心脏病的关系。这就是关于一个特定的人格类型可能与一种疾病有关的想法的起点。我和他一起工作了两年，然后他离开了。之后我开始做一些我感兴趣的事情，我开始研究身体症状，人们如何解读其感受，以及这与生理学的关系。

之后我找到了一份工作，继续研究了几年身体症状，并且偶然有了一个发现。我发现某些类型的人比其他类型的人出现某些身体症状的比例更高，比如头痛、胃不舒服等。我给数百人发了一份调查问卷，其中一个问题是在 17 岁之前，你有过创伤性的性经历吗？当时从来没有其他研究者问过这样的问题，结果我发现 15% 的美国学生有大量的身体症状和健康问题。

后来一家杂志要做一份关于症状的调查问卷，他们问我要不要问一些问题，我说不妨问一些关于创伤性的性经历的问题。大约有 24 000 名读者填写了调查问卷，22% 的女性和 11% 的男性说他们遭受过性创伤，他们有更高的概率患有癌症、高血压、感冒、流感等病。这让我很疑惑，创伤性的性经历到底为什么会对健康有如此大的影响？我发现这不像其他的创伤，因为没有人谈论过这种创伤，这算是一个大秘密。之后我又做了一些研究，我发现任何创伤都很严重，但如果人们对创伤保密，情况就更糟了。保守秘密，不对其他任何人讲述自己的创伤，其实会造成更大的压力。

这让我想到，如果我们把人带到实验室，让他们以某种方式表达出这个压抑的秘密，会怎么样呢？我最终得到了正确的答案。在 20 世纪80 年代中期，我做了第一个实验，让人们来实验室，通过掷硬币来随机分组。实验组记录下 4 天里他们生活中最痛苦的经历，控制组写一些无关痛痒的话题。之后我们得到了实验参与者的知情同意，追踪他们看医生的记录及身体健康情况。我们发现，书写创伤经历对人们的身体健康有着重要的影响。人们更少去看医生了，并且在之后的几个月都变得更加快乐。

我的第二项研究是与贾尼丝·基尔柯特－格拉泽（Janice Kiecolt-Glaser）及其丈夫一起开展的，我们研究的是免疫功能。我们同样发现，书写创伤经历跟增强免疫系统功能正相关。

这两项研究真的改变了我的人生历程。我开始做其他的课题。其他实验室也开始复制我研究的结果。我很想知道，为什么书写创伤经历能够帮到人们。可我发现，人们分析别人的写作内容时并不准确。我突然想到，一个计算机程序可以很好地量化分析人们是如何使用文字的。我当时（20 世纪 90 年代）就和美国的语言学家、计算语言学家和计算机科学家进行沟通。我问过他们有没有可以直接购买的电脑程序，他们都觉得我想做的事很有趣，可又说他们并不知道有这种现成的程序。所以，我和我的一个博士生一起编写了一个计算机程序（LIWC），它现在成了一个很流行的语言学家测量词频的程序。我们从网上下载文本数据，并进行分析。我开始了解到语言真的很有趣。我的研究越来越深入，最初有很多阻力，但令我惊讶的是，计算机科学家真的对我的研究话题很感兴趣，甚至一些语言学家也很感兴趣。正是这个发现让我跨越了多个学科。

简而言之，这就是我走到今天这一步的故事。

写作与创伤

《心理新青年》： 您之前提到在读本科时上过很有趣的心理学课。但现如今，如果您的孩子或者您的本科生开始学习心理学，除了学到心理学的那些令人兴奋的、有趣的重要发现外，他们还会学到"可重复性危机"。他们会发现他们爱上的心理学在很多人眼里是"不可靠的、不可重复的"。您对此如何评价？

杰米·彭尼贝克： 我不认为强调这种危机有任何意义，因为所谓的"可重复性危机"其实在科学界无处不在，它存在于生物学，以及任何实验室学科中。当你使用小样本时，是否能够重复实验纯粹是概率问题，有时可以重复，有时则不行。如果这是一个有趣的发现，那么有研究者会尝试重复它。但如果研究者不能重复它，它就不值得信任，那么就继续研究下一个问题。如果它能被重复，那非常好。科学就应该是这样的，不可重复本身就是正常科学进展中的一部分。当你采取这些步骤时，你必须非常谨慎，有时候你会发现一些根本不成立的东西。

在我做的第一个表达性写作研究中，我使用的样本非常小，每种情况只有 10 名或 11 名参与者。我后来得到的结果是非常碰巧的。我所在的那所学校，大多数学生恰巧来自外州。他们唯一的医疗选择就是去校园里的学生健康中心，所以我才碰巧能记录下他们看病的数据。

我当时做实验的时间和地点都很完美，所以研究有了结果。虽然仅在 $P = 0.07$ 水平上显著，但我还是能够发表论文。现在我不会再做这么小样本量的研究，因为我碰巧知道真实的效应量是 Cohen's $d = 0.16$。这个效应很小，它意味着每种条件下必须有 50 ～ 80 名被试。但那时我在一所学校里不可能找那么多人来做实验，这完全不现实。如果我得重复两三次的话，我估计得花 5 年的时间才能发表第一篇论文。

《心理新青年》： 您认为文化在表达性写作的疗愈效果中有调节作用吗？比如西方人习惯于表达自己，而中国人、日本人和尼泊尔人在经历创伤时可能并不想表达那么多。

杰米·彭尼贝克： 我知道日本和韩国都做过表达性写作的研究。我不知道在中国是否有研究者做过。当你看文学史的时候，你会发现作家通常会写一些情感问题。我了解一点日本和韩国文学，但对中国文学了解不多。在对日本和美国的小说做了大量的文本分析后，我发现它们有惊人的相似之处。故事都是一样的，它们都是在讲主人公如何在心理上与所处的社会文化脱节、脱序。

《心理新青年》： 您在分析人们的语言时，会在您的软件中对语言的情感进行分类，比如积极情感与消极情感。当人们在网上匿名撰写评论时，有些人会发表非常负面的言论，任意诋毁和抨击他人。您认为是什么导致了这种现象？

杰米·彭尼贝克： 这是个很好的问题。事实上，我的一个学生正在研究这个问题。其实有很多群体都会诋毁和谩骂另一个群体的人，比如说有极右翼的妇女仇恨组织，还有拥枪组织之类的。有些人的网上评论可以说非常卑鄙下流，但实际上这个群体内部彼此都很支持，也很友善。甚至在某种层面上，他们算得上是群体互助小组了。我也不知道他们为什么无端诋毁和谩骂别人，但是根据以往的文献，部分原因可能是有些人喜欢这种挑起争端的感觉。挑起争端、辱骂他人，能让人感到愤怒，感到生理唤起，而有些人就喜欢看到自己制造出的混乱。

《心理新青年》： 您的回答很有洞见，也许网络暴民通过辱骂他人和制造混乱来体验刺激和生理唤起。那么，如果是长期在战争地区生活的人们，还有士兵，他们的身体和心理会习惯应对风险和不确定性吗？

杰米·彭尼贝克： 事实上，有很多证据表明，在高压力（如战乱）的情况下，人们往往在各个方面都应对得很好，心理上相当强韧。一项非常著名的研究调查了第二次世界大战期间英国的自杀人数，当时纳粹正在轰炸英国。在持续数月的轰炸中，英国的自杀率急剧下降。怎么解释这个现象呢？其中一个解释是，战争把人们凝聚在一起，允许人们之间保有丰富的社会关系，而这种社会关系在平时可能是少有的。类似的结果在美国也被发现了。

《心理新青年》： 您认为表达性写作对战争中的人们有帮助吗？

杰米·彭尼贝克： 我认为表达性写作对于正在经受真正可怕的事情的人是没有帮助的，它对那些刚刚经历完创伤事件没多久的人往往也没有帮助。如果刚刚发生了可怕的事情，你现在充满了悲伤、恐惧，我的建议是你应该稍微等等，等到你感觉需要表达、需要写点什么的时候，再抒发出来。写作常常是一种涉及深入自我反省和自我关注的练习。如果人们已经极度自我关注，那么写作可能对他们没有好处，至少在那个时候是这样的。

《心理新青年》： 您一直在研究创伤后的人，那么也一定见过很多生命中的不确定性和随机性。您对生活中的不确定性和随机性有什么理解呢？

杰米·彭尼贝克： 我对这方面的了解不是非常深入。我刚开始研究的时候学到了很多。我并没有受过临床心理学的训练，做这种研究让我感觉有点像临床医生了。在观察人们写下自己经历的可怕创伤时，你会发现，人们应对这些创伤事件的方式有很大差异。

在我们的研究中，有一半看起来非常正常和健康的大学生曾有过创伤经历，可是他们对待创伤的方式有很大的不同。对一些人来说，这种事情发生了，其实没什么大不了的，他们能自然而然地度过，并继续之后的生活。罗克珊·西尔弗（Roxane Silver）在这方面做了很多出色的工作。有很多人在生活中经历过很大的创伤，但是他们都过得很好。事实上，遭遇了严重创伤不一定会导致创伤后应激障碍和类似的应激反应，多数人其实都能很好地应对创伤。

《心理新青年》： 在未来，您希望看到更多什么样的社会心理学研究方向？

杰米·彭尼贝克： 我认为社会心理学应该更多地关注现实世界中的问题，心理学家需要研究更多真实世界中的行为。我不敢相信社会心理学还没有更广泛地运用大数据。瓦次普、脸书、推特能够非常诚实地反映现代社会中人们的社会互动，在其中我们可以接触到语言的自然流动，我们也可以追踪人们的行为是如何随着时间变化的。在我看来，如今在社会心理学领域进行纯粹的实验室研究是个笑话。如果你要做实验室研究，你还不如在 MTurk（网络众包调查平台）上做，因为实证研究发现上面的样本在各个方面的代表性都好于大学本科生。我们真的应该花更多时间与医学、工程学、计算机科学、语言学、通信和护理等其他学科的研究者合作。世界上有很多事物值得社会心理学研究，但我们目前把大部分时间都花在了关于可重复性的讨论上了。

寄语青年一代

《心理新青年》： 您对于博士生有什么样的职业建议呢？

杰米·彭尼贝克： 这是一个非常难回答的问题，因为在西方，学术界中的工作数量正在减少，但其他种类的工作正在迅速增加，因为很多初创公司、社交媒体公司、大公司和政府现在都对社会心理过程非常感兴趣。我们需要训练我们的学生，让他们更好地了解和认识现实世界的过程，这些过程可以在政策层面上对公司和企业产生影响。

我的建议是如果你真的对社会心理学感兴趣，那就去读社会心理学的博士，或者找一个能让你做社会心理学和其他你感兴趣的领域的研究项目。比如赌博成瘾这个问题就是社会心理学的问题。比如公共卫生领域，之前已经被那些有生理学、医学背景的学者研究了，但他们需要更加了解人们如何相互交流，如何获得信息，如何在现实世界中实际行动，以及新型冠状病毒是如何传播的，这些都是社会心理学可研究的方向。

《心理新青年》： 最后，您有什么想和中国学生、学者及社会心理学家分享的吗？

杰米·彭尼贝克： 两年前我第一次去上海，上海是我去过的最令人兴奋的城市。你们的文化正在以如此有趣的方式发生着剧变，你们现在所处的文化是多么令人着迷啊！

第八章

托马斯·托尔汉姆：
从大米理论到星巴克

学者简介

　　托马斯·托尔汉姆（Thomas Talhelm）博士是美国芝加哥大学布斯商学院副教授，在中国工作和生活期间，他一直好奇于中国南方和北方人为什么有着截然不同的思维方式和处世风格，并希望能找出这种文化差异的源头。经过在中国的调查、走访，他和合作者提出了不同于以往的文化差异的理论——"大米理论"：种植大米或者种植小麦的不同的"耕作类型"可能影响了中国南方人和北方人的文化心理差异。该研究在 2014 年作为封面故事被发表在国际顶尖学术期刊《科学》杂志上，引起了学界与公众的广泛关注。

托马斯·托尔汉姆

文化是一种复杂的现象，种植小麦和种植水稻的区别不能解释一切文化差异，只能解释农耕方式所导致的一部分文化差异，导致南北方人心理与行为差异还有很多其他原因。托马斯希望告诉读者，如果有兴趣研究中国社会内部的文化心理差异，后续还会有更多更复杂的问题。他认为，这个领域还有很多值得挖掘的东西，希望未来有更多的研究者深入探究，与他开展深度的交流与合作。他也面向人格与社会心理学领域的年轻学子及爱好者，与大家分享和畅谈学术训练与文章写作等实用技巧。

为何研究大米理论？

《心理新青年》： 我们非常好奇您的个人经历和生活轨迹。您曾提及您在美国密歇根州的一个社区里长大，那么，您是否能和我们分享一下，在人生早期哪些文化间的接触和互动可能引发了您对文化心理学领域的兴趣？

托马斯·托尔汉姆： 上大学的时候，其实我最感兴趣的是哲学。为什么是哲学呢？因为我想了解什么是真正的真理。如果能了解文化对我们思维的影响，那么我就能消除这个影响，也许就能更加靠近真理。但是，我现在做的和当时想的很不一样。后来我是怎么和心理学结缘的呢？我记得大学一年级的时候，有个同学借给我一本社会学的书，当时我觉得书里的角度很有意思。我上高中的时候几乎没有考虑过文化会无意识地影响我们，可能作为一个比较个体主义的美国人，我默认我相信的东西、我个人的工作和喜好都是由我自己决定的。但是，这本书让我意识到，文化会影响我们的很多东西。这对于我来说非常神奇和深奥。所以我上大二的时候读了社会学，但感觉社会学不是非常到位，好像缺少了些什么。下一学期，我上了一门心理学导论。我感觉社会学对因果关系的分析比较模糊、很难下结论，而心理学的方法更有说服力，更能建立确定的因果关系。我在密歇根大学上本科的时候，当时是研究助理，帮助当时还是研究生、现在在麦迪逊大学的宫本尤里（Yuri Miyamoto）做研究，其中就涉及了文化元素，后来开始和北山忍做更深入的文化心理研究，以及协助诺伯特·施瓦茨（Norbert Schwarz）做关于道德和决策的研究。这些经历目前还在影响着我。审美学是一个我曾经非常感兴趣但没有机会研究的科目。我当时特别感兴趣不同文化下的人们认为什么是美的，不仅是绘画，还包括音乐、书籍等，以及是否存在客观的、可以被剖析的美。不过也许只有等一段时间才能有机会研究这些有趣的论题了。

《心理新青年》： 我们还很感兴趣的是，您的个人多元文化经历是如何造就、重塑了您的研究路径？

托马斯·托尔汉姆： 从密歇根大学毕业以后，我打算去读研。因为我有点想去中国，但是，我担心这会影响我的研究生申请。我记得当时诺伯特跟我讲，只要你不是坐在海滩上看书就没事（笑）。我现在的想法已经与以往不同了，作为一个教授，我很希望看到向我申请的学生有很丰富的社会阅历。不需要一定是在另一个文化里，你可以去参加美国支教（Teach for America）这种项目。尤其对于心理学这个需要从生活中汲取灵感的学科，我会建议走出房门去外面的世界看看，只是读书和读文献是很难得到有趣的想法的。我并不是说让大家不要读书，对我来说正确的理论应该是：在生活中观察，在心中沉淀想法，之后再在书籍中和研究中寻求答案、不断发展，然后把想法推向不同的方向。所以对我来说，社会经历是非常重要的，是极其有帮助的。

《心理新青年》： 一个相关的问题是，您曾在广州、北京、香港等地区生活过。我们很好奇您为什么选择中国来形成和检验您的理论假设？比如说"大米理论"。是什么样的文化观察或文化体验让您尤其想要聚焦中国大地开展文化心理学研究呢？

托马斯·托尔汉姆：为什么选择中国呢？有很多方面的原因。首先，它是一场意外。我一开始并没有选择来中国，而是被一个研究项目分配过来的。在我的人生中，有那么几个非常重要的决定是被别人安排的，但出现了非常幸运的结果。如果大学时由我自己来选择的话，我会选择去南美，因为我学过西班牙语。如果真是那样的话，我的生命轨迹会非常不同了。我现在很高兴当时有人决定让我来到了中国，因为我在做我觉得非常有趣的事情。

当我从中国回去之后，我在另一个项目"普林斯顿在亚洲"（Princeton in Asia，PiA）中再一次申请回到中国。我本来要求去北京，因为我了解北京，但我被分到了广州。我当时想，为什么要让我到那儿啊？那里很热，我又不会说广东话。但正因为我来到了这个和北京大相径庭的地方，我才开始思考和得出了现在的大米理论。所以，这些意外把我引向了非常有趣、非常有意义的结果。我想，如果我们试着不要那么努力地控制我们生活的走向，让自己的喜好主导一切，也是能够得到非常好的结果的。

说到中国哪里有趣的问题，我记得我在读本科时学了一段时间日语。我当时学过西班牙语、葡萄牙语，所以就想学点不一样的东西。然而日语让我感到很沮丧，因为对不同的人说话的时候，同样一个字或词要有不同的说法。比如"看"这个字，对着一个教授说和一个朋友说完全不同。但"看"只是一个动作，为什么要搞得如此不同呢？我停止学日语的一部分原因对是这样的细节不耐烦。而中文就不同了，中文会有声调。我以前从来没有听说过声调，感觉非常有趣。

中国还有一点很酷，它太大了，又有太多事情正在发生着巨大的变化。感觉没有人知道是怎么回事，大家都在努力弄懂发生了什么。所以，我觉得中国有如此多的改变、如此激动人心的事情正在发生，而日本是一个更加沉淀下来的、有系统的地方，这对我来说不如中国令我激动。

《心理新青年》： 我们还很好奇，为什么您会选择生态学视角和生存理论取向来解释中国南北方心理与行为差异，您认为这个角度有哪些优势和劣势呢？

托马斯·托尔汉姆： 从深层次上讲，我认为文化和人类在一定程度上是理性的。或者说，我们是基于后果而行动的。当一件坏事或好事发生的时候，我们就会关注它。所以，我思考文化问题的方式是，人们在生活中有什么样的动机导致他们这样或那样做？人的行为的后果是什么？这样的思考方式一般来说是有效的。以中国人喝开水的习惯为例，我认为这个现象背后有一个符合逻辑的理由。可能很长时间以来，人们没有安全的水源。如果你先把水烧开，就能消除细菌。当时的人也许并不知道其中的道理，但是结果就变成这样了。也许人们发现，喝了开水以后他们感觉更好一点了，也许 10 个人里有 9 个人喝了开水，而那个没喝开水的人以后就病了，人们就总结：不应该喝生水。如果你想从理性的角度理解文化差异的存在，我认为可以从环境入手去探究。

《心理新青年》： 您在演讲时提到了一些非常值得讨论、引人深思的观点，听众当时也提出了不少研究中尚未涉及的干扰因素。您能在这里强调几个您认为对大米理论的争论最富有建设性，也能够成为大米理论未来颇有前景的发展方向的观点吗？

托马斯·托尔汉姆： 有一点我在论文中没能谈到，在大米之前人们是如何种植呢？我做的一个分析说明种植大米的主要刚需就是水，当然还包括一些别的条件，比如土壤。我又做了实验，发现种植大米的环境与实际的大米种植行为，二者的比例为 0.86∶1。也就是说在中国，几乎所有能种植大米的地方都在种植大米，或者起码在历史上曾在山坡上开荒种植过。但问题来了，因为大米有不同的种类，主要有需求密集型的和需求不密集型的。大米可以在更干旱贫瘠的土壤里生长，但我认为这可能不会对文化造成大的影响，因为不那么密集。世界上很多其他地方，比如东南亚地区的泰国、越南，自然灌溉条件比较好，会更自然地生长大米。这样，就不需要人类劳作提供灌溉系统。这也是大米本身存在于自然界中的原因。但为什么以中国为主的某些地区会发展出这么多劳动密集型的大米农业呢？我认为答案在于人口密度高、劳动力充足、政府稳定和战争不频繁等原因。如果社会动荡，人们就不会去建造灌溉系统。这对我来说非常有意思，因为这对大米农业本身是一个干扰因素。因为，在我所有研究过的地方，这些因素都是存在的。我没能把我的样本和任何不存在充足的稳定性和人口密度却种植大米的地区进行比较。我也认为在山地上种植大米是一个地区具有稳定性、人口密度高、劳动力充足的证据，因为如果不是这样的话，人们就不会费功夫去开垦山地，对吧？所以我认为这个领域可以继续深挖。

《心理新青年》： 由此联想到一个问题，现在有很多农民不种地而去了城市打工，很多先进的机器代替了劳动力，产量也大大提升了。另外，袁隆平院士发明了杂交水稻，这让很多农民可以不去务农，但同时能够保证中国人民的粮食供给。不知道这些新的变化和新的现象会不会对我们的文化造成影响，尤其对于未来几代而言？

托马斯·托尔汉姆： 我经常思考文化会不会持续下去的问题。很多农民现在不种地了，很多学生的爸爸妈妈 50 年前都是自己种地，但现在他们的爸爸妈妈是在办公室工作的。但是，有一种理论是说每个文化都有一个核心。一个例子是，我一个来自伊斯兰国家的朋友移民到了美国，他们国家的文化比美国传统。这个人在美国每天用 Skype（网络电话）跟家人打电话。我们经常会想科技会让我们更现代化、更个人主义等，但是这个来自传统文化的人会使用科技的方式来支持他的传统文化。我们认为科技、GDP会影响人们的行为。但是谁在用钱？是人在用钱。不同的人会以不同的方式花钱，他们花钱的方式可能支持他们已经拥有的价值观、文化差异。我们有钱之后就会变得都一样吗？整个世界就会是一种文化吗？我觉得钱有可能会让我们在某些方面越来越不一样。总之这是一个值得思考的有趣的想法。

《心理新青年》：我很同意。我还很好奇的一点是，如果说文化传承的确存在某种延续性，它是通过什么样的渠道去传递的呢？比如内隐文化规范或者家庭互动中存在的文化习俗，不知道哪些是您认为比较可能的，或者说，您认为大米种植和我们的心理与行为特征中间存在什么样的中介变量？

托马斯·托尔汉姆：这是一个很难回答的问题。我记得有一次我做演讲之后有一个教授提问："你觉得中介变量是什么呢？"我觉得需要谨慎一点，因为中介变量有不同的界定。关于文化是如何传承的，这个问题我不清楚。是基因吗？是机构吗？是学校吗？是爸爸妈妈的教育吗？这些可能都有吧。比如说，如果你能做出一个研究说明，不是父母的教育使文化得以传承，我会很惊讶，也很难相信，甚至会认为你研究的方式有一些问题，或者你只看到了问题的某一部分。总而言之，我真的不清楚这个问题的答案，我认为回答这个问题有很多种不同的方式。

《心理新青年》：也许这是一个很有前景的未来探索的研究方向。

托马斯·托尔汉姆：是的。我会从人类学、心理学以及社会学的角度去思考文化，而经济学家也开始研究文化了。有几个经济学家有了非常有趣的研究成果。我很喜欢看他们的研究，因为他们的背景、研究方法，以及他们思考国家、文化和社会的方式和我们太不相同了。我们可以从他们身上学到我们之前没有的思考方式。举个例子，他们对机构、制度的关注会比我们多得多，其中包括政府、政策、学校等的建立方式。我之前在广州教书的时候发现很有趣的一点，一个学生每天都会坐在同样一张桌子上，并持续一整年。而他旁边的人（同桌）就会在他旁边坐上一整年，换座位可能是过了一年才有的事。可是我上高中的时候全然不同，我每节课都坐在不同的地方，我身边的人也几乎从来都不是同一个人。我们会去不同的班里上不同的课，每学期我们上的课也会换，我身边坐的人总会不一样。这就让我想到了人们如何交朋友、人们的友谊的稳定性等问题。

以日本和美国的大学差异为例，我认识的一个美国教授在日本待了很久。我问他，你有没有考虑去日本当教授？他说："我有兴趣啊，但是这基本上没有办法实现。因为如果我要去日本的一所大学，我就得从头开始，从初级薪水开始。否则，假设他们同意我直接成为中级教授，其他人就会很不高兴，因为日本大学的教职是按照在大学就职的年份来算的。"美国就不同，你可以在任何岗位随时雇用任何人并给他们相称的薪资待遇。虽然日本和美国的大学都很出色，组织结构却完全不同。美国的系统比较适合流动、雇人、裁员、再雇用等变动。而日本就截然不同，流动也应该会更困难一些。所以说，如果我们要探寻把以前的文化环境和今天联系起来的机制的话，我会鼓励年轻的社会心理学家多"入世"，思考学术期刊里找不到的东西，比如说我们刚才提到的机构差异就是一个很有意思的领域。

中国巨变带来新机遇、新思考

《心理新青年》：我们再多聊聊中国吧。中国在过去几十年中经历了巨变。社会科学家和大众都很想知道发生了什么，正在经历着什么，以及我们正在向什么方向前进。您认为其中最激动人心的方面是什么？以及最令人沮丧或难过的部分是什么？

托马斯·托尔汉姆： 我先说说令人难过的部分，然后再说说令人兴奋的部分吧。有一件在中国发生的令人难过的事，其实也在世界上的很多其他地区发生着。虽然我认为文化有能够留存至现代化的核心，但文化也有很多部分正在死去，比如说方言差异。对我来说，这十分令人抱憾。我的一些同龄人的父母自己说方言，但不再对自己的孩子说方言了，因为他们要让孩子说普通话。我不怪这些家长，因为这对于学校系统来说是合理的，但这仍然让我感到难过。作为一个喜欢这些语言差异的人，我希望它们能够得以留存。相似地，在世界范围内，有很多语言正在消亡。我希望一些方言能够留存得更久一些。

说到令人激动的事情。我之前说过，我们进入"无相关性误差的黎明"，由来是这样的：我曾经算过西方国家（对于西方国家的定义，这里是把每个国家以二元变量记为西方国家或非西方国家）和富裕程度的关联性，从 1800 年开始的 GDP 数据算，结果是 0.82，并且一度到达了 0.9。所以，在过去的 150 年里，全球范围内西方国家几乎就是富裕的代名词。研究者一直都想知道 GDP 或财富是否会造成一个文化更加倾向个人主义，但如果"是西方国家"这个属性和 GDP 本身就造成干扰，我们怎么能知道答案呢？唯一的方法就是等，等到非西方国家的财富积累起来了才行。日本是率先开始的，我们现在离目标也越来越近了。20 世纪 70 年代开始西方性和财富之间的关联性就开始下降了，而现在已经是过去 150 年内的历史新低。也就是说，有越来越多的非西方国家富裕了，中国就是其中的一个。作为一个研究者来说，这是超级令人激动的事，因为我们能够回答之前 150 年内的人无论做什么都无法回答的问题。现在不同文化背景的人开始变得富裕了，他们会怎么做呢？那么我们就可以研究了，而这之后的 50 年内我们就能够看到结果。中国是个尤其好的例子，中国人有钱了会怎么样呢？在有些方面，他们会和美国人一样，比如说离婚率上升，家庭规模变小，平均寿命延长，因为这些在各个不同的文化中几乎可以说是个铁律，不论哪里变富裕都会有这样的结果。但我猜想，在有些方面中国人会和西方人完全不同，这就是令人感兴趣的地方。比如说在日本，有从 20 世纪 50 年代起到现在的调查显示，日本人对于家庭的重视在过去的几十年内不但没有降低，反而是不变甚至提高了，这简直是太有意思了。

《心理新青年》：那么，您愿意给中国年轻的社会心理学家提出一些在这个历史性转变之际值得探究的话题和建议吗？

托马斯·托尔汉姆：有一个很不错的话题是，我很喜欢中国进行的道德辩论。人们对这些话题进行如此激烈的争论，我认为这简直是太有意思了。在佛山，一个叫小悦悦的小孩被车撞了，结果人们没有去帮助这个孩子。河南有个人在街上被车撞了，虽然有证据表明当时是有人去帮忙的，但是结果录像产生的表象是没人帮忙。我很喜欢这些争议，因为我认为人们越去讨论某件事，反而说明事实是相反的，因为人们对于这些事件表现出了如此激愤的情绪。在这两个事件中，受害者都是一个陌生人，而那些潜在的帮助者也是不认识他们的。而群众对这些事件表现出的呼声是：我们应该对陌生人、不认识的人更友善。

对我来说，这是一个文化在从乡村道德转型的表现。上千年来，人们都在乡村和小集体中生活，而他们的道德观是建立在人际关系上的，这在他们的角度来看是合理的。而现在我们的文化在转型，因为很多人都迁移到了城市，我们每天看到的人大部分都是陌生人，我们需要改变规则来适应新的情况。我认为人们指责小悦悦事件中的人是因为我们现在对陌生人有关怀之心了。很多人认为我们曾经是好的，有道德的，而现在我们的道德感变差了，关于这一点，我曾在费孝通的一本书中读到一个发生云南的事件：一个务工人员来到了一个镇上，在那里劳作，他不是那个镇的人，也不认识那里的人，也不是谁的亲戚，结果当他去世的时候（也许这一点在我记忆里夸大了，可能不准确），人们把他的尸体丢到了一个空场，被狗吃了。这在现在来看是很可怕的事情，为什么他们会那样做呢？我认为一部分原因是那里的死亡和丧葬习俗规矩都是建立在关系上的。如果是你的父母、兄弟姐妹，你就会有这样那样的责任。然而那个人没有进入这个关系系统，所以当地人对他就没有任何责任。我猜测如果这件事情发生在现在的中国的话，人们对待他的方式会比当时在云南的那个镇上的人要好得多。

《心理新青年》： 这太有意思了。很多人谈论中国的道德滑坡的问题，有些人却说这可能是一种幻觉。可能由于人们喜欢怀旧，人们认为过去的时代多么美好。这可能会造成一种道德滑坡的幻觉，尤其是当人们的道德标准发生变化的时候，或者使用旧的道德标准来评判新的道德事件的时候。

托马斯·托尔汉姆： 是的，你说得没错。我不觉得人们是在变好或者变坏，而只是变化了。我猜我们对陌生人的好是以我们对家庭的关心、帮助以及和家长之间的纽带等为代价的。我想也许从过去来的人会惊讶于人们现在对待他们的父母的方式，但我猜想我们现在对陌生人要比以前更好。所以在这个问题上，讨论"更好"或"更坏"可能是不恰当的，我们只是变得"不同"而已。

潜心学术，勇于创新

《心理新青年》： 非常感谢您的慷慨分享！接下来，我们想请您谈谈学术训练和文章发表的问题，相信有很多年轻的研究者对这个话题比较感兴趣。您愿意和我们分享一些个人经验吗？尤其是您在发表过程中，您认为我们领域的顶级期刊比较喜欢或者正在寻找哪些东西呢？

托马斯·托尔汉姆：我不确定我在这方面有很多经验，但是我记得在《科学》杂志发表文章的过程中，令我印象深刻的一件事情是，我遇到的编辑特别想知道我的数据的稳健性，尤其从统计学的角度来说。有编辑真的问我要原始数据，想要自己分析。其他杂志从来没找我要过原始数据。当然，也许只是我遇到的这个编辑比较独特而已。

总的来说，我会鼓励大家多想想自己研究的东西是否真正有意思。我常常会让学生去想象，如果我们发现了这个结果，那又会怎么样？我会问：有人在乎你的研究发现吗？通常情况下，大家是心里有数的。举个例子，我有一个中国学生想说明中国人比美国人更容易在社交中顺应他人。我说："那好，想象一下我们有了这个发现，可是谁会在乎呢？"这个时候他就明白了。所以，我并不是比大家知道得更多，只是很多人没有多想一步。

思考这个问题的另一种方式是：这个研究结果到底有多大价值？有价值的结果是与众不同的，或者能够打破我们在某些问题上的常识，或者能够让我们对世界产生不一样的看法。就我个人而言，并不是我做过的所有研究都是一开始就明确到底有什么价值的。我在研究生时期做过一些研究，当我回家过圣诞节的时候，我会跟我姐姐讲我在做什么。当我说的时候，我从她的眼神中看出她并不在乎我说的这些事。那时我意识到，我自己也不是真正在乎我说的这些东西。这些研究只是跟进了我导师的研究成果，而且比较合理而已。所以，我没再继续做下去，感觉不值得花费更多的时间。一般来说，研究者应当比别人更在乎自己的研究。如果你自己都不在乎，那就没人会真正在乎了。

所以，我会鼓励大家多思考在自己心中挥之不去的那些问题。之前提到的关于现代化的问题，人们会如何用不同的方式花钱，我在过去的一个月里至少一周想到一次，或者说，过去一年里至少一个月想到一次，这说明我对这个问题确实有兴趣。那么，在这个方向做研究才会产生让其他人有兴趣的结果。如果你只有在实验室的时候才想到这个问题，下午5点一过，你就在想"可算不用再想这个问题了"，那就说明你对它其实没有兴趣，那不如去做点别的吧。对研究生来说，这确实不容易，因为我说的这类东西一般不是安全保险的选择。

《心理新青年》： 是的，有些人会同时做很多不同的项目，有些项目是更加安全、为了发表文章而做的，而有些项目是纯粹出于兴趣而自由探索的。

托马斯·托尔汉姆： 是的，我自己也同时做很多项目，你绝对可以这样做，但我还是鼓励大家跟随自己内心的兴趣去做。

《心理新青年》： 我们能聊聊写作方面的话题吗？您在很多心理学顶级期刊上发表了文章，包括《科学》《心理科学》《人格与社会心理学》《人格与社会心理学公报》等。您认为对于学术写作来说，哪些方面最为关键？

托马斯·托尔汉姆： 我的这些经验不值得模仿，但我的确发现我和其他同事有几个不太一样的做法。一个是我经常在发表之前和别人讨论我的研究。很多研究生问我："我应该这样做吗？是不是该等到发表之后再去这么做？"我认为人们在讨论时问你的问题会直接帮助你的文章发表，有时候我甚至会因为人们的问题而追加实验。最近有一个同事跟我说，审稿人总是会让他追加实验，但这几乎从来没在我身上发生过。我觉得这是因为我总是花一段时间酝酿、做报告、得到更多反馈，促使我做更多的实验，然后再去发表。我报告星巴克挪椅子实验的时候，一个最常见的问题是：你怎么知道北京星巴克里的人都是北京人呢？于是我就去补了另一个实验，询问星巴克里的人都来自哪里，并把这个研究作为论文提交的一部分。如果我刚拿到结果就很快投稿，审稿人肯定会问我这样的问题，而我的文章很有可能就被拒绝了。所以，这样一个交流和反馈的过程对我改进研究真的有帮助。

《心理新青年》： 是的，我很喜欢您的文章中有很多充分和深入的讨论，并且提到了一些不同的解释，还排除了一些混淆因素。

托马斯·托尔汉姆： 是的，很多人都说我有点强迫症，这倒也有点对。现在补充材料基本上可以说是无限制的，那你就没有任何借口限制你的写作。如果你测试了其他理论，没有地方写，那就放在补充材料里，告诉读者："我这样做过了，或者我试过其他方式了，你可以去补充材料里看。"

关于写作，我特别想强调的是，不要高估你的读者。科学家、研究生等开始倾向于采用高端、学术、正式的风格写作，而我很努力地尽量不去写成那种风格。人们经常认为应该写得更正式、更科学化，因为读者是科学家，是受过高等教育的人。但是千万别低估了你的读者有多忙，有多不想花费时间和精力，包括审稿人。审稿人比一般人更认真一点，但是问问你自己，你是喜欢读一篇通俗易懂的论文还是喜欢读一篇佶屈聱牙的论文呢？我认为人们错误地预判了其他人也喜欢高端的写作方式。我经常开玩笑地说，我的目标就是尽量能让我的稿子过审稿人那一关，因为有时候有些审稿人也会跟我抱怨，说我的写作风格有点太不正式了。但我知道，读者会喜欢这种风格，而且我认为审稿人实际上也很喜欢。如果你的写作文字很简单，他们不用重读 10 遍就能看懂，他们会感谢你的。

所以，别担心，你可以在你的文章中放小要点和更多的段落标题。如果你得重读一句话才能理解它的意思，那大概是不好的写作。也许你要表达的真的是个很复杂的想法，但大概率是糟糕的写作，所以可以把它分成两个短句子。我努力把我的文章写得简单、直截了当，因为即使是科学家也喜欢读简单清楚的东西，所以我推荐大家也这样做。

《心理新青年》： 这个建议非常棒。我们看到您和有很多不同文化背景的人都有合作。对于想要寻找国际合作或者建立高产、友善的合作关系的人而言，您可以和他们分享一些建议和技巧吗？

托马斯·托尔汉姆： 这个问题挺有趣的。我的经历不太寻常，因为我的研究兴趣蛮奇特的。一般很少见一个参加我们项目的人是对研究大米和水稻感兴趣的。但是，我发现这个世界上大概有那么 10 个到 20 个人也是很"怪咖"的人，对农耕、大米和水稻，或者中国、印度的地域差别感兴趣。这些人会找到我，或者我也会找到他们。所以，我和世界各地的很多人合作，比和我本校的同事或学生合作更多，主要是因为我的兴趣太不寻常。如果你有不寻常的研究兴趣，去找那些和你一样的人吧。比如说你喜欢目标设定相关的课题，因为很多人都会研究一样的东西，那么如果你发邮件给纽约大学的某人，那他可能不会有太大的动力和你合作，因为他身边也有很多做目标设定相关研究的人。

《心理新青年》： 您对中国心理学领域里年轻老师和学生们有什么祝福和寄语吗？

托马斯·托尔汉姆： 其实我们都有支持中国社会心理学发展的想法。在中国，社会心理学可能并不是一个得到很多资金支持的科目，但我认为，很多人都对它非常感兴趣。当我在知乎专栏上写心理学的文章的时候，人们似乎很感兴趣，希望能学到更多。我希望这种趋势能够持续下去。我希望我们一起努力帮助它成长。如果我可以对在中国长大的研究者说一句话，那就是我感到有时候中国研究者可能存在一种观念，就是我用科学、逻辑、归纳法来分析日常行为是古怪的。在中国，很多人有一种潜在的概念，就是科学存在于实验室里，那里有试管、显微镜、统计等一系列的东西。然而对于在现实生活中发生的事情，比如人类的心理与行为，人们觉得没办法提供科学解释，或者说不值得去思考等。但如果你回溯过去 100 多年来那些很厉害的研究，你会发现，很多研究都是从生活中一些不寻常的地方开始的。所以，我想鼓励在中国长大的老师和学生们，不要让这样的潜在观念阻止你去思考，你要对自己的生活观察及采用的科学研究方法有信心。思考我们所经历的日常生活，或者思考在新闻中看到的事件，这也是科学，或者说，这可以导向科学。因此，我鼓励大家多多关注、观察这些事情。如果你能够跟随这些观察，我认为可以走向很有趣的研究结果乃至成功。

《心理新青年》：是的，我完全同意。有时候中国学生不被鼓励把日常生活中的观察和行为直接转化为科学研究，比如有人会说："你为什么要研究这个问题？这仅仅是个像轶事趣闻一样的琐碎证据。你有很强的理论基础或者实证依据吗？"我觉得中国学生对自己的原创性思考和想法要更有自信。如果你有自己的想法，就应该非常自信地表达和交流，然后通过科学的方法努力探寻答案。

托马斯·托尔汉姆：是啊，不是你一定得先有个理论，然后才能有其他东西。有时候人们会认为，求知、科学都必须有顺序和秩序才行，你一定要把一切都建立在一个理论基础之上，但其实不一定非要那样。这让我想起在人类学领域里（抱歉，我不是故意找人类学的茬，我很喜欢人类学，我在我自己的工作中经常用到人类学），当人类学家去一个村庄做田野观察的时候，他们会问："你的理论架构是什么？"我就会想："你在说啥？"（笑）我的直觉是，我会先去那个地方走走看看，然后再思考理论框架的问题。

第二篇

扎根中国，影响世界

第一章

郭永玉：

求真理　去服务　得自由

学者简介

　　郭永玉，现任南京师范大学心理学院教授、博士生导师、人格与社会心理研究所所长。兼任教育部高等学校心理学类专业教学指导委员会委员、中国心理学会常务理事、心理学与社会治理专业委员会主任。曾任中国心理学会理论心理学与心理学史专业委员会主任（2019—2020）、人格心理学专业委员会副主任（2005—2017）。他的主要研究领域为人格与社会心理学，聚焦于中国现代化进程中的社会问题，倡导基于主题整合的人格心理学知识体系，将人格变量置于社会行为的视域中，推进用心理学理论和方法研究中国的社会治理问题，其中他引领的中国社会阶层心理学研究序列成果得到同行的广泛关注。他曾获得中国心理学会学科建设成就奖、教育部高等学校科学研究优秀成果二等奖、"湖北省优秀教师"称号等多项奖励。

郭永玉

华师、南师与武大，不觉少年已中年

《心理新青年》： 首先回顾一下您的个人经历，您在华中师范大学获得学士和硕士学位，在南京师范大学获得博士学位，目前也在南京师范大学任教，能否和大家分享一下，您当年是如何走上心理学的探索道路的？又是为何选择在人格心理学领域深耕？

　　郭永玉： 我先谈一下我对刚刚过去的 2020 年的感受，我用三个读音相同的词来概括，那就是**劫点、结点、节点！** 2020 年对于中国和世界而言都是一个遭受劫难的年头，这一年所暴露出来的各种社会问题又格外令人纠结不安，并引发强烈的族群冲突，甚至社会撕裂。但愿人类在这一年所付出的沉重代价（尤其是生命的代价）不会无所收获，我们应该将这一年视为人类（特别是我们中国人）走向新方向、迈开新步伐的一个转折点、一个新起点或者说一个新节点。

　　我出生于农村山区，15 岁上高中之前干过多种农活。我父亲是初中数学教师并长期担任校长，母亲是农民。农民和书生，这是我给自己贴的两个最重要的标签。这两个因素深深影响了我对这个国家的理解。我是恢复高考后第一届考上县一中的学生，也是 1980 年本校的高考文科第一名。为了确保我能在第一批被录取，班主任在我的第二志愿填了华师（当时为华中师范学院，后改为华中师范大学）。因为当时教师地位低，报师范的人又少，而我的志愿中有师范，于是"优先"被华师教育系录取了。当时教育系只有一个专业，叫作学校教育，后来改称为教育学专业。

钱钟书先生在《围城》中讲到大学专业的鄙视链，理科生瞧不起文科生，外国文学系学生瞧不起中国文学系学生，中国文学系学生瞧不起哲学系学生，哲学系学生瞧不起社会学系学生，社会学系学生瞧不起教育系学生，教育系学生没有谁可以让他们瞧不起了，只能瞧不起本系的先生。我们虽然没有瞧不起本系的老师，但确实感到教育学可供学生念的书太少了，有些课甚至连一本教材也没有，而且内容不吸引人。

比较而言，文、史、哲等领域的好书要多得多，20 世纪思想解放运动的活跃人物也主要出自这些领域。人生观、人性、人道主义和异化等理论问题的讨论深深地吸引着我，我跟着阅读和思考，常常为读到一篇好文章而激动不已。伴随着思想解放运动的还有美学热、现代西方思潮热等，我将省下的一点生活费都买了书，有些书反复读，其中被朱光潜先生的文风所吸引，也广泛浏览了介绍各种新思潮的书刊。到大三的时候，我好不容易被一门专业课所吸引，就是王启康先生讲的心理学史，因为这门课与我的那些课外阅读在内容上有相通性。这种感觉伴随着喜悦，为此我开始喜欢自己的专业了。当时的说法是，我们可以在教育学和心理学两个专业中侧重一个。于是，我将阅读集中在心理学史上，我几乎熟读了当时所有中文版的心理学史著作，如高觉敷、杨清、唐钺、波林、墨菲、舒尔茨、雅洛舍夫斯基等人的书。20 世纪 80 年代中后期，思想解放运动达到高潮，以李泽厚、金观涛为代表的一批学者引领着时代的潮流。我除了保持广泛的人文兴趣以外，开始将阅读集中于弗洛姆的著作，并将其作为硕士研究生阶段的专攻方向。在熟读了弗洛姆的几乎所有著作后，自己在脑子里已经形成了一个体系，似乎可以用一个清晰的框架将弗洛姆的思想整合起来。王启康先生肯定了我的想法，我就这样完成了硕士论文。我将弗洛姆的思想来源归结为欧洲近代启蒙运动和犹太－基督教传统，具体内容为理性主义、人本主义、批判精神和救世情怀。这四个要素的提炼不仅是我对弗洛姆的解读，也是我对20世纪80年代思想解放运动的影响的总结。它们至今仍然深深地影响着我的精神生活。

我硕士毕业后留校任教，5年后报考南京师范大学，成为杨鑫辉先生的博士生。杨先生和同事们设了三个方向：中国心理学史、西方心理学史和苏俄心理学史，我自然选择了西方心理学史方向。其间得到一个机会到美国加州的超个人心理学研究院（Institute of Transpersonal Psychology）访学。超个人心理学主张整合东西方精神哲学的传统，其对人性持一种身心魂灵（body-mind-soul-spirit）的整体观，并自称是心理学的第四势力，与行为主义、精神分析和人本主义并列。当时国内对超个人心理学的介绍甚少，加上我已有的学术背景和访学的便利条件，从理论上对超个人心理学进行一番述评就成为顺理成章的事。我的博士论文和以此为基础写成的专著，是大陆第一本系统述评超个人心理学的著作。当然，今天国内有一批人研究和实践超个人心理学，原著的翻译量也增多了。如今静修、正念等研究热点理论上都来源于超个人心理学。

获得博士学位后，我回到华中师范大学，继续教授普通心理学，并接任人格心理学的主讲。由于偶然得知武汉大学哲学系设置了博士后流动站，我便联系邓晓芒教授，经过面试我顺利进站，但仍在华中师范大学任教。那两年多的时间里，我经常骑着旧自行车往返于华中师范大学和武汉大学之间。我买过一辆新自行车，第一次骑到武汉大学，从图书馆出来就发现被盗了。那个年代自行车被盗是常有的事。我不仅教授本科生的人格心理学，也教授研究生的人格心理研究课程，并招收硕士研究生。我将几乎所有的中英文人格心理学教材都找到了，还有不同版本的人格研究手册，以及几种主要的人格心理学英文杂志，如《人格与社会心理学》。我惊讶地发现，不同的人格心理学教材体系很不一致。有的主要讲人格理论，有的主要讲人格专题研究，有的以理论为主结合专题研究。虽然专题研究已经成为新的趋势，并且成果丰富，但这些研究很分散。受邓老师讲康德哲学的启发，我萌发了将人格心理学的理论和专题研究的基本范畴进行一番梳理的想法，并成功得到了国家博士后基金的支持。这项工作的成果就是《人格心理学：人性及其差异的研究》。2003年我博士后出站时已经40岁了。

与此同时，我招收研究生的方向也明确为人格心理学，但史具体的方向或问题仍不明确，不过我要求研究生的阅读和论文选题要在人格范围内，我会根据自己的理解来肯定或否定一个选题。在这种肯定或否定中慢慢形成我的研究领域，也就是说逐渐形成了比较明确的边界。现在看来，我从本科以来一直关心的学术问题是人性问题，而人格心理学是所有心理学分支中最集中研究人性问题的一个分支，或者说，人格心理学是所有分支中最明确将人作为一个整体来看待的分支。我的硕士论文和博士论文也都可以被视为人格理论研究，而不仅仅是心理学史的研究。或者说，心理学史是以心理学为研究对象，而人格心理学是以人为研究对象，我的兴趣侧重于后者。当然人格又与社会历史文化联系密切，这样就可以将我之前的所有知识积累、贯穿起来。此外，结合研究项目的申报以及我对社会问题的思考，我越来越聚焦到现实的社会问题上，如社会阶层的心理学研究。这个领域对于中国而言主要是现代化过程中的社会问题，而对于美国而言则主要是全球化造成的社会问题，背景和根源不同，但阶层分化所引起的心理和行为反应是相同或相似的，如不公平感（相对剥夺感）、不安全感（威胁敏感性）等。简单而言，我的研究领域似乎经历了心理学史、人格心理学和社会心理学三个阶段，虽然听上去跨度很大，但是在我个人身上并不是分裂的，我并不认为自己走了什么弯路，相反，我认为过去的所有积累对于我今天思考问题都是有益的。

三所老校学风浓厚，多位良师影响终生

《心理新青年》： 您先后求学并工作于华中师范大学、南京师范大学和武汉大学，是否可以请您和大家分享一下，这些学校的学术氛围和文化传承对您产生了怎样的影响？

郭永玉： 我有幸先后求学于华中师范大学、南京师范大学和武汉大学，完成了从本科、硕士、博士到博士后的学业之旅（博士后阶段仍然以求学为主）。这三所母校都有百年历史。华中师范大学和南京师范大学都有教会大学的传统，华师老校长章开沅先生以其历史学家的深邃和敏锐揭示了这一传统对中国现代大学发展的意义。武汉大学在民国时期就是著名高校，与师范院校相比有着更开放、自由的传统。综合而言，这三所百年学府都积淀了深厚的人文传统，代表着一种严谨求真的科学态度，展现着一种自由多元的学术视野，传达着一种服务民众的社会使命。

《心理新青年》： 在曾经指导过您的导师当中，肯定有很多老师在做学问或者为人处世方面都对您产生了深远的影响。您觉得哪位导师对您的影响最大？为什么？

郭永玉： 我的硕士导师王启康先生是我的学业引路人。他属于新中

国培养的第一批研究生，亲身接受过苏联专家的训练，认真研读过马列原著。他把唯物辩证法与儒家的中庸之道、仁义礼智信和立德、立功、立言，道家的清虚无为和顺应自然，佛家的清净超脱和慈悲虔诚，以及科学、民主、理性、自由的现代价值成功地结合在一起，融合在他丰富的生命历程中。杨鑫辉先生为人谦和，关爱学生。他常说弟子弟子，如弟如子。这种爱还包含着严格的要求，我的博士课程中有一门中国心理学史研究，需要交一篇作业，一开始我想敷衍了事，但杨先生把我的作业打了回来，让我重写，我只好老老实实埋头一个月，写成了《先秦情欲论》，后来发表在《心理学报》上。杨老师的中国心理学思想史主要讲古代思想，但读起来十分流畅，丝毫不觉艰深晦涩。我经常在学生面前讲文章的标准，杨老师的文风就是一种典范。邓晓芒先生是国内著名的康德和黑格尔研究专家，也是著名的文化批判学者。我听了他的硕士生课程"《纯粹理性批判》句读"和为本科生开设的通识课"中西文化心理比较"。邓老师对德国古典哲学的钻研极其精深，我连皮毛也未及一二。而他对中西文化心理的比较研究则是他的文化批判，也就是启蒙志业的重要组成部分。读邓老师的文章一直是我训练思维和加深对中国文化批判性理解的功课。美籍华人学者李绍昆先生致力于中美学术文化交流，他带过很多美国人来中国，也邀请很多中国学者到美国，包括我本人。在今天的背景下，中美都特别需要这样的人，民间友好交流的桥梁不能断。小而言之，中美关系对中国心理学的发展也至关重要。邀请我到莱斯特大学访问的安德鲁·科尔曼（Andrew Colman）教授是做决策研究的，但他也写《什么是心理学》（*What is Psychology*）这样的普及读物，还一个人编写了一部《牛津心理学词典》（*Oxford Dictionary of Psychology*）。他每天上午到工作室工作，晚上才离开。从他身上我感受到一种对工作和知识本身的热爱，以及一位英国绅士的教养。

人格与社会不可分，理论与实践相结合

《心理新青年》： 您是我们大家心目中学术造诣很深、深受学生喜爱的老师，2019 年您获得了中国心理学会颁发的学科建设成就奖。请问您觉得自己最大的科学贡献是什么？

郭永玉： 不一定叫作科学贡献吧。因为严格地讲，科学贡献主要是指科学发现。我更多的是一个人文学者，也是一个社会科学研究者。这里主要讲一下我做了哪些工作。

一是人格理论研究。在人格理论研究方面，我先后涉及精神分析社会文化学派和超个人心理学，分别以我的硕士和博士论文为基础，出版专著《弗洛姆的人本精神分析》和《超个人心理学及其治疗理论研究》。二是人格专题研究。自 2000 年以来，我带领研究生对人格心理学的当代研究主题进行了系统评述，并开展实证研究，先后出版《人格心理学——人性及其差异的研究》和《人格研究》两本专著，涉及的人格研究领域包括人格特质、人格动力、人格发展、人格的生物学基础、人格与社会文化等。三是人格与社会问题研究。我带领研究生先后围绕教育部人文社会科学研究基金项目"道家人格结构测量及其在建设和谐社会中的应用"、国家自然科学基金面上项目"不同社会阶层分配不公平感的归因模式及应对策略"、国家社会科学基金重点项目"危机管理中的心理社会支持研究"，将人格研究与社会生活现实问题相结合，展开了一系列的量化和质化研究，并倡导针对心理学与社会治理这一研究领域，在中国心理学会设立相应的专业委员会。我正在做的国家自然科学基金面上项目是"突发公共安全事件影响系统合理信念的心理机制与应对策略研究"，国家社科重点项目是"社会治理视域下的心理建设研究"。四是人格心理学的教材建设。我先后主编《人格心理学导论》《人格心理学》《人格心理学纲要》；主译《人格心理学：人性的科学探索》（兰迪·拉森、戴维·巴斯合著），为倡导以主题为线索的教材体系提供了不同的版本参照。我在人格理论方面，提出特质理论、生物学理论、学习理论、精神分析理论和现象学理论的排列顺序及其内在理据；在人格研究方面，提出以人格特质（disposition）、人格动力（dynamics）和人格发展（development）为框架组织的、基于研究主题的教材体系；在人格影响因素方面，提出生理—遗传—进化和社会—历史—文化两大"还原"系统。

人格心理学的分化与整合

《心理新青年》：目前，人格心理学的前沿问题是什么？未来 10 年人格心理学的发展趋势又是什么？

郭永玉：这个问题太宏大了，不同的研究者应该根据自己的研究领域和所关心的问题，通过追踪文献才能了解其前沿在研究什么。人格心理学是一个非常广泛的领域，作为研究者必须聚焦于具体问题。但从学科基本结构而言，不外乎还是人格特质、人格动力和人格发展。由于人格既具有生物性又具有社会性，所以人格领域也可以大体分为两大取向——生命科学取向和社会科学取向。生命科学取向的研究关注的是人格的生理学基础，如从神经科学的视角和方法研究人格；或者关注人格与遗传的关系，如从行为遗传学的视角和方法研究人格；或者关注人格与进化的关系，从进化心理学的视角考察人格的起源和适应机制。社会科学取向的研究关注当下的社会条件与人格的关系，或者社会变迁、重大历史事件与人格的关系，以及文化与人格的关系。

所有这些领域都处在非常活跃的状态，你在任何一个感兴趣的主题下都大有可为，但每个人在学科的发展上所能做的贡献是很有限的。我个人认为，生命科学取向的人格研究，在神经或生理的层面是近端的，在进化的层面是远端的；社会科学层面的研究，在社会的层面（如阶层分化）是近端的，在文化的层面是远端的。我个人会选取更近端的社会科学的主题，而舍弃别的主题，因为这在我看来是"当务之急"的主题。但这仅仅是出于个人兴趣，我不排斥别人的兴趣。因此，人格是一个非常宽广的领域，又是一种非常复杂的现象。"personality"（人格）这个词从翻译习惯上也可以译为"人性"。它作为一个学科有着还不到100年的历史。其虽然积累了丰富的知识，但用科学哲学的标准衡量，它还远不是一门成熟的或规范的学科。理论上学派林立，主题上分散零碎，方法上各取所需，"大二""大三""大五""大六""大七"各执一词，整合的努力会持续不断，但分化与整合的两面性会长期存在。分化可以被视为繁荣的表现，整合可以被视为统一的努力。但统一必须是学术共同体形成的共识，它只能是逐步积累的、相对的、以充分的知识积累为基础的，而且不可能是终结性的。即使是爱因斯坦的统一场论，不也没有成为"定论"吗？

充分认识心理学的社会科学属性

《心理新青年》： 大家知道，您和其他心理学同人牵头组建了心理学与社会治理专委会，您觉得人格与社会心理学能为中国的社会治理做出什么样的新贡献？

郭永玉： 从本源上说，心理学的社会科学属性就决定了它必须成为中国加强和创新社会治理的支撑学科。领导人将心理学列为"对哲学社会科学具有支撑作用的学科"之一，是因为心理学要揭示人的心理与行为的规律，这些规律构成了社会科学的基础知识。心理学应该是整个社会科学的基础，但实际情况是心理学与社会科学脱节，也就是心理学家关心的问题很多时候不是社会科学家关心的问题。威廉·麦独孤（William McDougall）特别指出过这一点，他认为行为的动力与目的问题是最应该重视的。

为了改变心理学与社会科学联系不够紧密的现状，我们提出在国家社会科学基金增设心理学作为独立学科的建议。从理论上说，社会治理是由作为治理主体的人（公民）或组织（政府与社会组织等）对社会公共事务的治理。因此，它无法脱离具体的人，更不能忽视特定的个体、群体和社会各阶层的心态、诉求、社会行为及其互动过程，而心理学特别是人格与社会心理学恰恰致力于解决这些问题。很多人格和社会心理学的基础理论在社会治理和经济管理等不同领域展现出了广泛的适用性，甚至构成了这些学科很多重要议题的核心理论，如经济学中的决策理论（有限理性）、管理学中的人性理论（自我实现）。从方法上说，心理学的科学方法论也对研究中国社会治理问题提供了重要支持。特别是人格与社会心理学的研究可以并重微观和宏观问题，从包容广大的世界性跨文化样本调查到最精细的实验室实验揭示因果关系，可以提供一整套完整的方法支持。从实践上说，中国社会治理的具体实践过程也离不开人格与社会心理学家的参与。比如说，我们在扶贫工作中强调扶智与扶志相结合，其实扶智要解决的是贫困人群的知识技能欠缺及决策短视等问题，扶志关系的则是贫困阶层的动机问题，如向上流动的志向和抱负问题。这些都是需要人格与社会心理学探讨和解决的，当然更是整个社会科学要关心的问题，如阶层固化的问题就需要整个社会的变革来解决。

《心理新青年》：近年来，您和学生们一直在关注和研究社会阶层，通过您的研究成果，您认为社会阶层会对我们的心理与行为产生什么样的影响？国内外是否存在文化差异？可否举例说明一下？

郭永玉：社会阶层给一个人带来的烙印是非常深刻、广泛和长远的，归结起来有三个最核心的影响。一是对自我的影响，高阶层者和低阶层者在自我概念上就存在根本的差异，高阶层者更多展现出个体独立性的一面，而低阶层者更倾向于展现其与他人互相依存的方面。例如，让被试随意挑选一件实验礼物时，研究发现高阶层者更喜欢挑选那种能标榜其个性的东西，而低阶层者更倾向于选择那种"随大流"的东西。二是对观念和行为的影响，高阶层者更多地在与客观世界和他人相处中展现出其资源的优势，其观念和行为具有更多的稳定性和独特性；低阶层者则更多地考虑环境和他人的作用，其观念和行为有更多的可变性与随和性。三是对社会行为适应性的影响，因为高阶层者更多居于规则制定者的位置，所以低阶层者很多时候难以形成更具适应性和发展性的社会行为模式。例如，现在大学强调学生应该崇尚创新、勇于挑战、表达自我，这恰恰是高阶层学生所具备的特征；而来自低阶层的学生，可能也有很多不错的素质，但多表现在善于合作、严谨踏实、遵守规则等方面。这就让高阶层家庭的孩子常常占有天然的竞争优势，也更有利于他们在未来的职场竞争中处于领先地位。

至于文化的影响，总体而言，在社会阶层心理学的很多问题上，中西方文化差异不是我们关心的重点，欧美所具有的阶层差异一般而言在中国也成立。例如，高阶层者通常将成败、贫富归因为内在因素，如能力和努力，低阶层者通常将成败、贫富归因为外因，如资源和运气。这种差异在很大程度上可以归结为高、低阶层者在控制感上的差异。但是，在有些问题上还是能看到中西方的不同。比如，美国的研究结果一般认为高阶层者的自我更独立，低阶层者的自我则更互依。但在中国，由于社会主流文化也强调互依，所以高阶层者可能会形成双重优势，在具有独立性的基础上也发展出了相当程度的互依性。中国的高阶层者一方面具有追求独立自我、个性化和创新性的特征，另一方面也具有很高的亲和性，很善于融入集体，受到大家欢迎，展现出互依自我的特征。这可能会造成低阶层者在竞争中更加处于弱势。不过一些研究发现，中国低阶层者可能也有一些优势，相比于高阶层者，低阶层者的心理和行为模式展现出更多的可变性。例如，低阶层者在追求自己的人生目标时，由于资源所限，目标坚持性不及高阶层者，但如果处于公平的环境中，他们的目标坚持性则会明显上升，而高阶层者对目标的坚持性则相对不易受到环境的影响。也就是说，对于低阶层者而言，他们似乎能随着环境的变化而展现出不同的应对方式，这可能是中国低阶层者长期以来形成的一种生存模式。当然这些还需要进一步研究来论证。

学术服务社会

《心理新青年》：心理学家一直在呼吁心理学应当走出"象牙塔"，您强调科学与人文的统一、理论与实践的统一、窗内（实验室）与窗外的统一。您觉得人格与社会心理学领域如何将基础研究的前沿成果更好地转化到人们的日常生活中。人格与社会心理学家应当如何促进学术理论与生活实践的对接和转化？您的研究团队在这方面做了哪些有益的尝试？

郭永玉：我觉得可以分为三个层次。一是直接从政策层面影响执政者，让我们的声音可以直接被顶层设计者听到，形成一种自上而下的作用，有专门的向上提交咨询报告的途径。例如，在以"心理学与社会治理"为主题的第 578 次香山科学会议上，我们提出建议，将"心理建设"列为中国特色社会主义事业的总体布局，与经济建设、政治建设、文化建设、社会建设和生态文明建设并列，由目前的"五位一体"拓展为"六位一体"，将国家的发展目标表述为"把我国建设成为富强、民主、文明、和谐、美丽、幸福的社会主义现代化强国"，因为幸福感既与安全感、获得感关系密切，也与公平感、尊严感和自由感关系密切，凸显幸福感可以带动整个国家现代化建设事业的进步。二是走中层路线，通过政、企、学等不同层面的联合，直接帮助社会治理的几个方面的主体力量在具体的治理实践中发挥心理学的作用。三是走基层路线，直接作用于街道、社区和基层民众，开展各种有针对性的社会心理服务工作，当然也包括心理学的毕业生直接到各层组织中去开展工作。

目前，我们在三个层面都有所尝试，但仍以政策建议为主，未来随着心理学与社会治理专委会平台的发展，会结合更多的各界力量开展好实践应用和转化对接工作。不过，学术研究要保持思想者和科学家的主体性、独立性和超越性。我们是社会科学研究者，谏言不是主要职责，智库的职责是附带的，当然也很重要。但要避免停留在为现行政策提供论证或诠释的水平上，而是要提供新的知识、思想和方法，推动和引领社会的进步。

寄语青年一代

《心理新青年》：现在很多青年一代的学生、学者对人格与社会心理学感兴趣，但是面临的现实是评价体系过于功利，催生了很多发表导向的质量不高的研究成果，您觉得作为过来人，做了几十年心理学研究，您有哪些感悟和体会？

郭永玉：年轻人首先要生活，应该给青年学者提供更好的生活保障。古希腊时代的科学和哲学的发展有三个条件：闲暇、好奇心和自由的社会。闲暇意味着衣食无忧，但青年学者在经济上还太窘迫，还有待改善。当然你要过富裕的生活，做学术就不是最佳选择。有了物质生活条件的保障，保持好奇心及内在兴趣对从事学术研究非常关键。而自由社会作为学术发展的外在条件则是需要我们一起来争取和改进的。

如果从事人格与社会心理学研究，除了某些层面涉及生命科学和信息科技，总体而言应该将这个学科归属为社会科学。作为中国的社会科学研究者，我的体会有几点。一是要保持对中外历史知识的学习，历史是人文社会科学的基础，了解历史是为了了解今天，更是为了了解我们自己。心理学在所有人文社会科学中可能是最欠缺历史感的，这限制了其研究的深度。社会问题具有其特定的历史渊源，例如中国人的关系意识中核心的东西是血缘亲疏和等级高低。今天中国社会正处在传统社会向现代社会转变的过程中，而要理解社会的现代化和人的现代化，就不能孤立地看中国，必须从世界来看中国，特别是用中西对比的视角。时间的维度是从古代到现代，空间的维度是从西方到中国。例如，牛顿和洛克时代的英国与同时期的中国各自是什么样子？类似这种历史意识应该是任何一个受过现代基础教育的中国人应该具有的。由于大多数心理学本科招收理科生，为此我强烈建议心理学专业的学生要补中学历史课，可以利用网上的课程资源。

二是要保持对中西思想史的学习，从而为研究提供思想深度。这里说的思想史核心是哲学史，但不限于哲学史，如政治思想史、社会思想史、伦理学史等在哲学史中也会涉及，但不是重点。对于心理学而言，我的建议是，应该将思想史作为我们的基础知识背景。对于西方而言，其思想史可以分为从古希腊到古罗马和中世纪，文艺复兴与宗教改革，近代的经验主义、理性主义与自由主义三大思潮。思想、时代精神与社会发展和个人生存状态的关系是怎样的？对于中国而言，以儒、道、墨、法为代表的先秦诸子有哪些基本观点，它们如何影响了中国社会和中国人？这些思想史的知识也许与心理学研究没有直接关系，但它们能够为我们的研究提供思想的渊源，特别是有助于我们把握自己研究的方向和意义。其实无关是表面现象，深层是很有关的，如成就动机与新教的关系，幸福感与伦理学上功利主义和人本主义的关系。

三是要保持对社会科学界的关注，特别是社会学、经济学、政治学界有哪些活跃人物，他们在关注些什么问题。如果说前两点主要集中于人文学科（humanities），这里强调的则是社会科学（social sciences）。

这是两个不同的领域，尽管它们之间关系密切，但是不能混淆。心理学与社会科学的脱节在中国是一个严重的问题，虽然已经有所改进，但还需要我们自己多努力，不能沉溺于自说自话、自娱自乐、自我陶醉。面对社会科学，心理学要么失语，要么自说一套，很多时候没有参与到共同的问题研究中，更没有进入社会科学的"圈子"中。我要求我的研究生关注人文社会科学的综合性网站，推荐并分享一些当代学者的好文章。

做到以上三点，才能有提出问题的敏感性，知道问题的重要性，把握问题的方向性。

四是要养成读专业文献的习惯，熟悉本领域的理论和方法，结合中国社会的现实来研究中国的问题，而这种研究又可以顺利地在国际刊物上发表，并能够很好地与国际同行交流。当然中文发表也很重要，如中文专业期刊、中文媒体、中文教材和专著等。这是本行，是本职工作，不必展开说。

《心理新青年》：年轻的学生、学者应当如何提升学术训练、积累学术成果，在当下的评价体系之下生存，又能潜心钻研自己感兴趣的问题，成为一名有所建树的心理学家？您对青年学子有什么建议、祝福和寄语吗？

郭永玉：还是老一辈心理学家当年给我们讲过的，做研究也有两维度、四类型，两维度就是格局和方法论，格局有大和小，方法论有宏观和微观，组合起来就是四类型。

大题大做：如弗洛姆、马斯洛、威尔伯，研究大问题，创建大理论。这种类型不适合向年轻人推荐，因为它需要超常的理论思维能力和兴趣。

大题小做：如皮亚杰、勒温、麦克利兰，他们的共同点是关心大问题，如知识范畴的起源、民主或专制社会形态对人的行为的影响、成就动机与个人或社会发展，但都非常善于将大问题转化为具体可操作的研究。

小题大做：如弗洛伊德从一个小问题（神经症的病理与治疗）出发，

越做越大，成为一种人性理论、一种世纪哲学思潮。弗里茨·海德（Fritz Heider）和伯纳德·韦纳（Bernard Weiner）等人则从简单的日常经验出发创建了一个具有很强解释力的社会认知动机理论。

小题小做：如广大的靠心理学吃饭的从业者。当然也是有贡献的，很多人的贡献合起来就是大贡献。但科学上的原创性贡献往往是由个人完成的。

对于有志于研究的年轻人，要从前辈身上学习如何大题小做或小题大做。我曾听张春兴先生讲，做学问的境界最高处是见他人所未见，言他人之未言；其次是见他人之所见，言他人之未言；最后是见他人之所见，言他人之所言。

我引用一些名家的话送给青年学子。第一句话，钱穆先生说："认识你的时代，带领你的时代。"追随时代的人只会跟着潮流走，跟着感觉走，作为人文社会科学的研究者应该是有能力带领时代的人。柏拉图的哲学王思想未免有些虚妄，但可以学习他的"洞穴隐喻"中那个最先挣脱绳索发现真相的人。第二句话，北宋大儒张载的名言："为天地立心，为生民立命，为往圣继绝学，为万世开太平。"我们也许可以把"立心"解释为"立心理学"。第三句话，当年金陵女子大学（南京师范大学前身之一）的姊妹校燕京大学的校训：因真理得自由以服务（Freedom Through Truth For Service）。我稍加修改：求真理，去服务，得自由。

第二章

彭凯平：
追寻世界的广度、中国的深度和生活的温度

学者简介

彭凯平教授现任清华大学社科学院院长、国际积极心理联合会（IPPA）以及国际积极教育联盟（IPEN）中国理事。彭教授的研究领域为积极心理学、社会心理学和文化心理学，是国际文化心理学运动的奠基人之一，与他的导师理查德·尼斯贝特创建文化与认知研究范畴，提出享誉世界的辩证思维理论，解释西方人和东方人的思维系统存在什么以及为什么存在文化差异。至今已发表340多篇学术期刊论文，出版图书《吾心可鉴：跨文化沟通》《吾心可鉴：澎湃的福流》等中英文著作12部。2015年至今连续入选爱思唯尔"中国高被引学者十大心理学家榜单"；彭教授的"心理学概论"成为中国慕课（MOOC）最受欢迎课程；2016年当选人民网"健康中国年度十大人物"；2018年获得清华大学第十六届"良师益友"奖项；2020年获得清华大学抗疫先进个人荣誉称号。

彭凯平

塞翁失马，焉知非福

《心理新青年》： 我们非常好奇的一个问题是关于您的人生轨迹，您从北京大学去了美国密歇根大学，当初是如何走上文化心理学的探索之旅的？

彭凯平： 我于1979年考入北京大学心理学系，1983年毕业留校，跟随陈仲庚先生从事临床心理学和心理测验的研究与教学工作。1987年，我成为北大心理系讲师，并担任系主任朱滢教授的助理。1988年，我写了自己的第一本书——《心理测验：原理与实践》。这本书是中华人民共和国成立后出版的最早有关心理测验的书。

当时，中国的心理学方兴未艾，也开始与世界心理学界有了更多的接触与合作。借此东风，北京大学心理学系和美国密歇根大学创建了一个教师交流计划，目的是加强两国心理学的学术交流与创新人才培养。我有幸入选了这个计划，并于1989年1月20日启程赴美。

在密歇根大学，我最初的计划是进行人格心理学方面的研究。选择的导师是人格心理学方向的沃伦·诺曼（Warren Norman）教授。沃伦教授早在 1963 年就发表的博士论文，是全球公认的应用因素分析方法得到"大五"人格的最早的研究之一。据诺曼教授本人回忆，在那个电脑还没有诞生的时代，他用了将近 6 个月的时间一个数字一个数字地敲打计算器，计算出来了"五因素模型"。与今天的学者运用电脑、大数据、形形色色的专业设备甚至人工智能工具开展研究如同喝水吃饭相比，那个时候的心理学家真的是"筚路蓝缕、人拉肩扛"。

诺曼教授非常热情地欢迎我的到来，并特意按照中国的规矩和我吃了好几次饭，这让我初到异国他乡感到了特别的温暖。但是另外一方面，比较现实的是，在我来到密歇根的时候诺曼教授已经快要退休了，基本上不来学校，在学术上也不怎么活跃了，这对于当时想要在心理测量研究上有所突破的我来说，的确有一些"一拳头打在棉花上，使不上力气"的感觉。于是我找到密歇根大学心理学系人格心理学方向的主任戴维·巴斯（David Buss）教授（后来他成为进化心理学的奠基人）询问。

巴斯教授是一个性格直率、开朗坦荡的人。他很敬重诺曼教授，但在研究方法上并没有因为敬重而唯诺曼马首是瞻。他直截了当地跟我说，诺曼的研究方法有关键的不足之处，那种仅仅从词汇和语言的角度去分析的传统方法所得出的结论，并不一定能真正反映人的性格和特质，因此建议我去做一个行为调查，看一看在生活中人的行为是不是也有对应的五因素。于是，我花了很长时间准备好一份行为问卷，然后请我的朋友，在北大心理系担任副主任的张雨新博士帮我收集问卷。但是由于一些特殊的原因，这个研究在 1989 年 4 月被迫停止，大量的问卷材料都遗失了。对我个人来说，学术打击还是挺大的。不过，中国古语说："塞翁失马，焉知非福。"可能正是在人格心理学上的两次不顺利的经历，反而在冥冥中把我推向了另一个今天看来更加令我激情澎湃的崭新领域——跨文化心理学。

　　1989 年 5 月，巴斯教授离开密歇根大学，到斯坦福大学人类行为研究中心去做访问教授，再后来就去德州大学奥斯丁分校长期任教。这样，我来到美国的那个"北－密歇根"科研合作项目也就无疾而终了。在合作项目流产之后，我基本上就没有什么研究可做，心里很焦虑。虽然自己是一个心理学家，但真碰到自己人生中的不确定性时，我不得不承认，一个人如果没有一定的心理定力与情绪控制能力，那当变故来临时，真的很容易陷入焦虑、郁闷、压抑、无助、彷徨等不良情绪中。多年后，当我进入积极心理学领域，会不由得想起自己那段时间的经历。人生无常，面对突出其来的变化，我们真的需要用一种全新的思维与行动积极的去面对挑战。这不仅是 20 世纪 80 年代一个年轻的中国学者在遭遇学术困境时真实的心路历程，同时对于处于大变局时代的现代人来说，尤其重要。

　　再后来，当我在系里"求医问药"之时，恰好遇到了理查德·尼斯贝特教授。尼斯贝特教授是密歇根大学的知名学者，曾经获得过美国心理学会杰出科学贡献奖、美国心理学界威廉·詹姆斯会员奖和古根海姆奖学金。尼斯贝特教授和我也算是老相识了，也是我计划中要拜访的学者。从 1983 年开始，美国一些赫赫有名的心理学家，包括密歇根大学的哈罗德·史蒂文森（Harold Stevenson）、加州伯克利大学的保罗·马森（Paul Mussen）、诺贝尔经济学奖获得者赫尔伯特·西蒙（Herbert Simon），还有担任过美国自然科学基金会主席，也是第一个访问中国的美国科学家代表团团长理查德·阿特金森 （Richard Atkinson），曾经发起过一项旨在促进中美心理学合作研究的项目。这个项目的主要工作中有人才交流，就是一方面是把一些中国的心理学家送到美国学习，另一方面邀请一些知名美国的心理学家到中国交流。而中国的落脚点就是北京大学心理学系。在这个计划中，派出教授最多的学校就是密歇根大学，其中就包括尼斯贝特教授。所以，尼斯贝特教授来北大的时候，我曾有一个月左右的时间陪同过他。当时他讲的课我觉得特别有趣。尼斯贝特教授的主修方向是社会心理学，而中国那时既没有社会心理学，也没人听说过。我还记得，当时国内的心理学界的有一股主流思潮是主张心理学要脱离它的文科特性，不要走进人文社科领域中，所以那时候中国心理学界的集体共识就是大家都去做认知心理学、实验心理学、生物心理学、病理心理学这些"安全而有用的心理学"。在那样的思潮氛围下，尼斯贝特教授所讲授的社会心理学绝对属于"异形"，这个心理学的"外星人"的到来，对我来说真是一个"新鲜物种"，我不仅觉得很有趣，也很有一种"猎奇"的冲动。不过，实话实说，正是由于当时"猎奇之心"大过"学术兴趣"，我到美国之后没有第一个找到尼斯贝特教授，而是找到了研究人格心理学的诺曼和巴斯。不过，基于我这个充满好奇的年轻人的对社会心理学的热情，尼期贝特教授对有我也有着不错的好印象。

知遇良师，与尼斯贝特开展合作

中国人很在意缘份这个词。虽然它目前并不能用科学的方式来证实或证伪，但对于我们每个人具体的生活场景与生活感受来说，的确起到了一种心理安慰与心理寄托的作用。它似乎是我们对于希望得以实现的一种心理代名词。

具体来说，1989 年夏天的一个午后，我参加密歇根大学心理系内的一次活动时见到了尼斯贝特教授。他乡遇故知，我和尼斯贝特教授都十分高兴。交谈了一些生活情况后，尼斯贝特教授问我到密歇根大学主要做什么方向的研究。因为是老相识，也是我十分敬重的长辈，我于是就"竹筒倒豆子"一样一股脑儿地把我来到密歇根大学的情况跟他做了详细的介绍。当尼斯贝特教授得知我的科研计划遭遇瓶颈之时，他感到很意外，并表示出极大的关注。他说："那事实上项目的中断是因为没人带你继续进行研究了吗？"我老实回答："是的。"尼斯贝特教授想了一下，对我说："如果你还是想继续在密歇根大学做研究，你可以看看是不是能在我这边做点事情。"客观来说，有一位知名的心理学家愿意帮助自己，我当然是喜出望外。但是，由于我当时对尼斯贝特教授的研究还是兴趣大过深入接触，所以我有些不明白："那我有什么事情可做呢？"尼斯贝特教授听到我话里的意思，也知道了我愿意跟着他做研究，于是笑眯眯地和我说，他当时正在调查美国社会心理的南北文化差异。他知道我是搞心理测量出身的，在统计上还是比较专业的，就让我帮他算一算美国北方和南方地区凶杀案的比例有没有什么不同。20世纪80年代末、90年代初，电脑已经开始在科研中得到了比较多的应用。我也的确比较擅长我的老本行。于是尼斯贝特教授和我一拍即合，他提供各种获取研究数据的方法和渠道，我就帮他去做大量的分析。

因为数据来源比较充分，这件事情进展得很顺利。我们把美国联邦调查局每年发布的犯罪报告（FBI Crime Reports）统统找出来，分析了历年凶杀案的数字。但是，初期的统计结果有点让我们对"存在南北差异"这个假设产生了统计困扰。因为，从我们所获取的真实的犯罪报告信息所统计的绝对数字上来看，并没有发现南北方有什么差别。对于来自中国、对美国并不熟悉的我来说，这些数字显示什么就是什么。但是尼斯贝特教授长期生活在美国，他坚持认为有某些我们没有注意到的信息会影响这个假设结论的判定。单纯的数据统计能够揭示现实，也有可能掩盖现实。而无论是被数据揭示的或者掩盖的社会现实背后，一定有着被人们所忽视的一些数据之外的东西。尼斯贝特教授认为，这些"数据之外的东西"应该很大程度上来自美国的南北方文化差异。

于是，在这个思路之下，我们继续埋头苦干，对数据进行多种维度的细分。功夫不负有心人，当有一天我们在"城市规模与犯罪案件"维度上进行综合统计后惊喜地发现：虽然美国的大城市（底特律、纽约、克利夫兰等）的凶杀案比例都比较高，并且在这些城市之间比较时，其凶杀案的数目的确都差不多，但是当我们把研究视野瞄准 10 万人以下的小城市进行比对时，却发现美国南方小城市的凶杀案，尤其是白人杀白人的凶杀案，居然比北方高 3 倍！这个统计结果是之前没有人发现过的，我们马上意识到这个发现很重要。这不仅说明，尼斯贝特教授认为"美国南北方犯罪案有差异"的判断是对的，更揭示出南北方具体在哪些地方呈现出了差异及这些差异的文化动因！也就是说，在那些偏远的、没有受到现代工业化影响的小城市，还保留着比较深厚的美国早期文化的特质。其中一项就是，当一个人被别人侮辱了之后，这个人一定要用暴力来维护自己的面子和尊严。虽然美国建国已经 200 多年，已经迅速进入现代化强国的历史阶段，但是"荣誉文化"这种根植于美国的文化心理在今天的美国南方依然极为突出。这让我想到玛格丽特·米切尔那部著名的文学著作《飘》中所描绘的种种南北差异。结论是："荣誉文化"，从某种程度上来说，正是造成美国南北凶杀案的比例差异的相当重要的一个原因。

这项研究大获成功，这也为我继续帮助尼斯贝特教授的科研工作提供了良好的合作基础。而且，这个项目也证明了我在数据计算与统计上的专业程度完全符合尼斯贝特教授的科研期待。因此，在那个项目结题之后的第一时间，尼斯贝特教授就邀请我去申请攻读他的研究生。

在到美国之前，我一直在北大当老师，讲的课程也是 30 多年前的东西，因此一直就担心自己学业不精，会不会误人子弟，现在我有了能够在世界上最好的心理学系继续深造的机会，这不但让我兴奋，更让我心潮澎湃！经过慎重的思考，并征得了家人和学校的意见，我决定申请攻读美国心理学博士。今天回想起年轻时代那段激情澎湃的日子，还是会抑制不住地心流涌动。所以，年轻人一定要对自己"狠"一点，要勇敢地去创新、去探索、去突破自己的极限。这当然是挑战，但何尝不是一种人生的蜕变呢！

我当时就是以这样豪情万丈的状态开始了自己新的梦想。但是说来有点好笑。正如同今天人们经常说的那句"理想很丰满，现实很骨感"一样，我的求学之志很丰满，但学习资助从哪里来这个现实问题就很骨感了。正当我为此举目四望之时，命运又慷慨地关照了我。

尼斯贝特教授当时正与密歇根大学的几位知名学者合作申请一个美国自然科学基金会的项目，希望促进心理学中的文化研究。同美国历来的社科学术基金项目偏好具体而重大的社会问题一样，尼斯贝特教授等人申请这个项目主要研究的目标也是关于文化差异方向的。

到了 20 世纪 90 年代，全球化的趋势越来越明显，文化交流与碰撞的层面与维度越来越开阔，文化交互的颗粒度也越来越精细。在美国国内，随着移民趋势的高涨，少数族裔越来越多，美国社会比以往更需要关注主流群体与少数族裔的矛盾与融合及与之相伴相生的诸多社会问题。与此同时，全球化的浪潮使得大量的国际学生开始选择到美国学习心理学，这些国际学生有着求学的热情，自身的文化特征也与美国社会产生交流。心理学本身不仅面临着新观念、新方法、新技术，也有着对多元文化进行吐故纳新的要求。

这是一个文化崛起与社会崛起的新时代，而在这个时代来临之时，以尼斯贝特教授为代表的大量心理学家迅速成为这个新领域的拓荒人。

"凯平，你来自拥有丰富文化传统的中国，那里应该有许多值得发现的伟大的文化基因。你也加入进来吧，有什么想法也可以写进来。"尼斯贝特教授这样对我说。于是，在他有关认知方面的文化差异申请方向，有了我的名字，他希望通过我个人的努力与我背后那个伟大灿烂的文明的积累能帮到我申请到资助我读研究生的经费。为师如此，夫复何求。

这些年来，我带过很多研究生与科研人员，在任何时候，尼斯贝特教授对我的爱护都是激励我不断为这些年轻人提供更多机会与支持的动力。他是我的老师，也是我的榜样。他让我坚定了一个优秀的学者不仅要把学问做好，更要做一个有利他精神并把利他精神与感恩之心向年轻人传递下去的引路人。

钻研中美文化，获得学界认可

接到这个课题以后，我就有了参加课题组研讨会的学习机会，也打开了文化心理这扇门。入门之后，我发现这是一个如此美妙的领域。尤其是对于来自中国的青年学者，我们的血液里本来就自带着对文化传统、文化差异、文化传承的认同感。自此，我开始大量阅读相关书籍，沉浸其中，乐此不疲。甚至有一天在妻子让我去拿个盘子时，我直愣愣地走过去，地板上掉落的东西都视而不见。惹得妻子笑骂我："你这算是心不在焉还是心无旁骛……"。

那时候，对我影响比较大的有张岱年先生关于辩证思维的著作，还有美国研究中国文化的几位学者的书。然后我结合个人体会撰写了一个方案，提出了研究东西方文化差异的一些步骤，大概列举了 11 个大的方面，包括辩证思维、虚假相关、归因风格、推理方式、分类差异、未来趋势、注意分配、价值判断、决策偏好、类比思维、记忆构造等。比如在推理方面，中国人是不是更擅长演绎推理（deductive reasoning）而不擅长归纳推理（inductive reasoning）。这个想法我最早是听杨振宁先生提出来的。他提到过中国人擅长演绎思维，比如一生二、二生三、三生万物这种思维方式。我想大家也能体会到杨先生提到的这种思维习惯。比如在现实生活中，领导或者专家讲了一句话，大家就会根据自己的理解与经验进行丰富的演绎。这种习惯性的思维方式使得中国人看待事情首先想到的一般都不是科学解释而是人文解释，不太关注实证而过于关注实际。不过，虽然直觉上似乎是这样的，但是需要用科学实证来进行验证是不是真的这样。

另外一个比较突出的差异是，中国人可能更擅长相关性思维。在中国文化长期形成的文化心理传统或者思维方式中，中国人普遍认为任何事情都相互关联。还有就是中国人可能在归因方面倾向于外部归因。总之，我提出了中美文化心理之间可能存在的 11 个主要差异。这些我全部都写进基金申请提案中。尼斯贝特教授在看到我提出的 11 个中美文化差异之后非常震撼。他对我说："这些内容很值得研究，一定具有突出的价值与意义。"

幸运女神再一次光顾。几个月后，这个项目居然真的申请成功了！项目组当时拿到了一笔约 400 万美元的巨额经费，准备做 3 年的研究，经费的一部分就包括研究生的培养。第一个拿到这笔研究生经费资助的人叫迈克尔·莫里斯（Michael Morris），他是我的同学，也是我十分要好的朋友。而我则是第二个拿到经费资助的研究生。对于我这个初来乍到、兜里没几个铜板的中国留学生来说。这笔资助真是"及时雨"。

有人说我很努力，有人我说很勤奋，有人说我有天赋，但我一直说我很幸运。事实上，并不是每一个努力的人都能得偿所愿，而我一定是那个努力并被幸运关照的人，得遇良时、得遇良师、得遇良事、得遇良人。在人生选择、学术转型、生活家庭等诸多决定一个男人的人生大事上，我是幸运的，当然也是幸福的。我在美国 5 年博士期间没打过工，家庭安定，不得不说要得益于这个起步项目的大力支持。这使得我比很多同时期来到美国求学的学者有了更平和的心态与更充足的时间。

我从 1991 年开始在密歇根大学攻读心理学博士，主要方向是文化与认知，导师当然是尼斯贝特教授。他是我走入文化心理学最重要的机缘与贵人。后来，我跟莫里斯共同做了一个关于卢刚凶杀案的研究。我们发现，中国人归因时强调外因的作用，而美国人归因时强调内在因素的作用，导致根本归因误差在美国文化中比较常见。这项研究的成果于1994年在《人格与社会心理学杂志》（*Journal of Personality and Social Psychology*，*JPSP*）上发表。那篇文章到现在有2 200多次引用，这奠定了我们在这方面的学术影响，也让我与莫里斯开始在文化心理这个领域以后起之秀的姿态进入了主流学术圈。

再后来，我们的团队进一步把之前我提出来11个文化差异的假设都测试了一遍，最后发现其中9个是有道理的，包括辩证思维、虚假相关、归因风格、分类差异、未来趋势、注意分配、价值判断、决策偏好、类比思维。没有证明出来的恰恰是我一开始非常确信的归纳和演绎推理偏好，以及类比思维的文化差异。我们的研究结论证明，文化心理的一些习惯性感知有可能成为一种人们口口相传的常识，但并不是所有常识都可以经受住科学的检验。虽然科学也有演绎法与归纳法两种大的方法，但是从文艺复兴、启蒙运动、工业革命以来，所发展出来的主流科学之路更多的是以洛克、牛顿、莱布尼兹等为代表的经验主义科学范式。这意味着科学的主要手段是揭示很多现象，然后归纳出一个具有普遍意义的假设，基于这个假设做出一些推论，然后再去验证每一个假设，不断地用这种归纳推理求证下去。实证主义的科学思维在西方社会新的传统下大行其道，在心理科学上更是如此。但是在中国，经验主义下的心理科学在那个时候相对来说发展得还不够充分。这就会造成我们在生活中感觉到的或者意识到的一些说法，"好像是那个样子"的很多东西其实"并不是那个我们所认为的样子"。尼斯贝特教授后来也把这些研究写成了一本书，名字叫作《思维的版图》（*The Geography of Thought*），第一页提到的就是我的建议对他的影响。

《心理新青年》：纵观40余年文化心理学的发展历程，您如何看待其发展的现状和未来的发展趋势？其中存在哪些机遇与挑战？

彭凯平： 从理论上讲，文化心理学从现代心理学创建之初就建立了。威廉·冯特（Wilhelm Wundt）写了一本书《大众心理学》（*Popular Psychology*），通过大量的跨文化典籍描述了各个文化之间的心理差异。很多人以为冯特只做基于个体的感觉心理学研究，其实他还做了基于社会的文化心理学的研究。后来心理学变成了一门实验科学，加上行为主义、精神分析这些流派的影响，大家慢慢就不谈文化差异的问题了，但是不谈不表示不存在。20 世纪 60 年代有一批受维果茨基（Lev Vygotsky）影响的美国儿童心理学家，他们始终认为人类所有的心理活动都发生在文化环境实践中。这是维果茨基的马克思主义实践论的思想。比如，加州大学圣克鲁兹分校的芭芭拉·罗果夫（Barbara Rogoff）写过一篇有关文化心理学的综述，讲述儿童心理的文化差异研究的发展历史，写得特别好。不过她自己把这一波文化心理的研究称为"一场令人震惊的失败"，虽然理论非常好，但是研究跟不上，这当然是一件很遗憾的事情。再之后，主流心理学很快被认知革命的亢奋席卷，把刚刚要兴起的文化心理学革命冲击得一塌糊涂。终于到了 20 世纪 90 年代，由于全球化运动等时代背景的影响，文化心理学又开始兴旺起来了。这一方面表现了心理科学本身学科发展的规律，同时也深刻地证明了心理科学与社会变迁的密不可分性。以实证主义与经验主义为核心的心理学，似乎从来都与人及人所生存的社会息息相关，心理科学的视野也一直在个体与社会之间徘徊凝望着。

这里需要介绍一位重要人物，这个人叫理查德·施瓦德（Richard Shweder），他是一位会讲故事但不喜欢做实证研究的人类学家。1987 年，他写了一篇关于文化心理学的理论性文章，叫《什么是文化心理学》，因为他作为人类学家很会写文章，把他的思想表达得很清楚，因此对心理学家产生了很大的冲击。

在他之前，心理学领域其实已经有了一个活跃的跨文化心理学研究领域。这一领域的代表性人物有社会心理学家霍夫施泰德（Hofstede），他当年在美国商用电器公司 IBM 调查了很多的员工，试图发现有什么样的心理学指标能够预测员工的行为。在调查研究十几万 IBM 员工之后，他提出来文化的后果理论，他认为人类的文化价值对我们的行为有很大的影响。另外一位贡献很大的社会心理学家特里安迪斯（Triandis），他所在的伊利诺伊大学心理学系培养了很多跨文化心理学家，比如香港的梁觉先生。他的个人主义和团体主义文化差异理论以及测量方法影响很大。根据他的测量结果，他发现美国文化是比较典型的个人主义倾向的文化，而中国文化是比较明显的团体主义倾向的文化。

而密歇根大学的心理学家开创了用实验方法研究文化心理的先河。除了尼斯贝特实验室的工作之外，我的另一位老师黑兹尔·马库斯（她目前在斯坦福大学心理学任教）和我的大师兄北山忍（他目前在密歇根大学心理学系任教）提出独立自我与相依自我的差异，成为 20 世纪 90 年代引用率排在第一位的心理学论文。所以，我个人认为，文化心理学的三大基础性工作就是个人主义和集体主义的价值观差异、独立自我与相依自我的自我概念差异，以及整体性认知风格与分析性认知风格的差异。

到了 2000 年，文化心理学迎来了高峰。我刚好是在高潮到来的前夕加入了伯克利加州大学心理学系，成为助理教授。2000 年以后，由于认知神经科学的冲击，我觉得现在文化心理学有点式微。虽然大家也在做，但是不如那些年火爆，目前应该是在一个比较稳定的发展阶段。

我觉得未来的文化心理学有三个非常重要的发展趋势。

第一个在应用领域。虽然我们在基础研究这块拓展不多了，但是文化心理学在应用领域一直被推广，包括国际关系、经济、商业、法律等领域。现在的跨文化比较和过去很不一样，因为有了大量的实证数据。比如说，商业领域的文化心理学，以前的研究就是观察、写个案、写体会，有点像旅行记录一样，但是现在有了大量的实证研究。所以说，文化心理学在应用领域被广泛渗透应该是未来的方向，在这个方面会出现一些跨学科的了不起的成果。

第二个方向是认知神经科学的影响，可能会在神经、生物、生化这些方面开展更多文化心理学的研究。文化意识和文化感受与人直观的物理肌体的关系的探索将随着上面几个科研领域中理论、内容、方法与工具等多方面的的极大进步而产生许多值得我们关注的成果。

第三个是最近兴起的，通过大数据、机器学习、人工智能来做一些文化现象的分析，比如说文化遗传基因组学。它是用生物基因组学的一些范式来研究文化心理的变迁，我个人感觉这是一个非常有趣的发展方向，其中的前沿创新性与探索性很强。所以，这三个方面在未来都有可能领导一次新的文化心理学革命，至于它会具体在什么时候出现、怎么出现，我还不太能确定。但可以肯定一点的是，这几年疫情所带来的整个国际社会的大变局将深刻影响着文化心理学发展的历史进程，也许在未来不远的某一天，文化心理学将成为这个世界最为重要的一种促进文化理解、解决文化冲突、探索文化融合的有力工具。而这个工具是成为武器还是成为桥梁，是伤害人类还是造福人类，就要留给全球新一代的年轻人去继续探索和思考了。

《心理新青年》： 结合目前国际与国内社会的新形势，您认为当今中国是否需要文化心理学？

彭凯平： 我认为特别需要。中国人需要补文化心理学的课，因为以前我们闭关锁国，后来我们虽然去学习和追赶人家，但并没有学习用理性、平等的科学思维与方式去了解别人，甚至也没有认真地去了解过自己。

第一，文化心理学能够帮助我们知道自己是谁，我们有什么特点。古人早就知道："不识庐山真面目，只缘身在此山中。"不跟别人比，你不知道自己是什么样的人，也不知道自己的文化是什么样，不知道自己的优势在什么地方，也不知道自己的问题在什么地方。因此，文化心理学对于培养我们提倡的文化自信具有重要的意义。

第二，文化心理学对于我们了解他人，进行国际合作、国际沟通和国际交流具有指导意义。假如我们不在乎别人怎么想，我们的工作是做不好的。假如我们不了解其他民族文化的一些心理特性，我们的沟通是没有效果的。所以，它是帮助我们进行国际合作的特别重要的学科。中国要建立人类命运共同体，尤其需要学习如何用普世的心理价值、普适的语言去感化别人。你不可能强迫别人去听你说话，你一定要用他喜欢的、他能接受的、他能追随和受感染的话语去影响他。所以，从了解自己到了解他人，再到产生共同意识，这才是文化心理学未来最伟大的共性。非理性的民族主义使任何科学、理性、智慧的讨论都不可能产生，这是我担忧的一个问题。

《心理新青年》： 那您认为文化心理学家应当在哪些领域促进学术理论与生活实践的对接和转化？您的团队在这方面做了哪些有益的尝试？

彭凯平： 未来文化心理学的一个特别有吸引力的前景就是应用文化心理学。那么，首先最直接的文化心理学应用就是国际商务。比如，和外国企业的谈判交流、去国外设厂、管理跨文化背景的团队都需要文化心理学的指导。所以，很多大企业特别是跨国企业，都需要一些文化心理学家。另外，外交宣传、参与国际组织方面的事务，包括国际战略的制定，肯定需要文化心理学家。其次是教育领域，现在特别多的文化互动都是在高校产生的，所以教育领域也十分需要文化心理学家。再次是卫生领域，现在出现一个新的国际健康卫生领域，因为新型冠状病毒肺炎疫情的出现，全球性防疫工作中其实存在很多跨文化的问题。中国人戴口罩，美国人不愿意戴，为什么？是不是我们比较遵守规则，他们不太遵守？这些都是以前大家没有意识到的一个文化心理学的应用领域。在后疫情时代或者叫作常态化的新冠肺炎疫情时代，个人的健康行为及公共卫生管理都需要文化心理学家参与进去。最后是科技领域，大数据、人工智能会对文化心理学产生冲击，说明在这些新兴科技领域，文化心理学家也可以做一些有益的工作。我们也在这方面做了一些探索，成立了一个"幸福科技实验室"，其实就是想把机器学习、人工智能等对中国文化及中国人心理的一些分析研究呈现出来。

三"C"原则，寄语青年一代

《心理新青年》：作为文化心理学的前辈，您有哪些建议或体会，希望和我们年轻的学生和学者分享？

彭凯平：我有一个三"C"原则。人家在美国学习文化心理学，第一要接触（contact），沉浸在文化里。如果你不走出自己的书斋和宿舍，不去体验，是很难了解文化的，所以一定要多接触。有些人认为自己读了几本书，去了美国几个城市，就特别了解美国。其实若你没在它的教堂，你没在它的学校，你没在它的社区待过，你是很难了解它的文化特性的。在我们中国也是一样，你不到基层，不到社区，不到老百姓的生活中，就光在大学里待着，想要了解中国也是不可能的事情。所以我觉得，第一个"C"就是要接触，花时间走出书斋、走出教室、去生活、去旅行、用心看，甚至可以参加一些竞选活动，这样才能够真正了解其文化。我认为深度接触是做好学问的一个必不可少的环节。

第二个"C"就是沟通（communication），一定要找人说话、聊天，包括学术沟通、交流发表文章、参加会议和闲聊。平时和别人的互动其实也很重要。这个与接触的意思差不多，就是要有更多的主动性去和别人说话。因为有些想法和心理，你光接触，只去看他外在的行为是看不出来的，可能要做一些比较有深度的交谈。和老外及任何你要研究的对象进行30分钟以上的交谈，这也是必不可少的一个功课。所以，你的语言表达能力要强，你的表达技巧要行，如果这些你都做不到，你就没有必要去做文化心理学，你可以做点别的。

第三个"C"是文化（culture），一定要研究真实的文化，要读一些经典著作。我们很多人研究的不是文化，而是观察到的习俗，或者说是表面的一些现象，其实我们一定要真正深入地研究文化心理。要读不同文化的经典著作，才能够真正了解文化差异的历史根源。这很不容易，有时会很痛苦，可能还会被同胞误解成"崇洋媚外"，但这是你选择做这个领域的专家的代价。

《心理新青年》： 您最推荐的文化心理学著作是什么？

彭凯平： 教科书的话，我偏爱我的好友和合作者斯蒂芬·海涅（Steven Heine）的《文化心理学》（*Cultural Psychology*）。一般阅读的话，推荐我的《吾心可鉴：跨文化沟通》和理查德·尼斯贝特教授写的经典著作《思维的版图》。

第三章

苏彦捷：

在发展中相遇，相互理解，相互成就

学者简介

苏彦捷，北京大学心理与认知科学学院教授、博士生导师、享受国务院特殊津贴专家，美国心理科学学会（APS）会士。现任教育部高等学校心理学类专业教学指导委员会秘书长、中国心理学会候任理事长、中国社会心理学会常务理事、中国少年儿童基金会"青春期教育"项目专家组组长。曾获第十二届北京市优秀青年教师、北京市教学成果一等奖奖以及北京大学我爱我师——最受学生爱戴的十佳教师、中国心理学会学科建设成就奖、北京大学教学卓越奖。苏教授主要研究心理能力的演化和发展，探讨中国父母教养行为和亲子交流的特点，并试图解释中国儿童心理理论获得过程异于西方文化个体的原因，以及这些特点在中国儿童社会化环境中具有独特的适宜性。

苏彦捷

漫漫学术路

《心理新青年》： 首先能否请您大致回顾一下您的个人经历，您当年是怎样走上了心理学的探索道路？

苏彦捷： 我本科的第一志愿选择心理学。当时算是比较难得的，因为心理学在 20 世纪 80 年代是一个很多人感觉特别生疏的学科。当时北京八中的学长潘开玉曾是我高中班主任的学生，他回学校讲他读北大 81级心理系。以前和我一起住北京石景山的一个朋友在北师大上心理学。于是我就知道有心理学专业，而且不同的学校都有。1983 年 5 月，我们北京八中的学生可以到各个高校参加类似现在的校园开放日，虽然当时这种开放活动并不多。我和一些同学来到北大，我去了三个系，分别是心理系、地理系的经济地理专业和力学系（陪同学去的）。当时只去了北大，没去其他高校。之后，我第一志愿就报了北大心理学，第二志愿报了北大经济地理，接下来报了浙大精密仪器和北师大心理学。后来就上了北大的心理学。

从那时候，我就一直在学习心理学，一路都比较畅顺。我总说我是"一考定终身"，因为只参加了一次高考就走上了毕生学习心理学之路。那个时候心理系一个年级就是一个班，只有 20 个同学。我上研究生的时候选的是生物心理学，没选发展心理学，因为我知道有些专业可能不是特别适合我，比如临床。那时候在安定医院实习一个星期，我发现我比较容易共情，比较容易相信别人说的话，有时候没法区分开临床中主体和客体或者来访者和咨询者之间的关系。而我们当时学的是发展心理学中的儿童心理学，使用的教材是当时受苏联影响比较大的 20 世纪 80 年代的教材，我觉得这个专业对我没有那么大的吸引力。我当时主要是选导师，觉得老师挺重要的。教生物心理学的邵郊先生和教比较心理学的邵夫人任仁眉老师都挺有趣的，于是我就报了这个方向。

两年硕士结束后需要考英文转博，因为那时候只有邵郊老师和陈仲庚老师可以带博士。而我那个研究生同学出国留学了，于是我就转成了邵老师的博士，也算是如愿以偿。邵老师有两个研究方向：比较心理学和生理心理学。我做的是比较心理学，主要是做动物的研究。我觉得比较心理学和发展心理学的关系应该叫大发展，因为发展其实是包括个体发生（即如今的毕生发展的路径）和种系发生（即从动物到人的比较）。

我当时学比较心理学，博士论文做的是两种猕猴的数认知，毕业后曾讲授神经解剖、比较心理学和生理心理学等课程。真正进行发展心理学研究和教发展心理学始于 20 世纪 90 年代后期，当时做发展心理学的许政援老师退休了，因为发展心理学属于主干基础课，就需要具有高级职称的人来授课，朱滢老师就建议我来教这门课。我觉得既然领了这个任务，就必须先了解一下，所以四处询问在美国留学的同学和学生发展心理学用什么教材，他们给我推荐了一些教材，我就开始备课。在准备的过程中，我发现发展心理学和我以前学的不太一样。以前学的发展心理学的发展阶段比较狭窄，内容也比较有限。现在发现如果把发展心理学放在一个大框架里，其实它和我们是有关系的，于是我觉得挺有趣的，就从开始喜欢转变为越来越喜欢。也因为教这个课，很多人会跟着我一起做研究。我就是这样步入发展心理学，或者说大发展的领域。

最开始本科学心理学的时候，我喜欢社会心理学和跨文化心理学，因为它们跟人连接特别紧密，为此我还选了社会学的双学位，20 世纪 80 年代双学位还很少，我觉得它有助于我学习社会心理学。而当时上研究生没有选择社会心理学是基于一些想法和那个时候的整体背景：一个是因为社会心理学涉及很多比较敏感的社会现象，进行研究的时候可能不是那么容易；还有一个原因就是我的个性，我喜欢做实验，不喜欢做问卷，学比较心理学可以不求人就随时做动物的实验，这可能比较符合我的个性特点。所以选择专业和方向是受很多因素影响的，尽管我没有选择社会心理学作为主攻方向，但这些经历对我现在的工作也还都是有用的，因为我后来关于发展、比较心理学的选题大都是跟社会有关的，如社会行为、社会结构、亲社会行为等。虽然说我是在大发展的领域中进行研究的，但是现在我的研究主题都在我的兴趣范围内。

我愿意把我对社会或者文化心理学的兴趣融入我研究生学的比较心理学和后来转向的发展心理学（种系发生和个体发生）的整个框架中。这是一个大的坐标系，有三个维度，分为个体发生（即毕生发展）、种系发生（从动物和人类的演化）、社会环境和生态地理环境（也就是文化和生态的维度）。要看一个人，需要在一个框架中理解个体。在一个发展的框架、演化的框架、社会文化环境的框架中，这其实是一体的。虽然我涉猎的研究主题比较广泛，但我自己有一个核心，我会在一个比较的框架里理解我自己所做的事情，包括教学、科研、对学生的培养等。

我 1983 年进北大，于 1992 年拿到博士学位，从本科、硕士到博士的 9 年时间一直都是在北大，从来没离开过。有时候我也有点后悔，因为我只有一条线、一条根，不像很多老师在很多地方都会有老同学和老师。记得读研究生的时候，有时候我会觉得时间过得蛮快的，一直在学校里也不觉得自己有多老。但是从你们的角度看，我们真的好像是有做了一辈子心理学的那种感觉。这就是我的一些历程。

导师影响潜移默化

《心理新青年》： 北大的学术环境和学术氛围对您的学术、人生、教学或培养学生等方面的深远影响体现在哪些地方呢？

苏彦捷： 最明显的影响就是那些老师的纯粹，对事情的纯粹态度。我们上学的时候，北大心理系有很多特别厉害的老师。记得当时大概有 10 个教授，在全国各个领域都有北大老师的声音或影响，比如实验心理学的陈舒永老师、儿童发展心理学的许政援老师和孟昭兰老师、生理心理学的邵郊先生、临床心理学的陈仲庚先生、认知心理学的王甦先生、社会心理学的沈德灿老师等。我上过每一位老先生的课，他们对授课内容的沉浸、对心理学事业的追求和探索给我的影响都是潜移默化的、非常深刻的。

如果要问我有什么影响最深，其实真的很多。举例来说，王甦先生大概是 1986 年教我们认知心理学。王甦先生讲课跟我们现在用 PPT 讲课不一样，他是拿着一张纸就能给我们讲两节课，记忆力极强，什么东西都在他脑子里，他还能讲很多实验，这让我印象特别深，因为这太厉害了。此外，他讲课很有激情，声音很洪亮。

邵郊先生、王甦先生、沈德灿老师都抽烟。当时邵先生抽一个大烟斗给我们讲生理心理学，给我们上硕士专题课的时候就更有趣了。那时候上专题课的学生特别少，现在北大光华管理学院的王辉比我大一级，但是我们都是一起上专题课，就在动物房实验室的一间屋子里。几个人坐那儿听邵先生聊天，邵先生会讲一些实验，也会讲西南联大、三年自然灾害和他的个人经历等等。在北大的环境中，老师们丰富的资源对我们的滋养特别重要。很多老师都会教新开创的课程，像孟昭兰老师教情绪心理学。每个专门的学科都是从外面带回来的新东西，所以当时给我们的感觉就是，心理学是一个特别广阔的领域。这也使得我的兴趣变得特别宽泛，对什么都感兴趣。可以肯定这是受到了老师们的影响。

北大的老师们包容性非常强。那时候对气功研究的争议很大，北大很多老师都挺感兴趣的，包括邵先生和生物系的陈守良老师等对特异功能、气功现象特别感兴趣。那个时候就有了学科之间的交叉，邵先生会跟各个研究方向的老师一起去探讨很多问题。比如对待气功，他们不是说信还是不信，而是提出假设。邵先生提出，如果真有气功的气，当有气进来的时候，人的质量应该是变轻的；气出去了以后，人的质量可能就会变重。他跟物理系的老师一起讨论，认为应该做个实验，看看气功师在练气功的时候是不是会体重变轻。他跟气功师商量能不能做实验，气功师都不配合做实验。但是这个事特别有意思，而且他还真的指导师姐做了一个动物实验。任何听起来挺不可思议的事情，在他们眼里都会变成一值得讨论的科学问题，这对我的影响特别大。我其实也是这样的，我不会说一定不做哪些方面的研究。探讨一件事情，就把它当成一个科学问题去讨论，任何领域都是可以涉猎的，任何事情都是可以研究的。

用学术研究洞见人性

《心理新青年》：您曾获得了中国心理学会颁发的学科建设奖，心理学界的老师和学生们认为您是很有建树和贡献的学者。您觉得自己最大的科学贡献是什么？

苏彦捷： 其实我也想过这个问题，我不敢说自己有多大的科学贡献，但是我的一些想法和思路可能会对现在做研究的老师和同学有点启发。我研究较多的是心理理论（即心理理解能力），最开始接触这个领域是在 1996 年，许政援老师的一个学生的硕士论文做心理理论和道德发展的研究，我觉得这个概念特别有趣。虽然我早些时候接触过这方面的研究，但是原来看文献时也没有在意，更没有把这些内容串联起来。后来因为这个概念和我感兴趣的很多问题都有联系，我就开始关注这个领域，并查阅很多文献，发现最开始提出这个概念的研究是对黑猩猩的研究，对我来说，这应该是我熟悉的领域，所以当我去追根溯源的时候，我就会觉得这个领域太有趣了，涉及的内容特别广泛。

在最开始对黑猩猩的研究中，心理状态更多的是指意图、信念和愿望，是相对比较狭义的概念。后来我在 2000 年发表这方面的第一篇综述文章，之后做各种实证实验研究，一直到现在，越来越发现这个概念可以和很多概念结合起来去理解和讨论。不同的研究者可能会有不同的看法和想法，有人会把心理理论放在同理心或者共情的概念里，但是我更愿意把同理心、共情、情绪理解等凡是跟心理状态有关的概念都放在心理理论的大概念里。我做研究不太受局限，是因为我愿意把它放在一个大框架里。密歇根大学的威尔曼（Wellman）教授的心理理论概念更多涉及意图和信念等认知结构，这是心理理论中最经典的概念内涵。而我更愿意把这个概念放在社会认知的大框架里来理解和拓展。

我最开始做的一个比较系统的研究是想探究中国小孩什么时候开始发展心理理论能力，发展过程中有什么样的影响因素。想法来源是我看到的一些文献，比如威尔曼在 2001 年的一篇元分析文章，这些文献发现西方文化背景中的孩子们大多在 4 岁左右就能够通过经典的错误信念理解任务，而日本的孩子，还有一些原始部落的孩子通过错误信念理解任务的年龄会晚些。国内如华东师大的桑标老师、山东师大的张文新老师和李红老师、原来的西南师大等的实验室以及我们自己实验室之前做过这类心理理论能力获得与发展研究，大家得到的结果或者就中文发表的文章而言，发现中国的孩子大概要到 5 岁才能够通过经典的错误信念理解任务。我对这个结果很好奇，因为我们的经验是中国人很擅长心理理解，比如中国人能看出背后深意，能听出话外之音。我就好奇为什么中国孩子会比较晚才获得错误信念理解能力，这对我来说就是一个很想知道其答案的问题。看到现象后，怎么去理解这个现象？就像文化心理学经常会看到人们在不同的文化中有不同的表现，但得说出为什么会是这样。

我跟尼斯贝特讨论过这个问题，在我去密歇根大学访学和他 2004 年来中国开会的时候。尼斯贝特一直说东西方的思维方式是不一样的，彭凯平老师总结中国人的思维方式是辩证的，会注重背景和考虑联系。很多现象是不一样的，但是从什么时候开始就不一样了呢？怎么就不一样了呢？这是我特别感兴趣的。我去做关于中国孩子的研究，探究为什么中国孩子 5 岁才能够通过任务，别的国家的孩子 4 岁就可以。其实在一个比较芝加哥大学生和北京的大学生心理理论理解能力的实验中，研究人员发现中国大学生做成年人的心理理论任务时速度更快，犯错更少，也就是说成绩会更好。

我认为一定是一开始有某些因素影响了实验的结果，于是我就先根据经验开始思考一些可能的假设，因为心理学是一个生活的科学，每个人都会有很多生活经验，都能提供一些线索。我当时就觉得不同文化中的教养行为可能会产生影响。像我们系 85 级的王琪（现在康奈尔大学）做了好多比较研究，提出中国的家长跟孩子的交流或叙事和西方的家长不一样，中国家长很少讲心理状态，我自己的生活经验也与之相符。如果碰到要跟孩子解释一件事情的时候，西方的家长可能更多地从心理状态去给孩子讲解，比如说"我高兴"或者"我认为是这样的"。那么西方小孩在完成经典的错误信念任务的时候，其实直接复制了父母的这种理解。父母告诉孩子原因，孩子就能够去解释某种现象，所以就比较容易通过任务。但是中国家长跟孩子解释一些事情的时候，就常常讲外部的东西，就不怎么讲"我怎么想的"或者"我不高兴了"。比如在孩子和小朋友发生冲突的时候，中国家长一般会说"你不能这样做呀，你这样的话，小朋友就不跟你玩了""如果你这样做的话，妈妈就不要你了"。小朋友就会疑惑："为什么别人不跟我玩了？为什么妈妈不高兴了？"然后就会推测："妈妈不要我了，是因为她不高兴了；别人不跟我玩了，是因为别人感觉不舒服或者受到伤害了。"

　　很多事情，中国父母都不会直接表达或者解释，而是靠小朋友自己去悟。这跟西方文化中的父母直接告诉孩子这是怎么回事就不一样。当我们再去做错误信念理解的任务的时候，发现中国小朋友获得理解可能会比别的小朋友晚一些，是因为他们在学习的过程中，不是直接得到这些理解，而是间接获得的，间接得到的理解需要时间去消化。我认为这可能是中国孩子在刚开始的时候会晚一些获得错误信念理解能力的原因，这就是我最初的假设。

　　于是我们就开始系统地探讨这个问题。从亲子谈话开始，我们先了解如果中国的家长不谈心理状态，那会谈什么，谈的东西和心理理论的表现有没有关系，有关系的话，是不是因果关系。这样一步一步做，研究就做出来了。结果是中国儿童的心理理论获得是有特点的，因为社会化过程不一样，所以获得的表现就不一样。可以说，我们看到并理解了这种文化差异，也找到了对于这种差异的解释。

　　在这些研究的基础上，我们又进一步寻找心理理论发展和社会化过程的其他相关因素。我们于 2008 年在《发展心理学》（*Developmental Psychology*）上发表的文章中提出社会化过程中谈论自我他人与心理理论发展的关系，我们的数据发现，中国孩子在回忆跟自我有关系的事件（即自传体记忆或回忆）的时候，也跟西方孩子不一样。很多研究表明，西方孩子如果在记忆分享中（如上一个生日是怎么过的）谈论自我越多的话，那么孩子的心理理论就会表现得越好。我们再重复这类实验的时候，就发现中国孩子讲自我太少了，但是我们发现如果中国的孩子提及他人越多的话，心理理论就会表现得越好。可以看到在随后的发展过程中，中国和西方的社会化环境的不一样导致了孩子们在行为和能力的表现中变量与变量之间的关系是不一样的，也就是说在心理理论能力发展的过程中，孩子们走了不同的路。最早在国际行为发展双年会（ISSBD2010）上进行一小时报告的时候，我用的题目是"All Roads Lead to Rome（条条大路通罗马）"，即发展某种能力时，西方孩子走了某一条路，中国孩子走了另一条路。做训练研究的时候，用西方的方式也可以帮助中国孩子的心理理论发展。但是在中国的社会化环境中，我们走自己的这条路（通过谈论行为、谈论结果、提及他人）比较自然，因为教养方式其实是代际传递的，我们的父母怎么对我们，我们就会怎么对我们的孩子，这是很自然的。

　　做了很多西方谈论方式训练的人，也许就可以很自然地谈论情绪和其他心理状态，但是这对在我们的社会化环境中成长起来的家长其实挺难的。比如我们都知道直接谈论心理状态能够帮助孩子理解事情，但是说话的时候总是不太习惯那么说。如果让我们自然而然地表达，就会说"你不能这样，你再这样的话妈妈就不要你了"之类的话。但是这个过程或者这样的环境，对我们的孩子来说比较普遍，也比较自然。而且这也不一定就是不足，正所谓塞翁失马，焉知非福。虽然中国孩子 5 岁时才能通过错误信念理解任务，也就是说刚开始的时候，达到里程碑发展节点的年龄会晚一些，但由于这个获得过程是通过自己"悟"来建立行为及其解释之间的联系的，孩子在之后的发展过程中进行迁移就很容易。如果纵观心理理论的毕生发展过程，关于随后的二级错误信念理解、失言理解，中国孩子很快就跟西方的孩子差不多了。

之前提到，在成人心理理论任务中，我们的大学生就比西方大学生做得更快、更好。在社会交往中，中国人常常很自然地去想某句话背后隐藏着什么意思，但西方人不一样，他们更习惯你说什么就是什么，不会那么自动化地去想这句话背后会有什么含义。虽然很多人说不要输在起跑线上，但是开始时晚一点不一定是坏事。在这件事情上，应该理解各种教育或者教养方式各有特点，都能适应各自生活的环境。《年度综述》（Annual Reviews）后来有一些文章在引用我们的研究文献的时候，就提到不同文化塑造心理能力的一些路径，如中国会有从外部到内部的过程。最近我看到一篇在《临床心理学：科学与实践》（Clinical Psychology：Science and Research Practice）上发表的文献也提出，要把文化考虑在对心理的理解中。这说明我们的研究还是有一些影响和作用的。

发展心理学为教育带来启发

《心理新青年》：您在很多场合跟家长和老师讲教养方式、儿童心理。当下的社会是一个竞争特别激烈的教育环境，一方面高考是指挥棒，千军万马过独木桥；另外一方面，我们的教育理念是希望孩子具有全面素养和快乐成长。不知道您对这个问题有什么样的看法和思考，能否从发展心理学的角度给家长一些建议？

苏彦捷：这个问题挺重要的。我们做了一些发展心理学的研究后，这件事情对我的影响越来越大。我一直都在教毕生发展心理学。最开始的时候，我其实对科普或者家庭教育讲座等不是特别感兴趣。我总是觉得作为学院派的人，好像不是很能像做普及工作的人员那样热情洋溢。从 2017 年到 2018 年，我的想法有了一些变化，因为我看到很多人去讲家庭教育，讲的一些内容不是特别合适。而且我原来觉得自己知道的东西是很自然的，大家可能都知道，后来我发现不是这样的。我在北京八中高中部的那个班有 45 个人，其中 7 个考上北大，7 个考上清华，这么一群人都应该是受过很好的教育的。但是我们在同学聚会上一聊跟家庭教育或者跟个体发展有关的事情时，我就发现他们常常不了解我知道的这些事，对个体的发展规律和家庭也有很多困惑。这些经历对我还是有一些触动的，我想可能我需要去讲家庭教育，如果我不讲，可能大众就以为别人讲的错误说法是对的。

去年（2019）新东方教育论坛来找我开讲座，我当时就答应了，那真的是我第一次开比较大的面向公众的讲座。我之所以答应去做，自然是因为俞敏洪是我们的学长，而且北大人搭建这样一个平台也应该去做普及科学家庭教育的事情。当时碰头讨论的时候，我会考虑家长很关心的事情和孩子很关心的事情，发现发展中的相遇是个特别有趣的话题。因为个体在毕生发展过程中，每个时刻里每一个个体都会在一个发展的点上。我们作为家长，跟孩子在不同年龄，也就是不同的发展点上相遇，会遇到不同的问题。心理学特别关注个体差异。有些做家庭教育指导的老师会觉得提出一个建议，家长都得按照这样的形式做才能有好的效果，但我不是这样认为的。文化差异也是这样，因为运用了不同的方式，就会有不同的路径起作用。我觉得强调这一点挺重要的，所以我当时就讲了关于发展中的相遇这样的概念，希望传递一个观念：根据一般的发展规律理解自己遇到的挑战，并采用多样化的应对方法和策略。最后反响还挺好的。反思一下，也许只有心理学家或者发展心理学家会从发展中的相遇来考虑问题。发展心理学的发展视角会帮助我们做很多事情。

之后，我就逐渐有意识地去做类似的工作。每次做其实还是挺痛苦的，因为我不是太习惯一直用同样的方式重复讲一件事情或者问题。常常觉得已经说过了的事，再去说就没那么有激情了。所以每次要去讲同样的家庭教育主题的时候，就得有自己的观点和想法，有新的内容，体现出我们以研究作为基础的特点，所以还是挺有挑战的。每一次经过努力完成任务的时候，反响都还不错。

2020 年 10 月，我给海淀的家长讲了一次，大家知道海淀家长是一个特别特殊的群体，他们的焦虑感极强，遇到的事情特别多。这次讲座源于彭凯平老师组织的一个积极心理学的会议，当时我做了有关青少年发展的报告，会后海淀区教委的杨斌老师联系我，问能不能给海淀家长讲点类似的东西。杨斌老师是安全科的，刚开始我还有点困惑：安全科跟我的研究内容有什么关系？他说有关系，因为他的工作涉及学校所有与安全有关的事情，比如中小学生出现的各种生命安全事故。这些事情中很多都跟心理有关系，所以他希望把生命安全的关口往前移，从心理安全入手。我觉得这个想法特别好，要保证一个个体的人身安全，首先要做的就是先保证他的心理安全，这有助于解决一些影响孩子人身安全的问题。我觉得这个想法很有道理。杨老师说要到期中考试了，期中考试以后事情会接踵而至，学校要开家长会，要跟家长讨论孩子的学习和在校表现。这个时机特别好，于是我们设计了一堂课，本来当时希望面向的是中学生，我就从青少年的角度讲青少年发展的特点，我们应该怎么帮助孩子，然后给家长说了三条可以做的建议。一个月后他给我反馈，说 20 多万家长看了这个讲座，不只是中学生学长，很多小学生家长也都看了这个讲座。我的同事，小孩才一年级，也在看我的讲座，说学校的老师让他们家长观看。我认为青少年时期的发展过程有很多特点，生理在发育，心理也在发育，青少年是需要这样的帮助的。

我讲的所有内容都是基于已有的相关研究结果。我给家长的三条建议从简单到复杂。第一条就是让孩子睡个好觉。这条特别简单，但千万不要忽视，因为睡眠跟大脑、记忆、情绪都有关系。睡眠对个体心理影响很大。我现在正在做一些青少年睡眠的相关研究，所以对此特别关注。良好睡眠一方面为学习准备好的状态，另一方面调节情绪，缓解焦虑和压力。第二条是相互理解，即心理理解。我是研究心理理解的，知道心理理解是可以缓解很多冲突和压力的。在和孩子交流时，你要去听他讲是怎么回事，给孩子说话的机会。当然也要让他理解你，这就是一个相互的心理理解。第三条就是构建比较全面的发展资源系统。我们跟德国有一个合作项目，是有关8岁到16岁的儿童与青少年有哪些发展资源的。我们发现，孩子的发展资源包括十个大的方面，其中六个是源于自身的。一是认识自己和理解他人的能力，包括心理理论、共情和换位思考的能力；二是自尊，即接纳自己；三是自我效能感，就是对自己能力的认识；四是乐观积极，倾向于看到好的一面；五是意义感，就是具有掌控感，发挥孩子的自主性，给他机会自己拿主意，才会培养这方面的发展资源；六是自律和自我控制。另外四个是源于环境的，其中两个来源于家庭，即父母的教养和情感支持；还有两个来源于学校，即同伴融入（同伴关系和同伴支持）和教育融入（喜欢学校的教学环境和各项活动等）。帮助孩子构建发展资源系统，不仅有助于孩子的常规发展，当孩子遇到问题和应激反应的时候还可以帮助他抵御心理的困扰，并能有效应对。第三条建议比较有综合性、挑战性，但只要有意识地去不断积累，就会帮助到我们。

还想说说相互理解的问题，有一次我在清华附中给高中生开讲座，有一个孩子在会后跟我交流的时候问，如果爸爸妈妈不觉得需要理解我们怎么办？看来很多家长没有意识到，在和儿童与青少年时期的孩子互动的时候，更多地需要家长做出改变，当然发展中的相遇这一观点讲的是在不同的时候需要改变的东西是不同的，不一定总是家长在改变。所以我在给家长讲的时候都会讲到这个观点，就是在亲子关系的处理过程中，如果出现了一些矛盾、冲突，改变要从优势的一方做起。在小孩成长的过程中，父母和老师是成人，是优势的一方，不管是经验、能力还是自控能力都要更强一点，所以应该主动先做出改变。但是我也跟我的本科和研究生阶段的学生讲："你们长大了，慢慢地在亲子关系或者师生关系中不仅会力量逐渐平衡，某些时候你可能还占有优势，像对智能手机或者数字技术的运用可能就比父母和老师强。所以有些时候你们也得从自己的角度去努力改变，而不是只去讨论原生家庭带给自己什么不好的影响，把所有的问题都归因为原生家庭的错，我觉得这就不合适了。"发展中的相遇就是在发展的每个点上相遇，关系总会变化，处理问题的方式也应该变化，不是一概而论的。

以父母之心关怀学生，理解学生

《心理新青年》：您培养了很多学生，可谓桃李满天下，现在心理学也是个热门专业，很多同学感兴趣，但是对于青年学生、学者来说，他们在面临评价体系导向时还是比较迷茫和困惑，心理压力也是比较大的。在您培养学生的过程中，您会怎么引导他们，让他们既能沉下心来做自己感兴趣的研究，又能在评价体系里生存？

苏彦捷：这个问题挺重要的。我觉得做老师和做家长特别像，仔细思考就会发现师生关系在某种意义上反映出很多亲子关系的特点。我反思自己以前带学生时候，可能就处于权威型和独裁型之间。我像很多家长一样，有很多的经验和过来人的体会，希望把这些经验都告诉孩子，也不太能够接受孩子按照自己的明显不成熟的方式做事。不做学术的时候跟家里孩子没在做作业一样，母慈子孝，但是一做学术就会气得要吵起来。但在我帮助家长和中小学老师解决一些问题的同时，自己也会常常反思，我这样做是否合适？是不是应该从学生的立场去考虑一下？因为我们学术的发展阶段也是不一样的。学生在最开始就跟小孩似的，什么都不懂，然后慢慢地就会知道很多东西，就想要跟老师平等对话，有的时候学生在专业方向上可能会超过老师。这其实跟孩子的发展是很像的。在这个过程中，老师也应该根据学生在不同阶段的发展特点选择如何跟学生交流。

还有一点是关于评价体系。现在孩子的评价体系是以学习为主，如果父母不管孩子的学习，就会觉得好像没管到点儿上，就会很焦虑。学生也一样，面临着文章发表的评价体系，觉得要把研究做出来、申请好课题才能够站稳脚跟。但是我一直在跟家长说，要让孩子有多方面的发展，让孩子在自己擅长的方面发展。由于现在的评价体系比较有局限性，就会影响我们的心态。我经常跟家长说，要帮助孩子按照他自己的特点发展，内心一定要足够强大。当我做老师的时候，我也会体会到，如果学生的发展不能适应现在的评价体系，老师的内心也得足够强大。

如果学生的学术做得好，可以协助老师做很好的学术研究，发表很好的文章，老师肯定也是很自豪、很骄傲的。但就像每个孩子和每个孩子是不一样的，每个学生和每个学生也是不一样的。我常常不断地提醒自己，就像我提醒家长一样，内心要强大，理解不同的学生有不同的特点。我跟学生是这么说的，要努力地去做，只要去做，有了实证的数据，就有了发表的基础。发表文章最重要的是要让别人看到你的东西。发表在什么样的期刊上会受很多因素的影响，就像孩子能否考上好的学校一样。当然在这个过程中，老师要跟学生一起去面对特别强大的不同的声音。老师对学生的鼓励挺重要的，比如我们曾经讨论被拒稿的事情，学生被拒稿了，我会跟他们分析，有的时候不一定是研究做得不好，让学生别因此否定自己。就像构建孩子的发展资源系统一样，我会帮学生培养在学术发展中的自尊和自我效能感。在培养学生的过程中，我也在不断地学习，不断地进步，就像我要求家长好好学习一样。

至于进步的原因则跟我做发展心理学研究和家庭教育的普及有关系。我自己的小孩已经23岁了，我教育孩子的一些经验会帮助我去讲发展心理学，也会帮助我反思。按照现在我们对青少年的理解，他还是在青少年晚期，在交流的过程中，我也会运用我的知识和经验去努力按照更好的方式去做。在跟学生的交往过程中，我也会不断根据我的体会去实践和改善。我现在对待学生，可能没有像以前那么苛刻。当然可能更多地不是体现在严格与否，而是更多地考虑学生的特点。就跟家长一样，老师也会很焦虑，但是在跟学生的互动当中，还是要从学生的角度去了解怎么样的发展更适合他。比如当我看到一个学生读了博士非要去做非学术的工作，作为老师也会很不甘心，但是也许他觉得这个工作适合自己，那么我要做的就是从各种角度帮他提供资源和建议。不过我也会跟他说，我其实很不喜欢你放弃学术研究。在这个过程中有一个相互理解的过程。对于教学生，我真的挺有体会的，我的体会越来越印证了发展心理学告诉我的那些东西。

我真的特别庆幸，我在年轻的时候遇到很纯粹的老师，让我能够纯粹地去追求自己感兴趣的东西。邵郊先面是 1923 年出生的人，我读硕士和博士的时候他已经 60 多岁。但是不管他是不是有课，他都会到实验室来，天天高高兴兴地带着我们做实验，一直都是这样。他不大写文章，发表的文章特别有限，但当时大家都能高高兴兴地讨论。不过不同的时代有不同的要求，在量化指标越来越重要的今天，我认为科学研究需要交流，做了研究并发表出来是和同行交流的重要途径。现在我也会跟我的学生说：你们要让别人知道你们的研究。我们发表文章不一定是为了功利，而是为了让别人知道我们做了哪些事情。如果做了半天，别人都不了解我们做了这些事情，那我们对科学的贡献是有限的，而且对自己也不利。我希望让我的学生理解：如果你就是纯粹的、贵族式的人，只是为了满足好奇心，想做就做，不想做就算，无所谓找工作，不工作也能活下去，当然可以无视各种学术共同体的要求；如果没有洒脱的条件，需要在学术共同体中找到位置，就一定要让自己具备选择一个平台的条件。当然一定要做自己感兴趣的事情。我们建议学生选择专业方向的时候都会说，要选择感兴趣而且能应付得了的去向，选择研究方向和领域也是这样。总之，由于各种因素的限制，在学术领域全然超脱是很难的，肯定得考虑评价体系这件事。作为学习心理学的人，我们看待问题也要辩证，要从另外一个方向去思考，特别是充分挖掘发展资源，即从积极乐观的视角看待我们遇到的困难和挑战。慢慢学会调整，避免一根筋，可以灵活变通一些，一个主题或者领域做不通，就试试另外的主题和领域。

寄语青年一代

《心理新青年》： 能否给我们的读者推荐一些对大家最有帮助的发展心理学著作，既有科学性和专业性又比较通俗易懂的书吗？

苏彦捷： 我现在读得最多的可能就是教材，因为我们出版新的教材时需要校对。时间比较充裕的时候，我也会阅读一些关于家庭教育的书，比如考虑每个年龄段的特点和发展任务的相关书。系统地读书还是挺难得的享受。每一次阅读，会有很多新的领悟和体会。在我的发展心理学课程或者讲座中，我经常会讲到一些。比如弗朗西斯·詹森（Frances Jensen）的《青春期的烦"脑"》，讲青少年的大脑发育。父母可以从中理解青少年大脑的发展情况，理解孩子为什么会有这样的表现。我们最近翻译了一本美国的新生通识课教材，叫《在地球上长大成年》，中译本还没出版，也特别好。书中通过四个动物的经历讲述青少年的四个发展任务。我现在也经常会在讲座中传播这个内容。父母要理解小孩在这个阶段除了学业之外最重要的东西是什么，小孩也应该了解这个阶段应该从哪些方面去发展自己。

入门心理学的书，像《心理学与生活》《发展心理学》《毕生发展心理学》等，我希望大家都看看。发展心理学的相关书还是蛮多的，如果你想了解，只要找任意一本毕生发展心理学的书，都是有帮助的，书里会告诉我们每一个发展阶段的发展规律、发展特点。现在好多朋友怀孕了，我就会送一本《发展心理学》的书。发展心理学不仅告诉我们怎么教育孩子，还能帮助自己发展，因为每个人都会在不同的发展点上，只要了解那个点上的发展特点，就会帮助自己成长。在不同的发展阶段，人们都会处于不同的发展角色。所以我教发展心理学时每次都会跟学生说：学习发展心理学，可以"更好地做自己，更好地做父母，更好地做子女"。

《心理新青年》： 很多在海外学习心理学的同学们，可能最终希望回国继续从事心理学的研究，这些同学在博士期间或者博士后期间应该做哪些事情，才能更好地在回国之后推动国内心理学的发展，助力他们的个人发展呢？

苏彦捷： 这个问题挺好的。在国外学习有一点特别重要，就是能够跟国外的优秀研究者一起共事，感受潜移默化的影响，就像我受到我的老师们的潜移默化的影响，而且这种影响特别重要。第二点是语言关，这个对职业生涯的发展有非常重要的帮助。第三点是国外的心理学训练对统计比较重视，现在国内也开始重视起来。

我有一个希望，将来无论在国内或者国外发展，大家把眼光和接触面都稍微放宽一点，不要只是熟悉自己的领域或者自己实验室的东西。记得我在密歇根大学的时候，最大的一个体会就是所有的讲座都有各个领域的人坐在台下听，国内就不太一样。我一直觉得我宽泛的训练背景对我特有帮助。比如社会学，可能有人觉得学了没用，虽然我没做社会心理学，但是社会学的学习经历使我理解相关现象以及思考时受益匪浅。训练背景和接触过的东西，在将来对认识事物、评判别人的工作或者思考研究想法都有帮助。现在的创新常常出现在学科交叉的点上，或者是从不同的视角去看一件事情，在不同方向上可能会出现很多新的东西。就像刚才提到的文化差异，我们可以从行为遗传学的角度去分析遗传在多代的积累和后来的社会化短期效应中起什么作用。对待事情都得有不同的视角，如果只是从社会心理学的角度去思考，它是平的、横断的；当加入了发展的视角或演化的视角后，就像我说的坐标系，也许会帮助我们提出很多本质的问题。做这样的研究对科学发展可能有大的贡献。我们看到有些读博士的同学对心理学的了解比较局限，可能很多基础的内容没有接触过，只深入了解了自己博士论文涉及的概念或者比较狭窄的主题，在心理学领域内发展或者是在心理学的学科背景下跟别人对话的时候，可能会有所欠缺。一定要尽可能把基础打宽一些，这肯定会对将来的发展有帮助。

第四章

许燕：
扎根本土　求索人格　探问人性哲学

学者简介

许燕，北京师范大学心理学部二级教授、博士生导师。现任中国心理学会理事，中国心理学会积极心理学专委会主任，中国社会心理学会人格心理学专委会主任、出版工作委员会主任，北京心理学会副理事长，北京社会心理学会监事长等职；曾任教育部高等学校心理学类专业教学指导委员会副主任委员、中国心理学会心理学教学工作委员会副主任、人格心理学专业委员会副主任、中国社会心理学会会长、北京市社会心理学会理事长、《心理学报》与《心理学探新》副主编，北京师范大学心理学院院长、党委常委、组织部长等职。研究方向为人格与社会心理学，研究主题涉及善恶人格、心理枯竭、心理绑架、价值观、人格教育等。2018 年获中国心理学会学科建设成就奖。

许燕

浸染在心理学中的人生

《心理新青年》：请您分享一下您的个人经历和学术生涯。您一直在北师大求学、任教、做研究，在当时的历史背景下，您因何走上了心理学的求索之路，而后又因何选择在人格与社会心理学领域深耕多年？

许燕：我是浸染在心理学中的人。从出生至今，我是在北京的高校大院里成长起来的，我父母是北师大的老师，所以我出生在北师大，成长在北师大，工作在北师大。"大院"文化会给人一身学气，特别是从小被心理学训教过的人。我接受了北师大最标准的全套教育，是北师大基础教育的"实验品"，先上北师大的实验幼儿园，之后上实验小学、二附中，最后再上北师大本科、硕士、博士。我的所有老师们都是大学毕业生，有着良好的学识与素养，他们的这种教育者的形象令我印象深刻。

我上幼儿园时正好是巴甫洛夫的行为主义非常盛行的时候，我的老师们在苏联专家的指导下训练着我们。所以，我小时候接受的教育是扎根于巴甫洛夫条件反射理论的行为训练。我们上的是实验幼儿园，接受的也都是实验性训练，我觉得这种训练很好，它帮助我们形成了一个非常"科学化"的生活方式。这种生活方式我一直保持了很长时间，包括分餐制、睡眠姿势、洗脸和穿衣程序都是非常固定化的。行为训练法告诉你第一步怎么做、第二步怎么做、第三步怎么做，然后以最精准、最简洁的方式训练你。这种行为训练也塑造着我的性格，我喜欢程序化的做事方式，强调秩序与规则，言谈举止要文雅庄重，性格上更追求严谨、细致、完美，甚至有些心理"洁癖"。由于我长在教师之家，又接受着心理学的教育，我对教师的这种生活方式是非常习惯的，从小就是在这样一种生活方式下熏陶出来的。所以，我的人生印证着这一规律：行为决定习惯，习惯决定性格，性格决定命运。

1978年我考上大学，我当时没有远大的抱负，觉得自己是那个时代的幸运儿，一定有美好的未来。选择上北师大的原因很简单，就是离家近。选择心理学专业也很简单，我喜欢当老师，但是不喜欢当中小学老师，因为心理学专业不会被分配去做中小学老师，所以就这样选择了心理学。而且，当时我文理科的成绩都很均衡，心理学正好也是一个跨学科的专业，我觉得它和我的知识结构和心理倾向比较吻合，就选择了这个当时很冷门的专业。相对来讲，这个选择遵循的是便利原则。我当时不清楚心理学是怎样的一门学科，直到学了以后才知道是怎样一回事。我们78级是第一批心理学恢复招生的学生，那个时候没有教材，用的都是图书馆里很旧的教材。剩下的"教材"，我们要在钢板上刻字，再去油印，发给大家。当时我们没学几门课，全靠老师讲，对于现在来说都是心理学的核心课程。我们78级是很幸运的，都是一些学术大咖们给我们讲课，而且他们对我们的期望很高，要求非常严格，每门课都得学透。我每门课的笔记都做得很工整和全面，一直保留至今。由于课程不多，我们可以学得扎扎实实，还可以做一些其他事情，如读文学、画些仕女图。

那个时代，我们是怎样学好心理学的呢？我记得老师当时告诉我们的一句话："以教师角色学习心理学知识。换句话说，假设这门课让你讲，你如何讲？要能讲，自己必须先懂透了。"在这种假设下，我们在学习的过程中要认真听老师是如何讲授知识的，要认真理解。这种"身份假设"的方式让我们进入了深加工的学习阶段，受益终身。4年的专业学习让我对心理学由懵懂到喜欢。至于我为什么选择人格心理学这个方向读研，是我的博士生导师张厚粲先生为我选的。张厚粲先生当时是北师大心理学系的系主任，她出于学科梯队建设的需要，建议我去读人格心理学，她说："人格心理学很重要，一些老师进入后又陆续离开了，我希望你能够坚持下去。"她将我推荐给我的硕士导师高玉祥教授。从此，开启了我坚持三十余年的人格心理学的学术道路，这是一个充满神秘感而富有魅力的领域。

人格心理学是一门人生哲学

《心理新青年》： 您对心理学从朦胧到热爱，三十余年的学术生涯都奉献给了人格心理学，您认为心理学以怎样的魅力深深地吸引着您？您是怎样解读人格心理学的？

许燕： 心理学知识具有人生指导意义，人格心理学更是如此，它具有为人生服务的功能。每次给本科生讲第一节课，我都会先讲人格心理学的学科性质。人格心理学告诉你人生的哲学，它会丰盈你思考、感悟、体验生命的品质。人格心理学是最能体现心理学特点的领域，它涉及人的方方面面，不同学者对人格的描述是不同的。我认为，人格是在遗传与环境交互作用下塑造的、个体所具有的独特而稳定的心理品质组合系统，其核心成分"自我"对人生具有重要的影响。心理学前辈们（弗洛伊德、阿德勒、荣格、霍妮、弗洛姆、华生、马斯洛、罗杰斯、奥尔波特、卡特尔、凯利、班多拉、米歇尔等）都对人格心理学做出了学术贡献，将他们对人的思考奉献给了人格心理学，建构了人格理论，这说明了人格心理学在心理学领域中的主要地位。人格心理学涉及 8 个研究主题：人性哲学、人格结构、人格动力、人格发展、人格成因、人格变化、人格变异、人格评量。人格心理学会告诉我们为什么人有差异，有善有恶，有活泼有文静，有正常有异常，告诉我们是什么原因导致这种差异，告诉我们人的性格能否改变，能否预测与评估。我们要了解人的心理，才能活得幸福，成就最好的自己。当前大家所关注的非人化问题，是指人像动物一样失去了自主性，人如同机器一样没有了情感，人像工具一样被利用等，都是违背了人格心理学的原则与规律。讲了三十几年的人格心理学课，让我有了一些"学科自恋"，我认为热爱一个事物要有热恋心态。人格心理学可以优化人格，使男性儒雅，使女性聪慧。我也被人格心理学大师们的学术品质所感染，人格心理学家所展现的学术能力征服了我，他们具有严谨的理论思考能力、高超的统计分析能力、独特的临床咨询技术。正因如此，他们的理论具有跨界的影响力，他们的思考具有深刻的启迪力，他们的人格具有"幻魅"的吸引力。人格心理学家没有暗黑人格！人格位于心理学的高级段位，人格是一种精神，展现出一个人的风骨，如果你宣布精神破产，你的人格就会颓废与沉沦，就会输掉一切。人格理论都是心理学大师们通过对人生的体验与感悟而提炼出的理论精华，人格心理学教给我们的是做人的精华。我被它深深地吸引着，我希望将它原汁原味地传递给我的学生。

我深知人格心理学对人生的重要价值，但是面对缺少人生阅历的年轻人，我常常有种距离感与挫败感。由于他们对未来人生的感悟与思考不多，所以不重视人格心理学，或者只是当知识来记忆，缺少与人生联结的感悟与思考，只有经历过现实的锤炼后才能体会其价值。我常常听到一些中年人说：早些学习人格心理学，就会让我少走弯路，规避人生失误。年轻人不愿意听"过来人"谈经验，喜欢自己去闯荡，有时间接受尝试错误。其实，心理问题与疾病的产生常常与思考人生问题不到位或过于单一刻板有关。人格心理学的价值在于给我们的人生思考带来更多视角的观察与检索。例如，举一个有广泛争议的问题——童年经历给我们的一生带来了什么影响？人格心理学家有很多的不同解读：经典精神分析学派的代表人物弗洛伊德认为，童年经历在 5 岁前就雕刻在我们的心灵上，终生不可磨灭，影响一生；"人体就是命运"，强调生物决定因素；社会文化学派则强调社会对人的影响力；行为主义学派强调环境决定人格；人本主义学派则强调自我的决定力，萨特说："我们就是我们的选择！"认知学派强调看问题的态度与方式决定人的选择方向；人格内隐理论则认为，人格的发展与变化依据你对人格所持的信念是什么，信念分为实体论（不变）和增长论（可变）等。人格心理学的不同观点不是让我们来印证自己的人生的，而是要多元地看待人生问题，发挥其为人生服务的功能。虽然"童年论""石膏论""抛掷论"等说明了人的生物层面的被决定性，但我们不是生命的棋子，"能动论""自我论"则告诉我们应该尽最大努力做得更好，正如马斯洛所说："我们自己要为我们所能达到的人格发展水平负责。"所以我会告诉学生："你的人格，你做主！"人生的暂停键、快进键、返回键都被你有意识或无意识地操控着，你的人生也可以被自己格式化，重新开始。

人格心理学还有一个非常重要的作用，就是解读世间的人和事。我们每个人的人生都自带理论，那是你自己建构起来的人生框架在每个人的人格中，都有建设性力量和破坏性力量。如何解读世界会折射出你的人生态度，折射出你的人生框架，这个人生框架就是你的人格。人生会经历挫折与痛苦，不是所有的人生不幸都会造成苦难与失败，关键是看"不幸"落在哪种人生框架中，正如阿德勒所说："应对生活中各种问题的勇气，能说明一个人如何定义生活的意义。"因此，我们的人格是需要建设的，由谁来建设？早期是父母，因为那时你的人格处于未成熟的状态；长大后是你自己，你要造就成熟人格。你能否成为自己人格的设计者与建设者，这标志着你的成熟度。

时代彰显出人格力量

《心理新青年》：许老师对人格心理学的解读，让我们对人格有了更深的理解。在美国心理协会中，人格与社会心理学是放在一个分会中的，二者具有紧密的关系。您刚才强调了它对人生有着重要意义，那么它对我们这个时代的社会发展具有哪些作用？

许燕：这是一个非常好的问题。我在 2020 年 5 月 9 日新冠肺炎疫情防控期间在新华网上发表了《我们时代的人格力量》，文中说明了大时代下的人格作用。现在人们常说大时代和小时代，其中大时代是指对人们产生普遍影响的社会环境，特别是重大社会事件。这次全球性新冠肺炎疫情的大流行，就凸显大时代的典型特征，其冲击力改变了我们人类的生活方式，在我们这个时期的人身上会留下刻骨铭心的时代印记。大时代也会对我们的人格产生直接的冲击与挑战，很多人格心理学家们都是被大时代洗礼过的人，例如弗洛伊德、荣格、弗洛姆、霍妮等，他们经历过工业革命、世界大战和经济大萧条等，因此他们对人的心理，特别是人性的解读更深刻，更具有启迪性。大时代具有大浪淘沙的分化作用，在疫情防控期间尽显人性的善恶，出现了很多逆行者，也有发国难财的恶人。大时代是个英雄辈出的时代，大时代会彰显出具有人格力量的人，让平民英雄脱颖而出，国家危难匹夫有责，他们不顾个人安危，将自己锚定在工作岗位上，投射出他们的心灵光彩与人格魅力，以天下为己任。一个时代的特征会去界定群体人格，培育"自尊自信、理性平和、积极向上"的社会心态是我们这个时代的人格标志。因此，人格建设是有方向性的，积极向上的人格是建立在不损害他人和社会利益的基础上的，损人利己不是人格建设的内容。成就自己，需要建设的是光明人格。如果一个人心里有光明，他的人生就不会黑暗！

扎根本土人格，探寻人性善恶

《心理新青年》：您积累了这么多年的研究成果，如果给大家凝练地总结一下，您觉得您在心理学领域中的突出贡献是什么？

许燕：一路走来，我主编和翻译了《人格心理学》《人格谜题》《人格心理学——经典理论和当代研究》等 6 本人格心理学教材；撰写和翻译了 5 本人格心理学科普书，还有服务于大众的《成为更好的自己》《人格解码》《人格——绚丽人生的画卷》《如何让孩子人格出众》等书；发表了 270 余篇学术论文；我做过的课题涉及心理枯竭、心理绑架、价值观、自杀心理、教师人格、人格教育等。但是，我最终聚焦于善恶人格的研究上。我一开始偏向于人格测量及技术操作层面，随着学术日子的渐长，生命经历的积累，我慢慢转向思考人生哲学层面的问题。我发现我也在重复着前人的学术年龄增长路径。年轻时我们喜欢实证研究与技术，成熟后我们喜欢人生思考与哲学。也就是说，当我们的人生阅历积累到一定程度的时候，会特别想去探究一些核心问题，而人性的问题是人格研究必答的首要问题，同时是很难回答的问题。但是，我觉得这个问题需要有人去探索，特别是到了不被考核所限制的学术相对自由的年龄时，我要去闯一下，运用实证研究方法与技术来研究中国人的善恶人格观，建构中国人的善恶人格理论，编制中国人的善恶人格测评工具。整个研究过程很艰辛，这也是我挑战自己的学术高度的过程。由于之前缺少相应的研究，我们研究团队用词汇学与与因素分析方法对善恶人格词表的建立做了两遍，以保证原创研究的效度，从两个汉语大辞典中选出所有描述善恶人格的词汇，并进行聚合和因素分析，中文的善恶人格词表的确立为后人做相关研究提供了基础，使后者可以跳过这一繁重的研究环节，只需从我们的词库中选择词汇就可开始研究。我们建立了中国人的善恶人格结构以及差序层级，并为今后研究的发展提供了善恶人格测评工具，研究成果发表在《心理学报》上。整个研究成果体现了原创性，用我们建构的理论回答了很多现实问题。虽然关于善恶人格的自科项目已经结题，但这只是我们研究团队的阶段性成果。

历经 8 年的研究，我们研究团队项目截至 2020 年年底总计完成 20 篇学位论文，其中包括 7 篇博士研究生学位论文、4 篇学术硕士研究生学位论文和 9 篇专业硕士研究生学位论文。团队共发表了 22 篇学术论文，其中 9 篇为 SCI、SSCI 检索论文，11 篇为 CSSCI 检索论文，1 篇为北大核心期刊检索论文，1 篇 RCCSE 中文 OA 学术期刊类核心期刊检索论文，之后还有论文将会陆续发表。善恶人格的研究触及了人性这一核心问题，人们在与他人交往时首先要判断此人是否可信、会不会害自己，这就是对善恶人性的判断。但是人们常常感到知人知面不知心，如何判断善恶成为人们面对的一个难题。我们的研究就是给出中国人判断善恶的标准与核心要素，说明环境与善行的关系，解读"旁观者"的心理表征，提出善行表达的环境要求。善恶人格研究还有很多问题需要我们继续探究下去，例如善恶人格的脑机制研究、善恶人格的发展性特征。路漫漫其修远兮，吾将上下而求索。

世界以痛吻我，而我报之以歌

《心理新青年》：您担任过很多党务、行政和学术职务，比如北师大心理学院院长、北师大党委常委和组织部部长，中国社会心理学会会长，北京市社会心理学会理事长，人格心理学专委会主任，积极心理学专委会主任等。在各种岗位上的轮转，使您的阅历丰富，这些经历给您带来了哪些思考？

许燕：我将人格心理学描述为一门人生的哲学。人格心理学为我们的人生服务，我们一方面完善自我，另一方面也要惠及他人、服务社会。人格心理学的训练让我觉得，我应该不断地扩展我的人生领域，体验不同的人生经验，履行学术使命和社会责任。在组织的信任下，30多岁起我开始做学术与管理的双肩挑干部。从基层岗位做起，在心理学系做党支部书记、宣传委员、统战委员、教研室主任，35岁做了党总支部书记，与系主任舒华密切配合。那时也是北师大心理学系发展的最关键时期，我们是全校最年轻的领导班子，在老先生们的支持下，充满激情地与师生们一起日夜奋战，在心理学系的发展上发挥了承前启后的作用。我作为心理学系的党总支部书记，积极配合行政的学科建设工作，聚焦于心理学系的文化建设，因为这是组织建设的灵魂。我与舒华主任一起讨论心理学系的文化主题是什么，最后我们将其确定为"追求卓越"。那时候，正是心理学系的上升时期，为了更好地抓住发展机遇，我们上下团结一致，大家工作得都很勤奋。在缺编的情况下，为了让年轻的老师轮流出国进修，大家要承担更多的教学工作，我与舒华作为领导要起带头作用，除了管理工作之外，一年还要承担5门课的课堂教学工作，写文章只能挤占休息时间。晚上在孩子睡后，我开始喝咖啡，熬夜写书和论文，常常工作到凌晨两三点才睡，有时候写到早上五点，睡两个小时，七点起床去上课。其实，大家都在咬牙干，舒华最后累病住院。但是，那些日子很值得回忆，在追求卓越的精神激励下，大家都是一路拼过来的，累并快乐着，那是一群年轻人的奋斗状态。

由于我工作很投入、很用心，被学校推选为北京市第九次党代会代表，之后又被组织任命为学校党委组织部部长。在管理岗位上，我不是走在一路飙升的路径上，而是那种能上能下的模式。卸下党总支部书记后，我主动选择做主管科研的副系主任，这等于是从正处级降到副处级，他们问我为什么要换成低岗位，我说我要换一个工种来做，因为我要增加做学术管理的人生体验，不断拓展我的人生疆界。基层党务工作和行政工作的经验积累，以及心理学的相关知识基础，对我承担学校党委组织部部长岗位的职责是很有帮助的，越是更高位的岗位，越需要多元的能力结构。在现实中，学术研究和实际应用的对接还是有很大的难度，纯粹用做学术的方式去做管理工作会"水土不服"。但是，我希望工作有创新，可以与众不同地做。比如说，我通过原有的学术关系，将中层干部送到境外（中国香港、美国）进行远程培训，开阔干部的国际视野，吸收不同文化下先进的管理经验，提高管理水平，取得了良好的效果。在当时很少有学校这样做。

双肩挑的干部要在双体制下并存，既要做好管理工作，也不能丢掉业务。组织部的工作本来就非常繁重，有时是没日没夜地干，但是依据教育部的要求，教授必须上本科生的课。除了教课，还要做研究，不能让自己的学术掉队。超负荷的工作使我出现了职业枯竭，这也成为我之后的研究课题——工作压力与心理枯竭。工作状态由原来的累并快乐着发展到累并痛苦着。我看到权力下的人性扭曲，体验到工作中的委屈与隐忍，以及无法倾诉的苦楚。但是无论怎样，我都不会失去我恪尽职守的工作规则和与人为善的做人原则。至今，我可以说问心无愧于这个岗位职责，时间将是破解一切的工具。泰戈尔说："世界以痛吻我，而我报之以歌。"如何做人是人格心理学贯穿人生各领域的原则，权力场中的暗黑人格不是我们的社会适应原则。有了组织部部长的工作体验，我开始关注政治心理学领域，重点研究领导者人格与腐败的心理机制。

之后，我转场于心理学院院长岗位，学术与管理的联结更加紧密。我将学术权力用于推进学科发展，让学科为国家建设做贡献。我在学科规划中依据学院原有的学科优势，大力发展与社会进步紧密相关的学科布局，力求成为国家发展的智库。在任院长的6年期间，北师大心理学在学科评估中始终位于第一。我工作直至53岁，退出院校管理岗位，并回绝了其他管理岗位，彻底回归到教学科研岗，做一名普通教师。再次，我又转场到专业学会工作，走进更广泛的人生领域，承担中国社会心理学会会长的职务，将之前储备的管理经验用于学会建设中，大力推进学会工作，增加学会影响力，并加强与另外两个心理学一级学（协）会（中国心理学会、中国心理卫生协会）的联合，共同服务于国家发展与促进学科建设。特别是在担任人格心理学专委会主任后，我积极推进人格心理学在中国的发展，带领团队主办了全国第一届心理学专业——人格心理学任课教师培训班，让来自全国各地的百余名高校教师接受人格心理学教学培训。之前，人格心理学虽然是心理学核心基础课程之一，但很多学校并没有师资条件开设这门课程，因此培训师资是关键环节。鉴于我在人格心理学领域的工作，2018年中国心理学会授予我学科建设成就奖。

人生公式不同，计算好自己的生态位

《心理新青年》： 您涉猎了那么多的领域，作为前辈也为我们年轻人试蹚了水，您可以分享一下您的工作体会吗？特别是对于有志于做管理工作的年轻人，您有什么告诫吗？

许燕： 人生要拓展，但不能乱闯！在党务、行政、学术等岗位上轮转，有了各种不同的领导岗位体验，让我人生丰富很多，心理也更加多元。但是，有一些书本之外的体会我想分享给年轻人。一，要对岗位保持敬畏，不能因为权力而无所顾忌，什么事一定要做，什么事绝不能干，是有原则的，不突破底线是自我要求的体现，对于岗位职责的边界要清晰，防止腐败现象的滋生。对此，我的一位博士生也做了关于腐败与敬畏感的研究。二，要有价值坚守，我在讲党课时说：全心全意为人民服务是共产党员的价值观，不可忘却，要落实于行动中，特别是当组织利益与个人利益相冲突时，一定要以组织利益为第一位，这是一种美德。做官不唯上，唯真理，唯群众，这一点做起来很难，常常被视为不食人间烟火，所以我说要坚守。对此，我的一位博士后做了共产党员价值观的研究。三，要性别中性，侠骨柔肠，对于女性来说，权力场中无"女性"，工作上与男人一样拼杀，提拔时有特殊限制。而我的博士论文正是关于性别差异的研究。四，要前后有序，在职业发展上，要先拼学术，再做管理，学术需要"童子功"，做官需要"资历深"，有资历才有话语权，才能运筹帷幄，才更容易提高管理成效。五，要与人为善，权威不是狠出来的，"中干"才会"外强"，阴谋不要用于内群体，人格不可暗黑，大家都是同一战壕的战友，领导要营造积极的职场文化环境，不挑内战，自己不阴险，也不启动他人的人格阴影，减少内耗。

人生有很多选择，如何选择自己的人生，是很多人对美好未来的期待。

一个人会有自己的主战场，也会有很多其他的分场与客场，所以要计算好自己的人生。如何计算人生成效？不同的人有不同的计算公式。有人不在乎失误，有人喜欢精算效益，有人喜欢提升短板，有人则扬长避短。有人曾经问我的职场有遗憾和后悔吗？人格心理学家们有一个共同的人生信念：体会生活，感悟人生。如果我说"拓展场域，挑战自我，丰富感受"，人们会觉得我很假，回答很官方。其实，我的人生经常是被选择、被安排的，并非总能主动地做决定，但是一旦我决定了，就会全身心地投入工作；一旦撤出了，就要断舍离。人生会有遗憾，但是不要后悔，后悔会消损自己的能量，对此我的一位博士生专门研究后悔心理。我的人生常常也成为我的研究课题，我以科研的态度研究人生。

如何对待职务的起伏与变化？心态很重要，技术也很重要。最简单的方法就是断舍离，但不是最好的办法。这里介绍给大家一个技术处理方法——职场生态位。生态位在生态学中，是指一个物种与特定环境条件的匹配。在职场上，就是要找到自己的最佳适应区。不同的人所走的人生路径不同，有人选定一条道路后心无旁骛地走到底，有人会跳转到不同的路径上看风景，可以看到春暖花开、夏日骄阳、秋风萧瑟、冬寒风凛。走过四季，才知春夏秋冬。在回顾我的职业发展轨迹时，我给自己画了一个职业生态位曲线，清晰地分析自己涉猎的职业领域。我有三条曲线：行政管理曲线、党务管理曲线和学术管理曲线。它们可以帮助我清晰地看到自己的成就所在：从个人视角来看，我的职业最佳适应区是在学术领域；对于组织来说，我的最大贡献区是在党务和行政管理领域。同时，生态位曲线会提醒我们注意自己的位置变化，言行与心态都要做出适应性的调整，上去无傲气，下来无怨气，平平和和地面对人生起伏，转场到更佳适应区。

每个人都有自己独特的生态位曲线，每个人的人生都不可复制，都不能重来。喜怒哀乐恨是人生体验的五味瓶，生活要有色彩才不苍白。人生要有抱负，无论是否实现，但是追求不可少。正如《钢铁是怎样炼成的》中的主人公保尔·柯察金关于人生意义那段话："人的一生应当怎样度过：当回忆往事的时候，他不会因为虚度年华而悔恨，也不会因为碌碌无为而羞愧……"这句话激励了我们 77 级、78 级这一代大学生，这就是我们这代人的人生信仰，我也把这句话分享给现在的年轻人。

迈向人民的学术研究

《心理新青年》：谢谢许老师给了我们年轻人一些宝贵的人生经验。您刚才也说，学术是您的最佳适应区，您可以给我们分享一下您的学术思考与建议吗？

许燕：我的研究领域是人格与社会心理学，虽然属于基础学科，但是极具应用性。我很赞赏武汉大学钟年老师的一句话："迈向人民的心理学。"在做北师大心理学院院长时，我将这句话塑在了学院的文化墙上，提出了学院的使命：为迈向世界的中国心理学、为迈向人民的中国心理学、为迈向教育的中国心理学而奋斗。用心理学知识为社会服务是每个心理人的学术使命，同时要有学术情怀、社会情怀和国家情怀。

我在回归学术，涉猎到一些学会工作后，与社会的联结就更紧密了。特别是接触到更多不同学科背景的学者后，让我得到学术思考力的提升与扩展，特别是心理学与社会学的双界交流、微观与宏观视角的交融给我注入了很多学术滋养。

定位在人格与社会心理学领域的研究，在选题上要注重时代命题、注重原创思想、注重人生体验。正如前面所谈，我的一些研究课题与我的人生经历密切相关。在我自己的研究经历中，心理贫困、心理绑架、心理枯竭是我研究的三部曲。

心理贫困研究： 我在 1998 年开始做贫困生心理的追踪研究，发现同是贫困生，有人迅速自立，边做家教边学习；有人始终无法摆脱贫困，显示出不劳而获的生活方式。追寻原因，心理贫困是后者的共同特征。之后我提出了原创性概念——"心理贫困"，进而归纳出心理贫困原型（心理贪婪、物质需求、习得无助等），建构了物质贫困与心理贫困的双维度模型，提出了精准扶贫的需求满足双维度模型。心理贫困研究是很接地气的现实问题研究，研究中提出了很多原创性的思想。现在的精准扶贫中"扶智、扶志"工作目标就是针对心理贫困问题的解决。

心理绑架研究： 这是基于对现实问题思考的原创性研究。2009 年，我首次提出用"心理绑架"的概念来说明腐败的心理机制，概括了心理绑架的种类、结构与特征，分析了"温水煮青蛙效应"，好人变坏的历程。通过质性分析与实证研究探查了心理绑架中行贿与受贿的关系互动模式，以及情感资源输出、非对称性互惠、循序渐进、软性胁迫 4 个绑架手段。这一研究揭示了官员逐渐陷入腐败泥潭的外部攻略与内部条件，其心理腐败的机制研究为领导干部防腐反腐提供了研究依据，具有较强的现实价值。

心理枯竭研究： 源自 1999 年教师心理的研究，此项目获得了科技部支撑项目、全国教育科学规划项目等的资助，心理枯竭虽然是国外的研究概念，但成为当代中国职场的普遍性问题，也是多领域经久不衰的研究主题。我们团队提出了具有原创性的压力与心理枯竭的差异理论模型。我们针对高压职业群体（警察、教师、医护人员、特殊兵种等群体）进行了研究，并编制了心理枯竭量表，这一研究已经进入应用层面，我们将研究成果推广至大众应用层面，至今已经进行几百场的讲座，在当今的高压环境下，这项社会心理服务产生了广泛的社会效应。

现在年轻人有一种倾向，就是重技术、轻理论。在做研究时，本末倒置，问题为方法服务，先定方法再选问题。其实，应该以问题为中心，方法要为问题服务，选好问题，再选合适的方法。再高级的方法不适合于问题，也不是好研究，方法不是衡量研究的唯一标准。加强理论学习与思考是增强学术厚重感的基础，也是提高研究原创性的关键学术品质。

寄语青年一代

《心理新青年》： 您如何看待青年学者面临的一些现实困境？作为一名过来人，您对我们提升学术训练，积累学术成果，同时又能在评价体系下生存，去做感兴趣的研究有何建议？

许燕： 我们"前浪"都是在这种体制下一路走过来的，现在也没有放弃拼搏的斗志。但是我们那代人遇到了好的历史机遇，经过高考 10 年断档期，我们 77 级、78 级面临的是大量的社会需求，充满了各种机会，属于历史的幸运儿。现在的年轻人比我们的奋斗历程要更艰辛，拼搏是必然的。学术发展路径有它的固定模式，每个人都无法逃离，只有接受。一般来讲，先满足"体制内"的要求，评上了教授或研究员以后，再做"体制外"自己感兴趣的事情，二者也可以合二为一。

心理贫困、心理绑架、心理枯竭和善恶人格等这些体现原创性思想的研究都是我在评上教授之后做的。很多年轻人都会在职场上面临一种挑战：发论文评职称，特别是要发表英文论文。发表英文论文的最大限度是要符合西方模式，用我们东方人的数据证明西方的理论。记得王登峰做出中国人的"大七人格"后，投英文杂志被拒，原因是没有印证"大五人格理论"。为了发表英文论文，我们要在他们熟悉的语系里设计甚至复制西方的研究，影响甚至丧失了学术创新，忽视了中国人的原创性思想。在这种学术制度下，很多年轻人在学术初期就要做追随性研究，选题要看有没有西方理论做支撑，有没有西方方法做示范，没有就不踏实。直至拿下高级职称后，我才觉得恢复自由身，想做自己要做的研究，就要有自己的原创性思想。我的职业发展路径也是这样的，先追随，再创造。另外，创造也需要一定的学术积累。

当然，选择人格与社会研究方向的年轻人还会面临一种困难。人格与社会心理学研究似乎不在"前沿""时髦"研究领域的视野中，脑机制研究常常被视为体现研究"高级性"的指标。况且人格与社会心理学的研究很有难度，发表文章又难。但是，为什么那么多"前浪"学者还在坚守着？因为它接地气，与现实联结得很紧密，说的都是我们身边的那些事，研究会有感觉，有价值，并且服务于国家与社会发展。"顶天立地"是学科的生命力所在，"顶天"是要解决重大科学问题，体现学科的前沿性，"立地"是要用知识服务于社会、服务于民众，二者不可或缺。当前，国家非常重视心理学的社会服务功能，这也给社会心理学带来了最好的发展时机。心理学是自然科学与社会科学相互支撑的结合体，心理学的发展需要不同取向的研究者来共同推动。我们希望有更多的"后浪"一起来推动。有年轻学者担心社会心理学研究和关注的社会问题具有问题敏感性与研究限制性，如何解决这一问题？其实，没有问题就没有研究。中国处于发展的进程中，社会问题在所难免，面对社会发展中暂时出现的缺陷，我们要以积极的态度和有效的方式去解决，发挥心理学科对社会发展的助力作用。社会心理研究工作者需要具备学科人格和专业能力，其中学科人格是一种大写的"人格"，包括履行学术使命、追求科学真理、坚守学科兴趣等。对于专业能力，要有问题意识、理论思维、研究设计与方法、语言能力、创造力等。

培养"后浪"也是教师义不容辞的职责。我培养研究生的能力要求是，除了满足课程与论文的基本要求之外，要求博士、硕士、研究生参与一个课题以锻炼科研能力，参与一份教材的编写以锻炼文字表达能力，参与翻译一份英文资料以锻炼翻译能力，写一篇论文以锻炼论文写作能力。我尽可能全方位地培养学生的各种职业能力。我认为学生要专心读书，不赞成学生去做没有专业含量的打工式实习，我期望学生去做一些能够运用专业知识的技术型实习，在实习中能够展现出专业优势才是职业的通行证。

奋斗是任何时代对年轻人的一种人生要求，离开舒适区是年轻人心理断乳、走向成熟的标志。既然大家选择做奋斗者，就接纳这种生活方式，与学术成就相关的奋斗也是大家的人生追求。奋斗中是苦乐相伴的，它是我们丰富人生的色彩，奋斗者与平庸无缘。年轻人有时"任劳不任怨"，发完牢骚，继续做事，这也是他们的纯真之处。

年轻人进入社会，要有高远的目标，要做事业的接班人，要做心理学事业的推进者。具有社会担当、学科担当是青年人应该具备的品质，特别是社会心理学工作者更要有社会责任感。其实，"前浪"面对"后浪"时，也会有"后生可畏"的感觉，你们比我们更强，青出于蓝而胜于蓝是历史的必然，你们更有时代感，更具生命活力，更具乘风破浪的勇气。希望年轻人突破自我，不断奋进。你们的成就会给我们带来喜悦与骄傲。

第五章

喻丰：

道德之刻画，人性之深刻

学者简介

喻丰，武汉大学哲学学院心理学系教授、博士生导师。现任中国心理学会积极心理学专业委员会副主任兼秘书长、文化心理学专委会委员、心理学与社会治理专委会委员，中国社会心理学会理事、人格心理学专委会委员，《中国心理学前沿》主编、《心理学报》编委。主持国家自科、社科基金等16项，出版《遇见幸福》《美德心理学》专著2部，在《中国社会科学》等学术刊物发表论文100余篇，获教育部高等学校科学研究（人文社会科学）优秀成果二等奖。其研究方向为道德心理学、积极心理学、科技心理学。喻教授的研究为我们理解何以为人、何以为群、何以为德，以及人类如何追寻文化、幸福、美德等积极心理品质提供了独到的见解，帮助我们获得想要的人生。

喻丰

近年来，在实验哲学浪潮兴起和蓬勃发展的背景下，实验伦理学应运而生、方兴未艾。那么，究竟何为实验伦理学？如何深入探究道德心理的文化差异？如何记录和解释中国人当下的道德心理问题，比如"道德滑坡"现象？武汉大学哲学学院心理学系喻丰教授，从心理学的角度为我们解读上述大家颇为关心的道德议题，希望能对人们对道德问题的理解、道德领域的实证研究和实践应用有所裨益。

实验伦理学的诞生

《心理新青年》：首先，可以谈谈您的个人背景和经历，以及最初为什么涉足实验伦理学这个领域吗？

喻丰：我博士毕业于清华大学心理学系，师从彭凯平教授。本来以为自己会留在清华园教书育人，后来因为非常偶然的机会，我放弃了清华的教职，来到了西安交通大学，并在西安交通大学建立了自己的道德心理学实验室以及社会心理学研究所，希望在这个理工科学校开展社会心理学的教学科研工作。后来又到了武汉大学哲学学院心理学系任教。我踏入道德心理学这个领域，其实是一个非常意外的过程。我记得是在2010年，我的导师彭凯平教授带着我与师妹和一位申请我系教职的老师交流。吃饭的时候随意聊天，彭老师跟我说，他最近思考了不少道德问题，做了几次讲座，觉得道德应该是个很有前途的领域，他给了我一些已有的研究资料，让我去尝试。于是我非常认真地去学习和准备，看了不少文献，也想了很多，做了很多，逐渐形成了一个框架体系，便产生了后来那篇题为《实验伦理学：研究、贡献与挑战》的文章。这篇文章在一定程度上标志着这个领域作为一个独立的小学科得以建立。其实在做道德这个主题之前，我对这个领域并没有特别的偏好，但是投入便产生兴趣，如今我认为它是一个非常有前景而且有价值的研究领域。

《心理新青年》： 对您而言，这个研究领域最有趣、最吸引人的地方在哪里？

喻丰： 随着研究的不断深入，我觉得道德这个领域对我来说非常契合。我本身并不喜欢逻辑相对浅显的主题，而道德问题更有思辨性，更加深刻一些。人嘛，不能完全乐呵呵地笑着过一辈子，毕竟未经审视的人生是不值得一过的。道德问题不会让你没心没肺地不去审视人生。在某种程度上，我觉得道德是在探究人性。道德通常包含好与坏、对与错的评价色彩，人性是善还是恶，或者多大程度上善、多大程度上恶，为什么某些时段或某些情境下人性会显得很可爱，而有些时候人性又会表现出邪恶，这些问题既有趣又耐人寻味。

《心理新青年》： 那么，在您心目中，什么是实验伦理学？这个领域大致经历了什么样的发展历程？

喻丰： 我和彭凯平老师最初把它命名为实验伦理学，是因为当时并没有实验伦理学这个名称，而我们又认为该研究领域已经具备独特的研究对象，那当然是传统的哲学伦理学问题，而现在又形成了原来所没有的研究范式，即实验法。这似乎是一个小的学科或者研究领域可能诞生的地方。当时，我读了伦理学家奎迈·安东尼·阿皮亚（Kwame Anthony Appiah）的著作《伦理学实验》（*Experiments in Ethics*），耶鲁大学哲学系的约书亚·诺布（Joshua Knobe）等人已经开始了实验哲学运动，我意外地发现，实验哲学的很多主题其实都涉及道德问题。有意思的是，阿皮亚的书以"实验"命名，但是其中并没有多少我所认为的严格意义上的"实验"。作为受过系统学术训练的心理学研究者，我对"实验"二字的理解就是经典的心理学实验。我不太认为哲学家的研究手段是严谨意义上的实验（experiment），称之为实证（empirical）可能更恰当一些，很多方法比如问卷、访谈、观察等都不是实验，也落后于实验。

后来那篇文章发表于《中国社会科学》上，有了一些影响，这个领域开始形成了初步的学科框架。我认为实验伦理学应该是伦理学和心理学相交叉的学科，心理学提供的是科学严谨的研究方法，伦理学提供的是道德思想及思考素材。不得不说，在这种情况下，伦理学家需要接受用素人的平均数代替哲学家思考的新型模式，而心理学家也必须承认自己在思维上的相对浅薄。当然，心理学更多关注描述性问题（descriptive issues），而不是规范性问题（normative issues），不然会犯自然主义谬误（naturalistic fallacy）。目前，说起道德问题，伦理学家和心理学家均有大量思考与研究，但是大家都有点自娱自乐。作为一个交叉学科，我不希望这个学科变成一个自娱自乐的学科，我个人非常希望有更多的研究者借助自己的优势，同时站在其他学科的立场上来做更多具有对话性、交叉性的研究。

《心理新青年》： 那么实验伦理学和实验哲学、传统伦理学、社会心理学等相关领域存在何种关联？

喻丰： 如果一定要谈关联，那么我想实验伦理学可以说是实验哲学的分支，一如伦理学是哲学的分支一样。但我想强调的是，它所能进行研究的方法必须是严谨的实验法。实验哲学不完全是实验，更多的是实证方法，我想它要是叫"实证哲学"也许更加精确一些。具体而言，我认为实验方法应当具有以下几个定义性特征：一，自变量及其操纵，这样不同组的人在平均数意义上才会有分布上的差别，以利于比较；二，因变量及其测量，选择可操作的定义方式来测量感兴趣的因变量；三，无关变量及其控制，这是为了保证比较组之间除了处理不同，其他都相同；四，实验组与控制组或对照组的比较，这是推论因果关系的必要过程。而我刚刚提到的实证取向，更多的是指问卷、访谈等，而思想实验也是一种方式。例如，假设一个哲学家做了 800 次思想实验，得到的平均数也可以算作实证研究，但仍然不是严格意义上的实验。

实验伦理学的核心议题

《心理新青年》：您和彭凯平教授发表在《中国社会科学》上的文章《实验伦理学：研究、贡献与挑战》，吸引了很多人开始对这个领域关注和感兴趣。其中特别提到了定义这个学科框架的若干核心议题，您用了 24 个字来概括：人性是善是恶、道德于情于理、情境亦真亦幻、文化有分有合。喻老师是否能为我们提供更加详细的解读？

喻丰：第一个议题是人性是善还是恶。这个话题在我们写这篇文章之前，相关研究并不多。原有的哲学研究，探讨过认识论如何导致人们行为的差别等，但是很少有研究涉及人们的普遍看法，比如对人性是善还是恶的价值判断等。对这些问题的探索，直到目前仍不多见。我的博士论文已经开展了一些有趣的、本土性的探索，比如编制了《人性问卷》，发现人们看待人性有三个基本维度：人性是善的、人性是恶的，以及人性应该是善还是恶。我们通过编制的道德情境得出了一些相关证据，比如发现规范性认识对道德判断的影响大于描述性认识。彭老师的另外一位学生也曾比较过人性问卷的中美差异，发现中国人认为人性亦善亦恶，更有辩证思维，而美国人则认为人性非善即恶或非恶即善，更有线性思维。

《心理新青年》：第二个议题是道德于情于理。首先，为什么情理之争如此重要？

喻丰：我自己觉得首先是历史原因。早期的道德话题应该是发展心理学家所长，发展心理学强调人们基于抽象的道德原则做出道德判断，皮亚杰、柯尔伯格、图列尔都是这样做的，这明显是理性的。后来出现情绪革命，社会心理学家诸如海特、格林等加入其中强调了情绪的价值。有趣的是社会心理学早期的情绪理论关注的是较为宽泛、抽象的维度，比如关注情绪唤起（arousal）、情感效价（valence）等。然而当下道德情绪（moral emotion）或者宽泛的积极情绪是一个非常活跃的研究领域，比如人们开始细分一些细微的情绪，如感恩（gratitude）、敬畏（awe）、升华（elevation）等，积极的道德情绪研究很多。我个人觉得对于这些道德情绪的细分有其价值，但是关注较早提出的诸如厌恶（disgust）这种情绪反而可能更有意义，它们对人们的身体和心理进化颇有意义，还有羞耻（shame）和罪恶（guilt）等，这些情绪具有高度的文化敏感性，这些道德情绪对于道德研究更加有趣和深刻。

《心理新青年》： 到底是情绪还是推理在道德判断中扮演的角色更为重要，心理学家颇多争辩。目前关于这个争论，研究者是否具有共识？如何认识这个问题，以便更好地推动实验伦理学这个领域开展新的研究和探索？

喻丰： 我觉得在心理学最初阶段，大家的看法通常是比较极化的，比如20年前提出情理问题的阶段。当前大家对这个问题具有一定的共识，一般共识多半是折中的，肯定是认为两者都有，不过在具体的研究中会有不同的侧重，很少有人会试图建立模型去统合。当然，很多道德心理学家写了著作来强调情绪扮演的重要角色。举一个例子，纽约大学商学院教授乔纳森·海特提出了道德直觉主义模型（moral intuitionism model），认为人们进行道德判断，首先是第一思维系统发挥主要作用，并不直接关乎内部严谨的逻辑推理。做完决策之后，人们会进行事后推理（post-hoc rationalization）。然而有趣的是，尽管目前情绪过程稍微占据主导地位，但是在这个整体的格局和态势之下，也有不少学者依然捍卫道德推理的重要性，比如哈佛大学心理学系教授约书亚·格林（Joshua

Greene）和耶鲁大学心理学系教授保罗·布鲁姆（Paul Bloom）等。我其实希望大家更多地去研究理性成分，因为人们未来将会生活在人工智能时代，机器将会取代很多人类的重复性工作，计算机将会学习和模拟人类推理的过程，这个过程必然会涉及道德问题。从这个意义上说，理性的研究更加重要。当然，对于我们的道德心理学研究本身来说，情绪和推理都是有影响的，但是一个好的理论应当是简约的。因此无论从哪种视角来研究都可以，但是需要研究者能足够地意识到自己的侧重角度和理论假设。

《心理新青年》：第三个议题是情境亦真亦幻，您如何看待道德领域的特质（character）与情境（context）之争？

喻丰：这是伦理学的一个大问题，情境主义和美德伦理学其实长期存在争辩和分歧，只是道德研究者把心理学的特质与情境之争放在道德范畴中进一步加以演绎。他们的主要争议点是，情境主义者认为人有基本的归因偏差，更多地将道德归因到个体的特质层面，也就是说，某个人本质上是个好人还是坏人。由于人们倾向于内归因，所以误以为人们存在实质的美德。但是研究发现，美德在具体条件下并不能预测道德行为，而是一个特定情境下的具体条件才能决定人的道德行为。比如，一毛钱现象、米尔格拉姆服从实验等用实验证据说明社会情境对人们的行为影响很大。但是，美德伦理学家认为人的美德是有基线的，在平均数水准上起作用，在不同情境下都会表现得更加善良。这些稳定的特质其实具有跨情境一致性。当然，这就涉及美德到底是什么。亚里士多德认为的美德，不是简单的道德特质，而是人们对情境的基本反应，包含了理性推理的过程。而且，他认为具备美德的人其实是很稀少的，100 个人中可能只有 1 个人真正具有美德。美德伦理学家们采用的论据更多来源于哲学理论，他们对于历史资料的诠释和解读也不是直接的实证证据，而情境主义的证据因为大多基于社会心理学实验结果，相对比较具象，比如微小情境的影响，大家更加容易理解。但其实仔细查看，其效应值也不是很大。所以，我希望美德伦理学家能够更多地整合心理学层面的证据来回应情境论的质疑和挑战，这样两边可以更好地开展对话。我的个人观点是，在一个特定的社会情境下，情境对人们的道德行为影响更大，但是如果收集一个人的多个样本点，美德可能在平均数层面上影响更大。所以这两者其实并不矛盾，当然我们需要更多的研究来佐证。

《心理新青年》：第四个议题是文化有分有合。我们应当如何理解道德心理的文化普适性和特异性的问题？

喻丰：我认为文化之间的相似性大于差异性。心理学家已经寻找了一些文化维度来比较心理与行为的文化差异。我们其实可以不考虑文化的因素来研究道德问题，文化可以作为调节变量。关于文化特异性，也有很多值得研究的问题。比如，我比较关心的问题是道德相对主义。道德相对主义者认为，道德其实并不存在一个亘古不变的真理，它会随着环境等外在因素的变化而变化。有趣的是，我们当下所处的时代，价值观差异很大，比如城市和农村、不同社会阶层、不同地理区域等。在现代社会人们之间的接触更加容易，会不可避免地涉及互相的道德判断和价值冲突的问题，那么就会涉及道德相对主义的问题。美国哥伦比亚大学商学院的研究者陆冠南（Jackson Lu）及其合作者发现了一个有趣的现象，人们的多元文化经历可能会引起道德相对主义的提升，从而增加人们的不道德行为。道德相对主义也和辩证思维有关，促使人们更加容忍矛盾。但是道德相对主义也可能存在积极的一面，比如促进世界更加和谐。多元文化经历可能会减少人们的道德绑架，人们不会把自己的价值观强加给别人，所谓"己所不欲，勿施于人"。

关切道德，探索人性

《心理新青年》： 喻教授谈论的这些议题和观点都非常有趣和深刻。是否可以给大家介绍一位您最喜欢的实验伦理学家以及原因？

喻丰： 我很欣赏的一位美德伦理学家是荷兰代尔夫特理工大学的哲学教授马克·阿尔法诺（Mark Alfano），他是我的一位国际合作者，我曾经邀请他来参加中国国际积极心理学大会。阿尔法诺对我影响很大，因为他不但是一位哲学家，擅长思辨，而且很喜欢各种实证取向的研究方法，这令我感到非常惊喜和意外。我们目前有一个合作研究，希望了解人们价值观的聚类，比如收集外国的讣告、中国故宫博物院的历代碑文，其中包含了人的许多善良品质。我们采用自然语言学的处理方式，做聚类、可视化，进行时代比较、文化比较等。他的思考方式和研究范式颠覆了我对哲学家的刻板印象，对我颇有启发。

《心理新青年》： 那么，上升到宏观层面，您认为为什么当下的时代，我们需要研究实验伦理学？它能为我们关于道德问题的理解、改善和教育做出什么样的贡献？

喻丰： 首先，仓廪实而知礼节。在物质丰裕的时代，人们更多地开始关注道德、价值观等精神层面的问题。因此，我们需要研究道德问题，提供简约有力的解释。其次，科学的实验方式对于我们研究和理解道德问题非常有价值。传统的伦理学家认为样本能代表总体，传统的社会心理学家理论思考不够深刻，而实验伦理学可以有机地结合深刻的问题和严谨的方法，对于这个领域的知识积累非常有益。关于如何提高人们的道德风尚，这个问题其实很难，但是我相信实验伦理学可以为人们提供一些线索和洞见。举个例子，纽约市立图书馆的伦理学书比其他科目的书丢失数量更多，而通常情况下，只有研究伦理学的学生、学者才会借阅伦理学方面的书，这可能说明传统的教条式的道德教育非但没有减少不道德行为，反而会提高人们道德狡辩的能力。这些证据也许可以告诉人们，满腹经纶的人基于道德许可（moral licensing）现象反而会做出更多的不道德行为，灌输抽象的道德说教反而会适得其反。关于是否能够影响公共政策的设计和制定，我觉得需要非常谨慎。一个具体的政策会影响十几亿人的实际生活，因此并不能由心理学家简单地拍脑袋决定，一定需要不同领域和部门的人们共同努力去推动，这个过程需要长时间的思考和谨慎而为。但是，心理学家可以为政策制定者提供科学依据和参考，阐明中国人的价值观究竟发生了什么样的变化，哪些人变得更加个体主义，这些问题为什么值得政府去重视，但是政府是否能够真正重视，如何制定具体决策等现实层面的问题，可能已经超越了心理学家的能力范围。

《心理新青年》那么，您如何看待人们经常谈论的"道德爬坡"及"道德滑坡"现象？

喻丰：因为缺乏直接的实证依据，因此很难说哪些是道德爬坡，哪些是道德滑坡。我之前做过谷歌大数据分析，发现一定程度上道德并没有经历很大程度的滑坡。那么，为什么会有这样的心理感知？我的看法是，道德不是一元的结构，而是存在很多不同的维度。我们的时代每天都在变化，那么时代所要求的道德标准也会随之发生变化。但是，人们内心的标准和尺度通常是相对滞后的，因此，人们倾向于采用旧的道德标准去衡量新的道德现象，这种心理过程可能导致很多人产生人心不古的幻觉。有趣的是，心理学发现，人们普遍存在消极偏见，消极事件更能引起人们内心的共鸣，所以人们对负面的道德现象更加关注和敏感，另外，媒体对不道德现象的频繁曝光也是一个加剧因素，比如食品安全、人心淡漠等。

《心理新青年》： 道德心理学研究者应当如何与老百姓沟通和交流这个问题？

喻丰： 我会建议大家不要过早下结论，道德判断一定要有一个相对比较的过程。我会建议大家仔细想想，历史上唐朝、清朝等阶段的道德状况一定比现在更好吗？另外，这种心理过程可能满足了人们的特定心理需求，比如人们的怀旧需求。很多人认为过去的日子总是美好的，对于逝世的人，联想更多的是其善良的一面。

《心理新青年》： 道德心理学家如何设计相应的组织、体系、策略或者工具，帮助我们增加道德行为，减少不道德行为？

喻丰： 国家智库的组织和学者已经提出了很多建议，但是我个人认为，不应该是泛泛而谈，而是要提出能够有立竿见影的效果的建议。其中一个重要的原因是，实验室情境的结论很难直接推广到人们具体的生活实践之中，这中间存在很大的鸿沟。但是，也有一些道德心理学家开展了非常有益的尝试，比如我刚刚提到的海特教授建立和运营了一个非营利组织，通过开展很多线上、线下的项目和活动来减少道德领域学术界和工业界的壁垒，帮助政府部门、企业组织、社区、管理者、从业者和普通人改善道德实践。

《心理新青年》： 那么，您如何展望实验伦理学的学科前景和未来蓝图？

喻丰： 总的来说，我希望这门学科的进展更大一些。比如我刚刚提到的道德相对主义问题，其实偏向伦理学，而不是心理学。我非常希望能做点中国文化特有的东西，主要基于以下四个原因。一是中国文化历来非常强调伦理道德，所以存在很多可供研究的素材和资料。从古代到现代，诞生了很多和西方文化不太一样的观点和思想，都值得我们仔细探究。比如中国人非常重视关系，伦理就是关系之理。很简单地思考，我们对关系好、圈子内的人具有更加宽松的道德原则，而关系远、圈子外的人具有更加严苛的道德判断，所以我猜想中国人更拥有一种熟人道德，而不是陌生人道德，这也许会使整个社会有变得淡漠和冷酷。二是当下的文化变迁一定会对人们的道德心理产生影响。远古时代，人们主要采用农耕生产方式，圈子很小，大家互相都熟悉，圈子之间接触不多。现代化、工业化的社会，人与人之间更加独立自主，你也不认识隔壁的邻居了，但是不同的价值观却频繁碰撞。所以，我们可以通过对不同时空变迁程度的社会加以比较，观测人们的道德价值观如何随之变化。三是全球化进程、多元文化经历如何影响人们的道德观念，比如不同文明之间的价值观发生冲突的时候，道德相对主义会不会更加极化。再比如，多元文化的不同体验或者文化混搭的不同形式如何影响人们的道德判断与行为，这些都是非常有趣的现象，而且是我们实验室正在做的研究议题。四是道德心理存在多个面向和维度，探测的角度不同，得到的结果可能具有差异，比如，道德认知、道德情绪、道德意图和道德行为。我认为道德行为最为值得重视，因为道德心理学家的终极目标是希望能够引导社会中的人，塑造其道德行为，这便涉及如何开展行之有效、有中国特色的道德教育等。

综上所述，我认为在所有社会心理学的研究领域和主题中，道德议题是最激动人心、最丰富深刻、最能真实反映人性的那一部分，而在所有伦理学的研究范畴中，实验方法是最为新颖有趣、科学严谨的范式。所以，我希望更多对这个领域感兴趣的学生、学者来参与和探索这些有趣而深刻的道德问题！

如何研究实验伦理学?

《心理新青年》：您提到，实验伦理学是心理学和伦理学的交叉领域，并且是在实验哲学的背景下应运而生的。不能博古，无以通今。纵观所有社会科学领域，您认为哪些已有的成熟的理论基础可以继续沿袭并且发扬光大？

喻丰：道德问题本质上是伦理学这个学科首先关注的问题。既然我们希望探讨道德，所以西方伦理学的理论应当都可资借鉴。西方规范伦理学，无论是功利主义（utilitarianism）还是义务论（deontology），都在强调使用一种规则作为行为之准则去指导行为。美德伦理学（virtue ethics）不同于功利主义或者义务论，在这个时代或者在更古老的亚里士多德时代，它较为流行。功利主义和义务论落脚在行为的规则上，而美德论落脚点在人身上。有意思的是，电车难题（trolley problem）将功利主义与义务论这两个理论的准则做成了同一个维度的两极。其实我想，道德判断应该是多样化的，大量心理学研究以这两个理论的规则作为维度的两极来当做因变量，其实人们面临不同的情境，可能会使用不同的道德准则。从 20 世纪 60 年代开始，美德开始复兴，美德伦理学关注人本身，呈现出对亚里士多德思想的回归。这有很多原因，也掺杂有对现代规范伦理学的不满。比如道德运气（moral luck），举个伯纳德·威廉斯提的的例子，画家高更抛妻弃子，在一个孤岛上钻研绘画技巧，判断他这个决定是不是道德的也许是基于他是否能够成功，这不由规则而来，由外在的运气决定。有趣的是，无论是美德论还是道德运气，都与以功利主义和义务论为主的规范伦理学有所区别，美德伦理学当然更加注重内部归因，而后者当然更加注重外部归因，这在某种程度上也彰显着范式转移。规范伦理学是个规范性问题，与之相对的还有描述性的伦理学，比如元伦理学（metaethics）、道德相对主义（moral relativism）。我不是伦理学家，如果你非要我选择一个我喜欢的，我想功利主义值得借鉴，因为更多时候它更方便计算，更适合应用于实证研究，比如用金钱或者代币去量化等。

实际上，更有资格来谈伦理问题的应该是中国人。我想，谈中国文化绕不开道德。我们在现实中始终保持着我们的"礼"，保持着克己复礼的仁义关系，父子、君臣、上下级之间不能僭越，这是我们做事情的信条，是我们的道德。以此为核心，中国当然有自己的伦理学体系。2000多年前孔子已经提出了很多我们应当怎么做的道德行为规范。既然我们是中国人，这些思想就对我们最有借鉴意义，考虑中国人的道德判断时，道德直觉是否起作用？又来源何处？我想，这些都是有趣的问题。

另外，心理学领域早期的基础理论对道德研究都具有一定的借鉴意义。比如，人格与社会心理学领域的"人-情境"之争很大程度上和伦理学中美德与情境主义的争论一致。当然还心理学有关"理性-情绪"还有诸多解释。你要问我直觉与理性何者重要，我想首先直觉很重要，作为第一思维系统它对道德判断和行为的作用很大，这在近期的社会心理学研究里被广泛研究，也包括情绪及进化而来的非理性因素等。其次，虽然理性在近期道德研究中被削弱了，但是我觉得理性成分应当重新被重视和更好地审视。下一个时代一定会是人工智能大面积取代人类进行简单重复性劳动的时代，当然也许会取代得更加彻底，那么此时理性便能够起作用。比如基于一种功利主义原则，我们制定算法，让一个机器习得道德规则，当然这只是个例子，功利主义容易编成程序，也可以根据人类行为通过机器学习让其习得规则甚至人类情绪，但这终究不是人类情绪，只是规则化的模拟情绪而已。从某种意义上说，柯尔伯格、图列尔等人的理性理论其实更容易帮助我们制定抽象规则。当然我们都知道无论情绪还是理性都对道德有影响，不过纵观心理学历史，折中的理论其实没有太大的生存价值。心理学史上的理论家，通常都是把某一方面推向极端，才能名垂青史。比如华生，他何尝不知道除了环境，个体当然也会影响行为，但他的行为主义理论是极端的。

道德心理学还有很多理论模型，比如乔纳森·海特的道德基础（moral foundation theory）、约书亚·格林的双过程理论（dual-process theory），还有诸如菲尔利·库什曼（Fiery Cushman）、杰瑞米·弗里默（Jeremy Frimer）等人也都试图提出很多微小理论模型或者不同范式来描绘不同类型的道德判断过程。但你问我的偏好，我个人偏好库尔特·格雷（Kurt Gray）的二元道德理论（the theory of dyadic morality）。一是因为它是简约的，二是因为它直接考察了何以为人的问题。他和丹·韦格纳（Dan Wegner）发表在《科学》上的文章用了一个简单的因素分析出两个人的基本维度——能动性（agency）和体验性（experience），你看着很简单，但是研究结果描绘了朴素认识中人的知觉与心灵存在的维度。人工智能不是总想知道它们何时可以乱真吗？图灵测试就在这样做，但是格雷的维度实际上告诉我们，人的问题远非那么简单。人们都知道库尔特·格雷和乔纳森·海特及杰西·格雷厄姆（Jesse Graham）的道德基础理论是冲突的。有趣的是，我记得之前海特来中国时访问了清华，我曾经和他交流过这个问题。我说格雷研究中的具体特征其实是预先设定好的，如果那个研究在中国做，结果可能会非常不同。因素分析只会聚类出结构，但是无法改变项目中所隐含的意义。你如果先抽取出中国人对于人的定义性特征，中国人可能会回答：人是使用工具的、人是独立行走的、人是社会关系的总和，这都是我在清华教课时学生给出的答案。能动性和体验性明显偏向纯粹个人的维度，而在定义人时，中国人身上可能包含更多集体层面的维度。在我们的中国文化中，一个人不仅是道德主体（moral agent）或者道德客体（moral patient），也同样是社会关系的总和，是社会角色的叠加，这是明显可以得到的结果。这个结果能作为反驳库尔特·格雷的二元道德理论的证据，我在清华做了此研究，海特相当赞同这个看法。当然，社会学、人类学等相关学科的基本理论也可以为我们提供理论基础，比如埃米尔·涂尔干（Emile Durkheim）、理查德·施瓦德（Richard Shweder）、阿兰·费斯克（Alan Fiske）的理论等。

总结起来，其实凡与道德相关者均开卷有益。

《心理新青年》： 那么您认为在相关学科中，哪些已有的实验范式可供未来的实验伦理学实证研究参考和借鉴？

喻丰： 第一，伦理学中经常使用的思想实验（thought experiment），我们心理学可以直接使用、改编和借鉴。比如经典的电车难题，便是把思想实验中的具体情境转换成实验室情境下的研究材料。然后加上是或者否的问题，比如诺布效应（Knobe effect），或者加上李克特量表作为因变量。根据研究假设，可以进一步操纵具体的自变量。

第二，经济学领域的研究范式，比如合作游戏（cooperation game）、信任游戏（trust game）等，不过它们的设计是去解决经济学问题的。我个人认为，这些范式虽然与道德相关，但是并不是严格意义上的道德问题。当然实验伦理学也可以间接借鉴，但是需要改良或者变式，进行更加严密的实验设计。

第三，社会学的大面积调查、长期跟踪数据及社交媒体和历史大数据可以为我们提供总体趋势和理论启示，但是大面积问卷的结果通常并非十分严谨，容易被过度解释。社会学调查一般不太考察测量本身的信效度，也不太注重因变量测量的标尺。基于经典测量理论，我们都知道问卷的项目并不是孤立的，它是依托于整个问卷而存在的，反应理论的项目才是孤立的。再者，心理学喜欢用李克特量表中的连续变量，但社会学调查喜欢用分类变量，这有时会强行将分类变量变成连续变量，或者将连续变量强行分类，比如 1 ～ 7 个等级强行分类成同意、不置可否与不同意，或者将 7 个等级转换成 3 个等级（1，2，3 变成 1，4 变成 2，

5，6，7变成3），这在逻辑上实际已经改变了回答者的原意。因此，这些社会学大面积调查在数据量上非常有价值，但是在项目和测量的尺度上不太精细化。心理学反而在具体操作上很精细，但是通常在取样和样本量等方面有严重不足。这二者一定需要相互结合，精确的心理学实验可以基于社会学大规模的结果来提出研究假设。更值得仔细注意的是，通过社交媒体、历史资料等一系列文化存在进行的精细大数据分析，应该能为这个领域提供更多、更有价值的思想来源。

第四，社会心理学的情境实验范式。它最大的优势在于它最符合实验哲学的研究范式，因为它直接考察普通人的朴素直觉（folk intuition），而且操作过程相对简单，劣势是它是假设的人工情境，并不符合人们真实情况下的反应。

第五，典型的心理学问卷方法，这里涉及两个关键问题：一是问卷本身的信效度如何；二是道德问卷不容易测出人们的真实想法。编制问卷的动机至少有两种：第一种是通过问卷去界定概念，第二种是通过问卷去测量概念。这是不同的。对于前者来说，如果事先不清楚普通人如何看待某个概念，那么这时编制量表是在界定一个概念。概念如何界定？概念可以通过实证的方式来界定，其中一种就是编制问卷。到这里你就知道这个概念的外延是通过项目（items）来定义的，我仅仅看项目就能够明白这个概念是什么，概念就是由测量来界定的。但是道德心理学里大多数问卷都不是这种，是先有理论或概念，根据这个概念去编制测量工具。比如道德基础问卷（moral foundations questionnaire），是先有概念，再有问卷。所以理论概念和实际测量之间可能存在一定的差异，因为它们是不同的。

第六，经典认知任务，采用反应时或其他方式来测查。我的博士论文做过一些这种类型的研究。

第七，真实行为任务。我认为这是最聪明的方法。测量道德行为是反映人们真实道德过程的最好方法，比如斯坦福监狱实验或测量撒谎（lying）和欺骗行为（cheating）的矩阵任务、同义词任务等。它的优势在于它是心理学家能够测量的最为真实的道德行为，但是局限在于这些任务通常都设计为欺骗行为，它只能考察非常有限的道德问题，大多数没有涉及伤害、公平等重要的道德范畴。当然，也许传统的攻击范式可以供我们借鉴，选择枪支、撕纸、吃辣酱、评分等各种方法也许都能进行道德化的改编。我想我们接下来努力的方向，应当是探测中国人在实验室情境下的真实道德行为。我的观点是，至少要尝试伤害、公平等各种道德维度。

第八，目前大为盛行的神经科学和生物取向及新兴技术等，我个人认为基础水平的证据能够反映出的心理过程较为底层，直接回答的问题更多是神经生物层面的问题，而非道德这样更深层的问题。当然不严格地说，也可以简单看作认知任务的延伸。这些证据是否比行为实验得出的证据和其他心理学方法更有优越性，这其实是非常值得商榷的。对于道德问题来说，也一定需要神经层面上的证据，但是不要迷信，过度强调它的结论和发现比行为实验更加具有说服力可能有点过度推论，理论假设与思考才是最重要的。

《心理新青年》：那么您认为，用社会心理学家的身份去探究实验伦理学，如何突出社会心理学的视角和特色？

喻丰：首先，纵观社会科学，唯有心理学采用严谨的实验范式来做研究，其他社会科学更多采用的是实证，而不是实验，所以心理学为之提供了独特的实验范式。其次，道德议题本身也是社会心理学的研究范畴，你可以看见道德话题在心理学文摘数据库（PsycINFO）中的检索量在排除了总体问题数量干扰之后还是逐年提高的。在近几年的人格与社会心理学年会中，道德总是一个相对热门的话题。最后，心理学基于普通人的直觉平均数得出的结论可能与哲学家得出的结论完全不一样。哲学家是有智慧的，他们也许不相信普通人的直觉，而是关注自己的思考。但是心理学只关心平均数，我相信这个差别会带来完全不同的结果。也许可以对伦理学的思想和假设加以证实或证伪，或者至少给智慧者提供思考的余地，这也许可以推动这个学科的发展，也是社会心理学家可以做出独特贡献之处。

《心理新青年》：目前为止，您认为实验伦理学为我们带来了哪些贡献和启示？

喻丰：首先，这个学科挑战传统的伦理学理论和发现，能够得到新颖的发现、结论或启示。因为普通人在平均值附近，而哲学家在标准差之外。其次，用科学的方法来研究伦理问题具有很强的象征和变革意义。亘古不变的道德议题从哲学家的躺椅上转交到了社会心理学家的实验室里。这种变革的核心在于其所推崇的科学价值可证伪、可重复原则等。最后，对于心理学研究者来说，这个学科开阔了社会心理学家的眼界，开辟了一些新的道路和空间。心理学越做越细，当然每个学科都一样，以至于在刚开始发展之时可供研究之物俯拾即是，而现在提出问题都殊为不易。社会心理学家最初关注低阶认知，比如社会知觉（social perception）等，逐渐探索高阶的、更加精神性的问题，比如道德的、宗教的、人性的、政治的、审美的、创造的问题等，当然，这些视角也更能体现出社会心理学家的思想深度和人文关怀。

要说启示，我想实验伦理学给我们带来的启示包括以下几点：第一，它可以很大程度上扩展伦理学家的视野和丰富伦理学的研究，实验伦理学家更加关注普通人的道德观念和心理状态，并且从实验角度出发来思考伦理问题和从思辨角度出发来思考伦理问题大不相同；第二，它可以促使心理学家更加关注和探究深刻的人性；第三，"是"（is）的结论也许可以为"应该"（ought）的问题提供一些支持和帮助，为传统伦理学家的结论与推导提供实证依据，提供更多对话性的研究；第四，在实践层面上，如果我们能够发现一些稳定的规律，便可以为政府机构或企业领导提供科学参考，并且可以帮助普通人更好地理解自己、他人和社会的道德心理模式。

《心理新青年》： 在可预见的未来，实验伦理学主要面临哪些局限和挑战？

喻丰： 首先，心理学家和伦理学家之间非常缺乏沟通，哲学家不会也不屑做实验，而心理学家大多不懂也不愿意思考哲学。其次，尽管实验方法非常严谨，但是也存在局限，比如生态效度问题。因此，它的代表性和推广性较低，所以不能直接应用于人们的实际日常生活。最后，哲学家也许会认为心理学家通过实验获得的答案，他们早已通过思辨得到了，做它干什么？心理学家通过大量的实验得出的结论可能仅仅证明了哲学家的思辨和直觉。不过，我个人认为，即便是最简单的心理学效应也是有研究价值的，所有科学结论都必须得到实验的检验，何况心理学研究经常发现反直觉的结果。甚至可以说，实验才是检验真理的唯一标准。而且，哲学家思辨的结果也可能是随机偶然、运气使然。即使是源于聪明绝顶的哲学家的知识积累，那也仅仅是个体性的，在科学的标准中是无法证伪的。即使一个聪明人的想法胜过一群普通人的想法，我们也需要知道普通人的想法，因为这世界上普通人多啊，你我皆是。

关于实验伦理学的未来发展方向，这里提出以下几个个人化的想法，以及我和我的团队正在进行的研究。第一，未来研究可以更多关注伦理学的多元化理论，比如功利主义和义务论是否可以作为两个独立的维度分开考察，道德判断作为因变量的类型也应该进一步细化分类，因变量一定要更丰富、多元。第二，基于中国文化的独特性，研究如何来刻画中国人的道德心理。我个人比较关注的维度是基于伦理学视角的关系主义。认知观、价值观、自我观导致的文化差异都可能对道德判断与行为产生影响。除此之外，我们也可以关注地理环境、生产方式、气候条件等与文化起源有关的因素，这些角度都能对应抽取出道德维度的差异，但是我们需要寻找一个好的概念和话语体系来描述这些差异，进而来描述中国人特有的道德心理现象。找到一个特有的中国化的维度与术语体系是下一步最需要做的事情。第三，美德如何来分类需要更多实证研究。这方面的研究目前比较少，比如积极心理学领域中塞利格曼和彼得森提出的品格优势（character strength）是基于理论而非实证的。有趣的是，我自己曾经做过美德分类，但是结果并不令人满意，我发现美德并不能很好地在实证上聚类，而"恶德"可以。这可能是因为美德是有整合性的，我在自己的文章里称之为美德的"安娜·卡列尼娜效应"，即有美德的人都是相似的，而作恶的人各有各的恶。我希望找到一种良好的在实证上对美德进行分类的方法。第四，人工智能的道德问题值得我们探究。信息技术的发展极大地改变了我们的未来，科技革新的速度远超想象，并带来了一系列道德问题。《科学》上有文章探讨了无人驾驶汽车的道德问题，而实际上这个问题我们实验室都探讨过，现在我们实验室也在进行机器人的拟人化和道德判断的研究，其他诸如如何使用深度学习的方式训练机器习得道德规则、训练何种规则、如何个性化甚至如何训练计算机的道德直觉与情感，也都是有趣且有用的未来研究方向。

寄语青年一代

《心理新青年》：非常感谢喻丰教授为我们带来的思想和启迪！在喻教授及其团队的共同努力下，相信会有更多有热情、有潜力的年轻学生、学者投身这个领域。可否谈谈对于青年学子而言，应当如何开展扎实的学术训练？又如何做到既有传承又有创新？

喻丰：其实我也没有什么经验和积累，就厚着脸皮和大家分享一下吧。首先，要积累理论知识，了解相关理论和研究的来龙去脉。我要求我的博士生每天至少要阅读一篇我指定的文献，撰写报告并在我实验室的群里分享，供大家讨论，这是基本功，也是基本训练，没有读几百篇文献不要空谈研究。其次是方法的自我训练。通过阅读去学习别人都是怎么解决问题的，不能空想，必须结合自己在做实验过程中遇到的实际问题去不断思考。最后，不要盲目相信和神化权威，要多看多想，保持自信。我鼓励学生的原创性甚至偏执的想法，一定要随时质疑和批判，包括自己的导师，这没有什么，我也经常想错和说错，学生也并不见得就比我想得差。我希望大家能够秉持一种信念，就是所有人的看法和观点都是有漏洞的，希望大家多批判、多质疑，不要神化任何人的理论，亚里士多德不是神，导师也不是神，所有观点都有值得商讨的空间。同时，希望大家能够经常尝试从各个方向和各个角度来思考一个问题。当然在批判别人观点时，一定要尽量了解清楚别人的观点，要有足够多的知识积累，不能说我不了解他就觉得他不对，说他不对时你需要知道他是那个领域的专家。

《心理新青年》：可否为大家推荐一下迄今为止对您个人影响最大的三本书？

喻丰：第一本书是《红楼梦》，小学时我爸爸给我买了本少儿版的，我反复看了多遍，直到初中时读了原版的，发现差别真大，我至今记得中学时躺在床上彻夜读它、背诵其中诗句的样子。我基本上对待各种事情都比较能保持平静的心态，现在想起来觉得多半是受《红楼梦》的影响。大的时代背景会让你在时间观上趋向于远端，而觉得人生短暂，自己也渺小，何必在意太多事情。书中把盛衰之间人心、人情、人欲的变化刻画入微，也让人觉得其实人挺荒唐的。"陋室空堂，当年笏满床，衰草枯杨，曾为歌舞场。"不就是这样吗？没什么好争的。像杨绛先生所说，和谁都不争，和谁争都不屑。我认为读读小说或者传记也挺好，自己一生只能活一次，读本小说似乎也过了别人的一生，很划算。第二本书是《唐宋词选释》，我小时候在家里的书架上找到了这本书，然后一发不可收地背词玩，读书时喜欢拽些词文多受此影响，现在没事也写诗写词，但是不再刻意去为赋新词强说愁，写文章时也更喜欢平实的语言。后来发现它其实有个好处，即出其不意地让你随意写出满分作文，也潜移默化地影响你的文章写作。学术嘛，不写作就意味着没有发表，也就意味着死亡，这比什么都可怕。第三本书是《故事新编》。我小时候读不懂鲁迅，觉得他语言不华丽，文章又不知所云。直到看了《故事新编》，我感觉到了其有趣与幽默，慢慢有了些经历和思考，再读他的其他文章，才能在字缝中读出"吃人"，对中国人心理的刻画莫过于他。

《心理新青年》： 最后，您对心理学青年一代的学生、学者有何祝福和寄语？

喻丰： 心理学在外人看来是个小学科，但是学科内部的领域、理念、流派、对象、范式、方法、手段都大相径庭，有时候分支领域间的交流甚至存在困难。这是一个科学与人文交融、生物与社会叠织的有趣领域，希望大家能超越单纯发表文章，去追求思想愉悦，同时理性平和地看待各分支、各方法，各美其美，美人之美，美美与共。

第六章

张建新：

科学范式与人文思想如何百花齐放？

学者简介

张建新，中科院心理所研究员，博士生导师。曾任中国科学院心理研究所副所长，中国心理学会副理事长，中国心理卫生协会副理事长。现任中国社会心理学会会长，中国心理学会心理测量专业委员会副主任，中国心理卫生协会青少年心理健康专业委员会主任，国际心理联合会执行委员会委员，亚洲社会心理学会前任主席。研究领域为人格与社会心理学、心理测量学与健康心理学。张老师及其合作者提出的"大六"人格模型为描述和解释中国人的人格结构提供了本土化的探索和尝试，推动了中国本土人格心理学的发展和进步。

第二篇　扎根中国·影响世界

张建新

我与心理学的不解之缘

《心理新青年》： 首先，请您跟大家分享一下您的个人经历和学术生涯。从北京大学到香港中文大学，然后到了中科院心理所，一路走来，是什么样的机缘巧合促使您走上心理学的探索道路呢？

张建新： 这很可能是冥冥之中的安排，注定我这个人一辈子就要做心理学。1977 年恢复高考，当时大学有两个录取分数线，一个是为应届毕业生设置的，一个是为社会考生设置的。应届毕业生的录取分数线要远高于后者，我差几分没有考上 77 级大学本科，于是相隔半年再参加78 年高考。1977 年报考时，我按照老父亲"未来做实业"的愿望，填写的是某著名工科大学。而 1978 年填写第一志愿时，我则遵从了高中语文老师的劝导，报考了北京大学心理系，然后就被录取了。我当时为什么第一志愿选心理学呢？因为我读的是理科复习班，但内心还是对哲学比较感兴趣。恰好北大心理学系是从哲学系分出来的，且是第一次从理科类考生中独立招生。所以机缘巧合之下，我就顺从自己的兴趣，从理科这边选了一个跟哲学有点关系的心理学。实际上，当时没有几个人真正清楚心理学是研究什么的，又是如何研究的。我就这样作为北大心理系78 级第一批统招本科生，懵懵懂懂地进入了心理学这个领域。

4 年大学期间，中国老一辈心理学家如唐钺、周先庚、吴天敏教授等都给我们亲自上过课。当然，当时主流心理学的概念、理论甚至实验的手段都还是从苏联传过来的，记得我在当时北大的动物实验室、生理实验室里，做了很多以狗、老鼠等动物为对象的经典条件反射研究。那个时候认知心理学还没有传到国内来。我上到大三的时候，中美开始交流了。1980 年，改革开放后第一个美国心理学家代表团到中国来访，并到北大心理学系参观和访问。

从 1980 年开始，中国心理学人才知道，西方心理学中还存在着一个被称为认知心理学的学派，且已经发展和引领心理学多时。因此，整个中国心理学就开始有了历史性的转向。随着与美国心理学界的交流逐渐增多，很多新的概念、理论和研究手段等都从美国传入了中国。认知科学、人工智能、皮亚杰、马斯洛等都被人们逐渐认识和熟悉。但现在回头看，当时的中国心理学的重心其实还是偏向巴甫洛夫的行为主义心理学。

北大毕业后我到中科院心理所工作，前 5 年时间主要在科研处从事外事管理，曾经为潘菽和徐联仓前后两位所长翻译过与外国专家的通信。后来又是一个机缘巧合，我到了香港中文大学心理系读了 3 年，拿了硕士学位。当时的香港因为历史原因，比中国内地更接近西方的教育体制，接触更多西方的科学与人文思想，是一个中西文化汇聚的地方。因此，在香港中文大学学习的头 3 年，对我来说是一个大开眼界看世界的 3 年。毕业后我回到心理所开始做人格研究，包括参与修订美国著名的人格与临床测验 MMPI 等。这意味着我正式加入了人格社会心理学领域的研究队伍。3 年后香港中文大学心理系开始招第一届博士研究生，于是我又把握住这个机会，到香港中文大学完成了博士学位的学习。在香港中文大学的后 3 年，对于我来说，是一个真正思考心理学及其对中国发展意义的 3 年。我的硕士导师是彭迈克（Michael Bond）教授，他那时已经做了大量关于中国人的社会心理学研究，是相关领域国际心理学界的先行者和领头人。在他的指导下，我进行了有关殊化信任的研究，这算是国内最早开始的信任研究。我的博士导师是张妙清教授，她主要研究人格和女性心理学，研究问题都来自当时香港和内地的急迫需求，如心理咨询中使用西方心理（特别是人格）测验工具的问题。我加入张妙清、梁觉和宋维真老师的合作项目，并一起建构出首个本土化的中国人个性测量表（CPAI），引起国际人格学界的广泛关注。1997 年香港回归祖国，正好我也是那年博士毕业，所以我其实是跟香港一起回归大陆的。

自 1997 年 10 月回到心理所，我就一直工作到了现在。若从 1982 年北大毕业进入心理所工作时算起，我已经从事心理学事业 40 年了。

导师学识品格影响终身

《心理新青年》： 相信在您的学术生涯中，很多导师对您的学术的视角或者方法的训练等方方面面产生深远影响，能否谈谈哪些导师对您的影响最大？

张建新： 我的硕士导师彭迈克教授和博士导师张妙清教授学识精、深、闻名国际、为人师表，他们对我的职业生涯都产生了深刻的影响。彭迈克是加拿大人，他很早就对东方文化非常感兴趣，在日本熟悉东方文化后又转到香港中文大学，继续探索在东方文化和社会情境之中人及人群的心理。他用英文撰写的关于中国人社会心理学的著作在国际上很有影响，20 世纪 80 ～ 90 年代，他是该领域中被引用率最高的学者之一。张妙清老师是香港人，是一位大家闺秀，对于中国人在现代化过程中的命运及中国文化在其中能够发挥的作用等问题表现出中国学者高度的敏感性和敏锐性。她在美国明尼苏达读博期间做人格研究，待回到香港后发现，她在美国所学的概念、理论、思路与中国或者东方人之间存在着不小的文化差异。因此，她就决定要为中国人开发符合中国文化的本土人格测量工具。在香港回归前的特殊历史阶段，我的两位导师都充分体现出了香港的特色，那就是在当时香港的经济、社会和地理环境的大背景之下，香港的学者们都非常容易产生促进中、西文化交融的想法和追求。我受他们的影响，在内心深深地埋下了文化与人文的种子，心理学研究脱离不了研究者的文化之根，就像我们建构完成的中国人个性测量表一样，它是一个既有西方人格特质的概念又有中国本土衍生的概念的、中西合璧的人格特质测验工具。可以说，两位香港导师对我后来的心理学事业产生了重要的影响。我在香港读书的那几年，与中国台湾从事本土心理学研究的学者也多有交往，比如杨国枢、杨中芳、高尚仁、刘英茂、陈萱之等教授，他们对中国文化的特别关注以及对西方心理学某些结论的批判，自然也影响到我以后的研究。

如果还要提及一位对我影响至深的人，那肯定就是司马贺（Herbert Simon）教授。他在中国改革开放后很早就来到中国，并与中国心理学界、特别是心理所的荆其诚教授和北师大的张厚粲教授建立起了密切的关系。曾经有一段时间，他几乎每年都要来北京。因我早期在心理所从事对外联络与交往工作，也多次参与了司马贺教授的接待工作，还曾为他做过一次小范围交流的中文翻译。我是被赶鸭上架的，当时英语能力有限，且不甚了解认知心理学。回想当时的情景，我现在还忐忑不安呢。司马贺当时已经是诺贝尔经济学奖的获得者，是一位国际顶级学者。他在心理学、经济学和人工智能等方面知识的深度和广度是当时中国心理学界无人能及的，因此，他对中国心理学在几个领域的启动与发展做出了重要的贡献。他是一位非常谦逊和善、极为善解人意的老人。当时，各个领域的学者和学生只要找到机会，就会不断地向他提问，他总会非常耐心、非常清晰地予以解答，每次讲课时也总是不厌其烦地反复从最基础的概念讲起。真是让人无限感概，那样一位学识"顶天"的学者，本可以用一种"俯视"的方式去教导后学者，他却没有一点大咖的架子，十分真诚、亲切和平等地对待每一位求学者。当时中国心理学者和学生们大多还不能流畅地用英文进行交流，加之认知心理学还是一个全新的体系，提问者自然而然地会感到一些胆怯，不敢确定自己的提问是否被理解，自己的问题是否太过幼稚无知。但面对司马贺教授的提问者只会感到平等，能够很快进入问答情境，而不再被自己的英文水平所困扰。我记得，在司马贺教授的讲座上，提问者是最为踊跃的，尽管当时许多老外都反映中国学生不爱提问，十分含蓄内敛，难以交流。我从司马贺教授多次的讲座之中，认识到了科学心理学的深奥与美妙，同时又从他那既内涵丰富又谦虚待人的品格中见识到了真正高品位的人文素养。

科学心理学的学科历程

《心理新青年》：科学心理学有140多年的历史，社会心理学也算比较年轻，从1902年至今也就100多年。能否给我们梳理一下它的发展脉络，或者从您个人角度来看，它大概走过了一个什么样的历程？

    张建新：社会心理学在心理学从哲学独立出来的时候，并不叫社会心理学，比如在冯特那里，它最初被称为民族心理学。但是其整个研究思路和视角已经跟现在的社会心理学相差无几。冯特虽然创建了生理心理学实验室，但他的晚期专注于撰写大部头的民族心理学。当然，他思辨式的民族心理学并没有贯彻他的实验心理学思路，但已经显露出现今社会心理学的大致框架和思路。社会心理学后来从欧洲慢慢转移到美国继续发展，而美国的实用主义哲学对塑造社会心理学产生了很大的影响。美国社会心理学与欧洲社会心理学的一个明显的区别在于，前者一般聚焦在中理论（middle theory）或者小理论（mini theory），多是一些解释范围比较有限的概念体系。也就是说，美国社会心理学并不尝试建构一个宏大的理论体系，而是将研究现象的发生条件界定得相对清晰，其研究得出的因果或者相关结论均是在所界定的范围里加以解释。但欧洲社会心理学的思路还是遵循着欧陆传统理性主义的路线，希望能够建构出比较宏观、能够解释普遍现象的理论体系。

    在中国社会心理学会召开的几次研讨会上，我都表达出对欧洲社会心理学模型的倾心和亲近。中国传统学者皆不善于进行归纳分析，从某种意义来讲，中国人的整体思维方式与欧洲人理性演绎的思维方式似乎更近一点，至少在宏观问题的切入点上跟欧洲的风格比较接近。比如，欧洲社会心理学家提出的一些诸如社会认同、社会分层等概念就比较容易被我们接受。再比如，我们的学生写论文时，常常构想得非常宏大，比较容易想得满天飞，似乎凭借一篇论文就能解决某一具有普遍意义的问题。我们不太容易像美国人那样，在面对复杂的研究对象时，通过聚合思维尽快地把问题非常明确地界定出来，并明确回答问题的技术路线。

　　无论中国社会未来会如何发展，我认为中国社会心理学要考虑以下两点：一个是需要坚持科学实验的方式，因为科学心理学离不开实验的思路和方法论的规范；另一个是要向欧洲社会心理学家学习，坚持人文思辨对心理学发展的方向引导。这样才能够用科学与人文两条腿走路，真正找到并建构出能够解决当下中国人社会心理问题的理论体系。美国心理学研究之所以能够引领世界，其原因也在于它在科学坚持与人文坚守之间不断地进行竞争抉择。但美国的中、小型理论概念或许不能有效地解决中国的问题，毕竟它有经济、社会和文化的局限性，而且美国的理论模型有很多，常常相互矛盾或冲突，将其中的 A 模型或者 B 模型放到中国社会现实中时，似乎都可以部分地解释某种现象，但又似乎什么问题都无法得到根本解决。比如，有些学生写论文时会把两个模型都用上，结果出来以后，如果能验证前者，那就批判后者。所以这常常导致一种数据驱动的研究，其实就是研究者对于中国问题没有自己的想法。要想在一定程度上避免这种"拿着结果去找理论"，可以学习欧洲社会心理学的理论，从一开始就找到一个大的理论框架，只要觉得这个框架是有道理的，那就可以遵从这样的思路去进行研究调查。

中国心理学正发展

《心理新青年》：那么中国的社会心理学从民国时期、1949 年之后、改革开放，然后到现在是什么样的发展轨迹？

　　张建新：民国的时候，中国的心理学实际上还是学习美国的模式的，因为大部分民国时期非常著名的中国心理学家是从美国学成回国的，当然也有个别人，如蔡元培是在德国学习冯特实验心理学模式回来的。从现有的文献看，人们会发现在民国时期，社会心理学的研究力量比实验心理学、工业心理学和生理心理学要薄弱一点。当然，也有一些有趣的跨文化调查，比如最早有人在广州做过一个调查，比较了中国学生与美国学生的学习成绩，结果显示美国学生的学习成绩要更好一些。这个研究自然存在许多不严格之处，但其结论也反映出五四运动以后中国知识界普遍否定传统文化、缺乏自信、一切看西方的社会大背景。

1949 年以后的发展又可分为两个时期。第一个时期是 1949 年到"文革"开始，那段时期，中国心理学转变为学习苏联的模式。第二个时期是"文革"结束后到今天，中国心理学放弃了前苏联模式，又回到了美国模式。

现在回想起来，我觉得苏联模式并非一无是处，其实是有不少值得我们中国心理学家学习的地方。在苏联模式里，除了巴甫洛夫的条件反射理论有非常大的影响外，维果茨基、鲁宾斯坦、列昂节夫和鲁利亚等人所建构的社会文化理论和进行的实践研究影响也很大，甚至也得到了当代西方社会心理学家的认可。比如，维果茨基遵从历史唯物主义哲学的理念，把它贯彻到研究设计和成果应用之中，提出了发展与教育心理学中的"最近发展区"的概念。"最近发展区"概念很有创新性，它表示，一个人的能力测量应该不是一个点，而是一条线或者一个区域，这个区域就是受测者的能力发展空间。这个概念就包含了实践哲学：人从来都不是孤立的人，若他生活在一个有利于自身发展的社会条件下，比如有许多朋友的帮助和老师的指导，那么他因社会互动而获益的可能性就会大大增加。因而，一个人的能力实际上是其生物性和社会文化的共同组合，共同发展区便是其在社会实践过程中的增量能力。我们可以看到，这个概念融贯了马克思的历史唯物主义的实践哲学。维果茨基有很多的教育实践研究，就是按照"最近发展区"这个概念开展和应用的。很可惜的是，他很年轻时就去世了，否则他的研究成果还会更多。这就是苏联时期的社会心理学研究的一个例子，它自觉地把宏大的历史唯物主义的实践观纳入到整个研究设计和理论思考之中。

当然，美国的研究模式也考虑纵向研究。但是在进行纵向研究的时候，美国心理学家很多时候只是单纯地考虑时间维度，而没有考虑到在纵向时间中人的社会实践发挥的重要作用。西方人被维果茨基理论吸引的一个原因，或许就在于用理论解释生活实际问题时，不仅要考虑纯粹的物理时间，更要考虑人的实践活动的时间性，这样才能使理论更具有生态效度。

我们现在的研究还缺乏触及人心之本性和社会之本质的宏大理论的指导。很多人的研究很多时候都是数据驱动的，发放一个包含很多变量的问卷，然后收集并输入数据到统计软件，依照输出的结果去找相应的理论，唯独缺少了研究者对人心和社会文化的实质性思考。所以，关于中国心理学、特别是中国社会心理学未来的发展，我们既要向美国学习严格的分析规范，同时也要向欧洲学习宏观的理论视野。1949 年以后曾经有一些中国心理学家，包括潘菽、高觉敷等人，都曾尝试建立一个马克思主义的心理学。但是很可惜，"文革"的时候这样的尝试全部中断了。"文革"后，美国的认知心理学占据了主导地位，而认知心理学主要参考了计算机的科学模式，将人看成一种认知计算的结果，而忽略了人的主观能动性和对外部环境的实践操作。马克思说过，我们不仅要认识世界，更要改造世界，心理学更多是告诉我们，人是如何认识世界的，但人是如何在认识世界的同时改造世界、并在改造世界的同时更深刻地认识世界，则可能需要一种考虑了实践性和历史性的社会心理学。我们可以相信弗洛伊德的理论，为什么不能也相信马克思的理论，特别是马克思关于人的本性的哲学思想？为了中国社会心理学更好、更富有特色地发展，我们似乎应该思考发展方向的问题了。

中国心理学的本土化挑战

《心理新青年》： 就目前而言，中国社会心理学总体上既有本土模式又有欧美模式，您觉得它现在是个什么样的生态结构？

    张建新： 我认为现在最为突出的还是美国模式。现在做大数据研究很时髦，但大数据研究也有一些问题。如果用客观的指标做大数据分析应该是没有问题的，比如人群行进的路线和出行的时间，大数据研究会显示出一些新的行为模式。但是如果用大数据去研究人的心理特征，或许存在着一定的缺陷。其中就涉及测量的信度和效度问题，因为数据是主观反应的指代，但主观反应是否真实，数据指代是否可靠，其实是很难加以确证的。如果在网上进行抑郁调查，我们无法核查回答的人是否真地感觉抑郁了，也许他是在随便作答。有人会说大数据可以减少误差，但减少误差是在效度能够得到保证的前提下才有意义的。

    还有一个问题与研究的理论假设相关。我们的许多社会心理学研究都从英文文献中寻找问题，并遵循西方的理论概念推论出自己的研究假设。但源自美国的概念在回答和解决中国的现实问题时会出现不融合、不融洽的情况。虽然我们强调人类的共性，但是文化差异对人的心理和社会心态的影响又是不得不面对的问题。前面还曾提及过，美国社会心理学的理论多为中、小型理论，依据这样的理论进行实验研究所得出的结果，其解释范围和宽泛程度也会受到一定的限制。因此，尝试进行本土化的宏大理论思考，或许是解决社会心理学研究生态效度问题的一种可能性。

《心理新青年》： 杨国枢老师、黄光国老师、杨中芳老师等学者推动本土社会科学运动 30 多年，已取得举世瞩目的原创成果。但是，如果我们想要研究中国人的自我、中国人的思维方式或者中国人的伦理道德等方面的问题，想做适于描述、解释中国人的心理与行为的本土研究，到了操作层面，依然基于西方文献中的理论和假设，也要接受背后的哲学传统。但是，在概念层面，如果推翻这些假设背后的理论基础，又很难马上建构出一个新的理论框架。请问您怎么看待这个本土研究的难点？

张建新：我想可以从两个方面来进行分析。第一，杨国枢、黄光国、杨中芳等这些老一辈的港台心理学家推动本土心理学发展，取得了很多成果，功劳很大。理解他们那代人的本土心理学，不能离开当时的时代背景。20 世纪 60 ～ 70 年代，日本和亚洲四小龙突飞猛进，打破了西方人认为东方人发展不了工商业的偏见。当时东方学者在解释为什么亚洲四小龙（包括后来的中国大陆）经济发展那么快的时候，若还使用西方的理论来加以解释，就会显得自己没有那么自信，觉得自己在精神层面还立不起来；但如果说儒家文化本身是有利于商业发展的，又似乎有点牵强，因为中国几千年的文化里儒家一直占主导地位，但中国也没有发展出发达的工商业。所以一种将东西方思想相结合的产物就出现了，这就是所谓的新儒家。所以，本土化心理学研究在某种程度上是新儒家思想延展到社会心理学领域的一种结果。

本土化心理学的一个特点是，把西方的方法论拿到中国，再与一些中国的概念相结合，就得出了很多采用传统诠释学方法无法获得的研究结果。也就是说，将传统的一些概念，例如人情、关系、面子等进行实验操作和量化测量，得出统计归纳的结论，这便是本土化心理学的大胆尝试。这些研究看起来很好，毕竟中国传统里没有这种实验手段和量化测量的经验，但如何把两者更好地结合起来，其实还存在许多需要深入思考的问题。比如，我们把"面子"的概念量化、操作化后放入一个实验情境中，便可得出面子影响其他变量或者被其他变量影响的结论，这实际上还是局限于美国社会心理学的研究范式。但是操作化了的面子概念与中国人实际生活里的概念运作之间可能存在一个比较大的鸿沟。这也就是所谓研究的生态效度问题，或者文化差异对概念与方法结合带来影响的问题。

第二，今天我们讲的恢复传统与 30 年前讲的恢复传统之间其实存在着一个重要的时间差。今天中国人已经初步富裕起来，不论是民众还是政府，甚至精英阶层，都开始有了自豪和自信，这与 30 年前人们的崇洋心态是大不一样的，虽然有的时候自信还可能过度膨胀了一点。同样，今天我们说开展中国化心理学研究与当初把儒家的东西量化做本土心理学研究之间还是有一个研究者心态上的差异。当下一些学者不再尝试用西方的概念和方法研究和建构中国人的心理学了。

例如，那些传承并研究王阳明、朱子，包括孟子等人的传统学者，在思考、采用的概念和知识结构就是王阳明的概念体系，如"心即是理，理就是心"。在社会心理学的整个教育过程以及从事的研究活动中，我们是从来不这样进行思考的。我们会把"心"翻译成"mind"，但王阳明讲的"心"又跟"mind"不完全重合。"理"又是什么？这显然不是道理的理。要理解这个"理"，我们需要在王阳明的体系里下功夫，把它的脉络梳理清楚。我们很多时候不太认真思考，就到处用"心"字，如抗疫时，很多人讲"用心抗疫"，甚至讲安"心"即安国。"心"字变得非常火，什么都用这个"心"。中国人最早从孟子开始讲"心"，后又经过佛教浸染，其根本内涵与现在心理学讲的"心理"有蛮大的差别。"心理"是对应于"物理"而言的，"心"更多是基于脑的功能，从某种意义上讲心理学是脑理学。而中国人讲的"心"则外延要大得多，是指人的一个骨干支柱，用来容纳情感、影响身躯、支持道德行为等。像孟子的恻隐之心、羞耻之心之类，更多地涉及道德规范的领域，跟心理学的"mind"的区别比较大。所以，心理学人在使用"心"这一概念时，还是要谦虚一点。

现在的人变得很自信。做心理学研究和社会心理学研究的人就应该树立起充分的自信，但这种自信应该建立在什么基础之上，则是一个要加以探讨的问题。我们可以仍然坚持美国的心理学理论，它所坚持的科学主义和人文价值观仍有很大的吸引力，但我们也可以鼓励年轻人去更积极地思索，去寻求一种新的立场，比如之前提到过的历史唯物主义，它的历史观和实践观就连西方学者也不得不承认具有很强的现实指导意义。我们还可以从欧洲借用一些理论概念，作为我们研究的基础。自然，我们还应更多地鼓励年轻学者从中国几千年历史积累出来的庞大知识体系里找到我们进行研究的思想源泉。

我最近写了三篇关于中国心理学分化与整合的文章，就是想说，中国心理学一直以来都是科学范式占主导地位的，但随着平安中国和健康中国的国策落地实施，社会心理服务和心理咨询服务等人文心理学的作用开始凸显出来。因此，先不要急着一方整合另一方，而是要慢慢地百花齐放，让各类心理学家尝试各种各样的可能性。到了时机成熟时，也就是等到各个分支、各种派别、科学与人文的心理学家差不多能够平等相处、相互需要的时候，大家再来考虑和探讨整合的可行性。整合是要有更宏大的哲学理论基础的，我相信，这个基础会在中西方文化结合的过程中慢慢涌现出来：它可能既不是完全自由主义的、以小个体为中心的东西，也不完全是威权主义的、以小集体为中心的东西，而是两方结合的产物。这是需要在不断分化的情景下、在一个宽容的背景下才可能慢慢地出现的。如果没有这个基础，现在就去急于进行整合，让科学"吃掉"人文，搞纯粹的还原论，或者搞人文"科学"，搞科学取消主义，都是既不科学，也不人文的。要允许美国心理学、欧洲心理学，甚至前苏联心理学各自发展、相互竞争，还要鼓励从中国传统文化中挖掘老祖宗的宝藏，否则，只讲西学、缺少中学，那么中西结合的理论基础是无法建构起来的。现在的情形是，做心理学研究的学者头脑里装的都是西方的概念，而那些研究传统的学者多数不懂心理学，特别是不懂科学心理学。在双方交流还存在困难的情况下，不妨让大家继续分化下去，暂且不要考虑所谓"去伪存真"的整合。

《心理新青年》：那么，我们在做研究的时候，怎样既能体现中国文化真正的内涵，又能进行中西方对话的呢？

张建新：首先科学与人文心理学要放下"真理在我"的架子，要慢慢地移步到传统文化的概念体系里，要了解我们的传统文化中的概念。比如王阳明讲的"心学"与跟朱子讲的"理学"有何不同？为什么王阳明在理学依旧强势时要反其道而提出自己的心学？我的个人理解是，朱子讲的"理"，叫"存天理、灭人欲"，就是把人训练、教化得非常呆板，就像明后期一些精英学士们那样非常刻板，没有任何的灵活性，没有任何的开放性，被后人称为腐儒。王阳明受到一些后人的敬仰，是因为他提出"心"即"理"，心是活的，他开了一个叫"灵活性"的口子，实际上人由"心"生，这种不受干扰、不受污染的"心"已经包含天理，所以人们就可以随心而去、随心而动了，所以王阳明就可以讲"致良知"和"知行合一"了。人要怎样才能保持天性、不受污染呢？那就要通过行为，把欲望引导（而不是消除）到符合天然的心的一种天理模式下，这样就会豁然开朗。我们在西方心理学体系的学习中，从来都没有接触过这样的概念，它们是很重要的中国传统思想，但我们这些现代中国学者却对它们感到很陌生。当然，我们在面对西方学者时，便只能进入他们的系统中，与他们交流我们并不熟悉的东西，却无法大声地提出我们中国人讲的"心"与他们讲的"mind"存在着很大的差异。中国学者不了解自己的祖宗，却熟知西方历史人物，这对于我们的知识结构来说，或是一种重要缺失。我想，随着民族自信心的提高，大、中、小学教育中一定要增加一些中国传统文化的内容。当中国的孩子们从小就能够在中西两个知识体系中自由穿行，那么当他们长大成人后，便更容易在书本和文献学习中结合自己的现实体验，创造出某种新的东西。这种新的东西是什么，现在也不好说，但这种新的东西一定既不是完全欧美的，也不是完全传统的。我们现在至少要让它充分孕育、分化出来，未来才有可能整合、成熟起来，才会更好地引导人类的发展。

推动社会心理学成果转化、改造现实

《心理新青年》：您认为社会心理学如何能够更好地实现成果转化，影响人们的真实生活？

张建新：一方面，对于那些从事基础研究的学者，比如认知神经科学等基础实验室研究者，要让他们去深入探索，在科学心理学范式的平台上，他们或许能够发现一些心理科学的定理，蹚出一条心理技术研发之路，这些在指导人类未来发展时或许具有普遍的意义。因此，在应对像新冠肺炎疫情这样的社会危机时，我们应允许从事基础研究的学者继续待在实验室中，而不是冲到服务一线去，因为他们的使命不是直接服务人群，他们要通过自己的发现和发明间接地服务更多的人。

另一方面，还要考虑心理学领域中还有另一类学者，他们的基础训练不是严格的科学思维方式，而是人文哲学思路，比如精神分析、人本主义、存在主义等心理咨询与治疗的方法。他们的学说偏重人文关怀，就是一种道理、一种故事，是没办法去加以科学的证伪或者证实的。人文心理学能够帮助到人们，只要人们相信了某种学说，并自己想通了，就会豁然开朗，会说："好了，我现在的心情不一样了。"我们应让从事人文心理学探究的学者继续为解决现实的问题而努力，允许他们的研究带有更多的个性化、主观的内容。有时心理咨询非常有效，有时则收效甚微，其中一个主要原因在于咨询师和来访者是否匹配。如果两个人匹配，效果可能就好一点；如果不匹配，相互的观点、理论和背景等相差很大，那么来访者通常只来一次，就不会有第二次了，这种甩手就走的现象也很普遍。这也说明心理咨询服务等知识具有人文性质，而非科学的性质。如果有一天，个体心理咨询求助者能像患了感冒发烧那样，到咨询师那里开一副"心药"就好了，或许就是人文心理学与科学心理学到了整合的时候了，那时，心理学对解决社会问题的贡献也会被更多地彰显出来。

社会心理学较之心理咨询可能还要再做更普遍一些的事情，不仅要关注个人，还要关注群体，比如社区服务建设等。现在的一些社会心理服务体系建设的培训工作主要是把基于个体模型的心理咨询教材作为标准，却忽略了很多社会心理学的研究成果。比如，社会心理学中关于"说服"的内容有很多经典的实验，应该把它们转换成一些可操作的手段，用在与社区居民的沟通上。再比如"破冰"技术，可以用于破解现在的社区中邻居相互不认识，大家下班后把门一关，各过各的，没有任何交流的问题。社会心理学要训练这样的一些人，他们能够把这些原理很好地应用到实践里面。这样的话，老百姓生活的群体区域能够有一个积极的、和谐的氛围，而不是相互不信任、猜忌或防备。

社会心理学在社会心理服务体系的建设过程中能够做出很多不同于咨询心理学的贡献。我到嘉兴，看到那里的社会心理学工作做得蛮好。在得到政府全力支持后，他们将社会心理服务尽可能地落地，建立了各种各样的社区街道网格，在每个网格里面都填充了很多心理学的内容，也配置了很多受过心理学训练的人员，包括志愿者和专业人员等。这样，他们就为百姓创造出多种多样的沟通环境，他们的网格除了心理服务之外，还提供包括专业的法律和经济等服务内容。因此，百姓的感觉就不一样了："我不再是电话打来打去都没人管，而是我有怨言或者心情不好，就有人帮助我了。"

寄语青年一代

《心理新青年》： 我们的读者很多是心理学或者社会科学的年轻学生与学者，大家想要知道我们除了在书斋里做研究之外，还能做些什么？

张建新： 现在中国心理学界有三大学会：中国心理学会、中国心理卫生协会和中国社会心理学会，学会在这方面已经做了大量的工作。因为我们有 2008 年汶川地震后心理援助的经验，所以在疫情发生以后，我们心理所开展的心理援助和心理帮助就做得更为井井有条，不仅获得了政府认可和支持，也获得了社会的广泛赞誉。新冠肺炎疫情中的心理援助有一个特点，就是很多时候是在网上进行的，因为没有办法接触受感染的人。所以心理学发展跟互联网技术、移动平台的结合就有了一个很好的机会。当然这里也出现了很多新问题，网上援助很多时候受时间、环境等局限，比如咨询者和来访者不能面对面接触，只是通过网上的视频或者音频来进行，怎样做到跟面谈一样有效，以及不管是心理安抚还是心理咨询或者治疗，怎样才能达到目的。

我觉得现在要有一个总结回顾，要真正地归纳出中国心理援助的有效经验：究竟有哪些心理学的手段和措施，让心理学家在心理援助中能够扎扎实实地帮助民众、政府官员和医护人员等。现在的一些总结通常在谈数量，比如做讲座的数量、发宣传册的数量等，似乎数字越大表明工作越好。但我们更需要了解的是，我们帮助的是哪些具体的人，哪个层面的人，其效果如何，效果是如何起作用的，我们又是如何衡量这些效果的，等等。这个问题真的需要我们好好去想一想，否则我们仅仅用一些统计数字表明绩效，其实离我们真正让心理学发挥作用还是有蛮大的距离，因为从效果才能看到，心理学里的概念和技术真正发挥了作用，心理学的地位也就随之显现出来了。如果再把这一套经验进行总结，并且形成可操作化的模式，那么下次再碰到这样的问题时，就可以明确如何操办了。所以，还是需要在认真总结后得出一些可操作的、包含心理学原理的模式，人文心理学家在这方面可以向科学心理学多学习一些。

如果社会心理服务有一套理论框架去引导，那么心理学在开展心理援助的时候，就会成为一种自觉的行动。我们要找到一个模式，使得心理服务有个抓手，通过这个抓手，服务就能起效。现在我们还没有找到这个抓手，也许不止一个，可能有若干个。比如说，在抗击新冠肺炎疫情时，如果按照精神分析的思路去做安抚工作，恐怕就难以达成服务的目的，因为精神分析一定是一个长期的过程，绝不是一个电话、一个视频或者一个小时的沟通就能够解决问题的。也就是说，精神分析这个抓手对于抗疫来说可能不是有效的。那么实际有效的抓手究竟是什么，这就需要我们好好总结。

《心理新青年》： 如今，对人格与社会心理学感兴趣的年轻学生和学者不可避免地会遇到评价体系的压力，您作为过来人，对我们青年一代有什么样的建议？

张建新： 我觉得，在当前的大背景下，以科学的原理、科学的方法、科学的精神等去训练学生成为一个好的科学家或者做一个好的研究者，这是自然也是应然之举。比如，心理所生存在科学院的体系之下，北大心理系在学科分类上属于理学范围，科学范式仍然在发挥绝对主导作用。因此，考察科学培训的结果，主要还是看学生能不能做出好的研究、写出很好的科学论文。什么叫好的论文？SCI 杂志的标准目前也还是大家都要遵循的标准。

现在提倡要"破五唯"，就是希望论文写在祖国大地上，要注重科研对中国发展的实效，从而提高中国人的话语权和影响力。可以设想，这可能为打破"科学主义"对做学问的制约开了一个口子。比如，那些做心理咨询服务的，做心理学史研究的，他们的成果难以根据 SCI 标准来量化，破五唯后，做人文心理学的人就要寻找新的评价标准，因而也就可能出现不同于科学范式的培训理论，并被用于培训和指导学生了。按照我对心理学分化现象的分析，我认为，大家对此还是应该保持一个开放的心态，即便是在西方，评价研究成果也不全然就是依据 SCI。我们要逐渐地认识到，在解决中国人现实的心理问题时，在建设中国化的心理学时，在为中国社会心理服务体系建设提供方案和建议时，其实不只有科学范式这一条路，还有许多可供心理学家选择的路，如前面提到的，欧洲的模式、苏联的模式、中国传统的模式。选择路径的门刚刚开了一条缝，还没有完全打开。但我相信，只要我们大家，特别是青年心理学工作者能够保持开放的心态，秉持科学与人文两种精神，坚持积累自己的知识和功力，一旦各种路子都打开的时候，你们就已经做好了准备，那时肯定就可以发挥更大的作用了。科学知识非常有效，在整个人类知识体系里面科学是最有力量的，正所谓"Knowledge is power"（知识就是力量）。但是，按照科学哲学的说法，科学能解决的只是科学的问题，而不是人类面对的所有问题。

第七章

张侃：
年轻的心理学未来广袤无垠

学者简介

张侃，中国科学院心理研究所研究员，发展中国家科学院院士。曾任中国科学院国际合作局局长、中国科学院心理研究所所长、中国人类工效学学会理事长、中国心理学会理事长、国际心理科学联合会副主席、联合国教科文组织中国委员会委员等职务。围绕"人的能力结构及度量"这一心理学核心科学问题，长期致力于研究工程心理学领域中的关键问题——高负荷工作岗位上人的信息加工能力。在相容性、脑力负荷、情境意识、能力维度等几个方面获得了新的结果，并在飞行员、航天员、空中交通管制员、潜艇乘员、驾驶员的作业能力选拔系统研制和实际应用中验证了这些重要发现。此外，将能力结构与度量的研究推广到国民重要心理特征数据库的建设，推动了能力研究在全国的发展；将能力研究拓展到极端应激条件，服务于灾后心理援助。

张侃

　　在过去将近半个世纪，心理学这门学科经历了艰难坎坷的发展历程。幸运的是，如今我们赶上了新时代，迎来了心理学蓬勃发展的春天。与此同时，中国正处于百年未有之大变局，心理学发展速度如此之快，社会需求如此之大，那么心理学家应当在时代洪流中扮演什么角色？做出什么贡献？心理学如何帮助 14 亿中国人民得到安全感、获得感和幸福感？心理学如何进一步走出象牙塔，切切实实地为民众的美好生活提供助力和支持？让我们听中国科学院心理研究所张侃老师娓娓道来，分享人生智慧。

结缘心理学，投身中国梦

《心理新青年》： 您是大家心目中德高望重的心理学家，也是我们后辈学子十分敬重和喜爱的老师。您在心理学领域已经学习、工作了大半辈子，见证和参与了心理学半个多世纪的发展历程。是否可以请您回顾一下个人的经历和人生轨迹，并和大家分享一下，最初您是如何踏入心理学领域的？

张侃：我的经历其实很简单。小时候，大家都对未来有一些理想，现在叫作中国梦。我年轻的时候，理想是蓝天，希望能上北京航空航天大学，帮国家制造飞机。实际上，现在回头来看，上航空航天大学也不一定能制造飞机，还有发动机、油料、导航、气象等专业。那个时候我不懂，就心怀这个理想。后来高考一度被取消，所以这个理想也随之破灭了。但我想着人总要学一个能够让自己吃饭的本事，那就学医吧，毕业以后可以做医生谋生，所以我就留校在附属医院做了外科医生。1978年我考了研究生，当时我看心理所招考的是航空工程心理学。我觉得这个方向和我的理想比较接近，一考就考上了，还算比较幸运。考上以后就到了心理所。

航空工程心理学，具体来说就是人和机器发生交互作用时，怎么设计机器让它更好用、怎么选拔适合机器的人以及关于人的训练这三件事。后来我们学心理学就明白了，这是心理学的事情，所以我就到心理学来了。那个时候我想得比较简单，就觉得来了就学，不会就学。我的导师是曹传咏，他是潘老的研究生，潘老是个老知识分子，那个时候不太讲究个人成名成家，都是想着怎么为国家做贡献。

《心理新青年》：您刚刚提到您的老师，是否可以谈谈，在您的求学经历中，老师对您启发最大、影响最深的地方是什么？从他们身上传承到的东西是什么？

张侃：曹老师对我最大的启发主要体现在：第一，做学问要踏实，不会就是不会，不会可以学；第二，爱国。当时心理学有三位老师非常出色，一位是荆其诚老师，一位是徐联仓老师，还有一位就是曹传咏老师。曹老师做学问很认真，有的时候甚至有点过分。谁要是搞得不好或不对，他会严厉地批评，是一个典型的老知识分子。

《心理新青年》： 您当导师也有很多年了，培养了诸多优秀的学生，尤其在工程心理学、人机交互方面，也对接国家战略的重大项目。在您的心目中，最值得骄傲的成就是什么？

张侃： 心理学目前能够做的实际贡献，坦白讲不是太多，主要还是基础研究。我们这个组在曹老师退休之后，由我接任他的工作继续做，当时还有好几个老师都退休了。能够为国家服务，我感到非常欣慰。虽然我们团队只有六七个人，但是大家都很团结，都很愿意把工作做好。这就是传承，还是挺不错的。

思考人机交互与人工智能

《心理新青年》： 是否可以请您举个例子，告诉大家人机交互的心理学问题具体是什么？

张侃： 最简单的例子就是，我们人有感知觉，它跟你能不能看见一个东西有关系。大家可能说，难道还会看不见吗？那可不一定。如果机器设计得不好，人在与机器打交道时就看不见。我们心理所曾经得过一个国家科技奖，就是战斗飞机的红光照明。红光照明是什么意思呢？就是飞机要是晚上在天上飞的话，都需要有仪表，仪表如果没有照明就看不见。但是人有暗适应，是指你看到座舱里面仪表有照明，座舱外面的景象就看不见了，要过一会儿才能看见。你在天上飞，可不能"过一会儿"，过一会儿可能敌人就把你干下来了。于是工程心理学就发明了红光照明。现在我们用照相机、手机一拍，一张照片就拍摄完成了，以前还要用胶卷冲洗。胶卷冲洗时要在暗房里用红光照明，因为红光不会使胶卷曝光，这跟人的视觉是一样的。所以红光照明能保障飞机的飞行安全。但是问题又来了，有人说搞个红光一照不就完了吗？这里面还有很复杂的事情，比如到底要多亮？什么样的红才是最好的？另外一个指标是均匀度。如果红光照得很亮，变成眩光，很刺眼，人就看不清楚了。怎么样才能又照得亮，又照得清楚？工程心理学问题在民用领域也存在。比如，为什么有的手机就好用？公司就是找那些精通工程心理学、认知心理学的研发人员，在设计过程中，让机器跟人的交互比较适合平常人的特点。如果不适合，机器就要学习。有的手机好用，有的手机不好用，就是人机界面的设计问题，不单纯是物理性的、能直观发现的问题，还关涉它背后的那个过程是不是适合人的特征。

《心理新青年》：作为人机交互的专家，您认为在人工智能时代，心理学具有什么特殊的价值和意义？心理学家如何参与其中和贡献自己的力量？

张侃：人工智能跟心理学的关系，有一点复杂和尴尬。其实真正的智能，我们心理学人还没研究清楚，那怎么能够变成人工智能？我跟计算机同行在一起的时候，总有一点尴尬。他们说："我们计算机人的想法很简单，只要你们能够把智能是什么讲清楚，告诉我们，我们帮你实现就完了。"但是智能有广义和狭义之分，广义就是任何能取代人的智力都是智能，比如洗衣机，你把衣服扔进去，一按按钮，它就把衣服洗干净了，这是一种智能。如果说非常宽泛的智能概念，现在还有很多，包括我们烧开水，只要水开了它就自动停了，这不也是智能吗？但是我们真正追求的智能，其实是对外界能够灵活反应，进行归纳，并且像人一样能够带有创造性的智能。这样的智能，实际上现在全世界都没有。

现在花了大价钱做出来的人工智能，那也都是一种科学层面的东西，真正的智能属于生活的层面，绝对不是100年之内能够解决的。比如下围棋的人工智能，虽然厉害，但是科学家不会告诉你，它用的电量比几栋大楼的总电量还要多。你平常利用人工智能做一事情，可能用那么多电来解决吗？而且它后面的 CPU，用几个大柜子那么大，还要有非常好的降温系统，用风或流动的水冷却，否则一会儿就全烧坏了。人的脑袋就好一点，可以带着它到处走，花费的能量非常少。所以应该说，人工智能还在科学探讨的阶段，沿着两条不同的途径：一条途径是尽可能地搞清楚人的思维过程和创造的方式，看看有没有办法能够让机器来学习人；另一条途径是从机器那里也能得到一些启发，看看人是不是这么一种思维方式。

所以人工智能这个东西，把它叫作高水平的自动化可能更好一点。比如，现在的自动驾驶汽车就非常危险，为什么？自动驾驶汽车按照美国工程师协会的分级是 0 ～ 5 级，实际上分为 6 级。现在能够卖的车，包括特斯拉在上海造的车，叫作 L3，就是第 4 级。这种车根本没有任何智能，它只是有很多传感器，可以探测一定范围内的空间状态，然后反馈给汽车，该停就停，该转弯就转弯，这样子就等于雷达，不停转就好了。但是问题来了，人在路上开车的时候，它这个设计理念就限定了它不能完全取代人，还是要由人负责任，也就是必须有一位有驾驶执照的驾驶员，随时准备接替汽车应对它应对不了的情况。我们实验室正在做一个实验，发现人负不了责任。平常人开车时可以负责任，现在让汽车自动驾驶，这对于驾驶员来说就叫作监控状态。从心理学的角度来讲，监控是一个低负荷状态的工作，所谓低负荷状态就是不怎么费力气，时间长了，这个人的反应能力就下降了。现在规定，汽车遇到解决不了的情况时就会报警，让人来接替驾驶任务。但是人的反应相对缓慢，等到人反应过来，已经出事故了。人在驾驶的时候，时刻在做出反应，当然人也有缺点，比如人会疲劳，所以交通法规定，驾驶员驾驶超过一定时间后要停车休息。机器可以不疲劳，人坐在上面挺高兴，看看手机，车往前走，如果它突然告诉你不好了，你都来不及反应就已经出事了，所以这不能叫人工智能，也不能叫自动，只能说可以减轻人的负荷。我们正在做的研究发现这里面问题很多,所以有些概念是一种商业炒作,其实质对老百姓是不是有利,就是另外一个问题。

《心理新青年》: 同时,它不可避免地会涉及许多伦理道德问题,比如自动驾驶汽车在行驶过程中突然看到前面有若干行人,已经来不及刹车。那么这个车是选择转弯伤害司机,还是选择撞到前面的行人?您如何看待人工智能中的伦理问题?

张侃: 这种伦理问题,都算是我们人在提麻烦、提出假设性的问题,这些问题其实人也很难解决。这个时候你要机器来解决,要求过高了。自动驾驶在平常都是非常危险的,在什么范围内有用呢?相当于火车一样,在固定范围内、固定轨道上最有用。比如,公园里面有穿梭车,客人都上去它就开,到了站就停,只要它识别出没人了,就一关门再往前开,遇到人再停,用这种驾驶代替人是非常好的。那种比较灵活的驾驶,我相信100年以后都不行。实验室里面能做出来,但是用不起。能够卖出去的,都是比较简化的,现在看来都是杀手。这个道理很简单,不是说我们在科学技术层面上能够做到就行了,还有一个成本和实际效率的问题。在生活中使用成本太高,它就不可能被推广,甚至不可能被应用。这两个方面是不矛盾的。美国有一个司机就采用自动驾驶的方式,结果把自己撞死了,当然这是个案。你可以说,它是一个发展的方向,但是不是能够很快让广大人民群众从中受益,这个问题还值得探讨。

寄语新青年,展望心理学

《心理新青年》: 人生特别困难的时候,您是怎么应对和战胜的?对年轻人有没有什么想说的话?

张侃: 我人生中困难的时候还是有的,有的时候应该说是非常困难。

但是我想人活着一定要怀有希望，当然这个说起来可能比较渺茫。但是在最困难的时候，我想到李白讲过"天生我材必有用"。你要想，那是"天生我材"，你如果没有才能，那你有什么用？所以在困难的时候，自己要注重学习。我从学习中得到的好处是非常多的。我上大学是 1973 年到 1976 年，那个时候整个社会的氛围是不鼓励学习的。我后来为什么考研究生呢？就是因为我会英语。为什么会英语呢？因为闲着没事干，我觉得不能一天天就这么无所事事地过去了。考研究生的时候，多数人来不及准备英语，我们这批就先上了。到 20 世纪 80 年代初改革开放了，可以学习了，研究工作并不饱和，那还有时间，怎么办？还是学英语。结果出国时要考英语，我又考了第一名，就让我出国了。出国之后发现那边中国人都不会说话，我会说英语，虽然说得不好，但是会说。在伊利诺伊大学，系主任第一天看到我，我就跟他咕噜咕噜讲了一通，他很高兴，就鼓励我说："你是我见到的刚到达美国的中国人中说英语最好的。"其实我根本不行。他就问我你怎么不念研究生？我说没钱念，他说不要钱，我说还有这好事。然后我就考托福和 GRE，他们把资料借给我，考了以后我在美国读了博士。所以学习就成了我的一种习惯。

你看中国心理学人能当的岗位，我全部当过了。因为中国心理学发展了，中国总得有人要去坐这个位置，你要这么想，不是你自己有什么能耐。对于自己，就是遇到了那么一个机会，能干你就干一下，不能干就算了。人还是要追求一种平常的生活，在这个背景下有机会就做一些事业。我们中国对知识分子有一个传统的看法："穷则独善其身，达则兼济天下。"所以，困难的时候我是有的，包括在农村种田，有什么前途？什么也看不见，很多人说看到了未来的方向，我什么也没有看见，我就拿着锄头，在农村干活，下雨天就在屋里待着，也没法种田，我把中学的书拿来学习，做一些题目。结果突然要考大学了，我在全县考第一名。

我在美国念书的时候还是很吃力的，因为我到美国时已经 30 多岁了。

所以现在我都建议年轻人趁年轻抓紧学习，因为人生每一个 10 年，从天文学的角度来讲，它都是 10 年。但对人来说，你 20 岁到 30 岁，30 岁到 40 岁，40 岁到 50 岁，50 岁到 60 岁，60 岁到 70 岁，每个 10 年它是不等同的，学习一定要趁早，年纪大了学习是很累的。还有就是遇到困难的时候要冷静，要看到自己还是有前途的，有一句歌词，我觉得还是挺对的："年轻没有失败，大不了从头再来。"失败又怎么样？你要想，还有很多人连你的起点都没有。比如你大学毕业了，研究生没考上，你觉得很糟糕。那还有非常多的人没上过大学，他怎么跟你比？你们曾经有同样的 18 岁，你现在 22 岁，你已经大学毕业了。那个人也曾经是 18 岁，他也 22 岁了，他连大学都没有上过。

所以你要想到，你还是有基础，还是可以往前走的，而且未来的道路肯定越来越宽阔，也不要一门心思认为自己一定要做什么，因为有的事情我们年轻时可能觉得好，但是不一定适合你。你要思考，第一，你是不是那个人才？第二，跟社会需求是否匹配？我讲的社会需求不是宏观的，就是小范围内是不是匹配？比如你精通德语，但是你们公司根本就不跟德国做生意，你精通德语有用吗？所以每个人都有困难，但是要克服。

《心理新青年》：心理学在中国可以说还是一门非常年轻的学科。是否可以请您在宏观层面上和大家谈谈心理学的过去、现在和未来？

张侃：我这一辈子的工作都在心理学，也有幸见到了老一辈的心理学家，还有现在年轻的后起之秀。应该说在中国历史上，心理学在我们国家的发展还是进入了一个比较好的时期。心理学是 20 世纪初进入中国的，我们中国心理学会是 1921 年成立的，在这之前心理学已经传入中国了。特别是蔡元培先生，他是冯特实验室里面的进修生，所以比较直接地把这些东西传播到中国来了。就目前来看，心理学在我们国家处于历

心理学如何影响世界

史发展的最好时期，也得到了社会方方面面的重视和支持，但是对整个心理学而言，我个人认为它还需要一个长久的发展过程。

从科学的角度来看，心理学未来会是在全世界不断地获得更多投入的一个学科，因为它是用来了解人自身的一个学科。人当然愿意了解自身，科学的基础就是好奇。难道这个事情搞不清吗？其实它就是搞不清，而且以后也搞不清，因此就会有人不断地投入，不断地要把它搞清。这就是止于至善，意思就是无穷地逼近。我认为心理学在科学中就是属于这个性质的一个学科，大家都愿意无限逼近，了解人类心理的本质。虽然这个目标还很遥远，但并不意味着要放弃，因为从科学的本质来看，这个道理是很清楚的。

化学在确定了原子和分子理论的时候，才开始成为一门现代科学。物理学是从牛顿力学出发研究力和质量、速度的关系，才开创了经典物理学。生物学比较晚，它是找到了脱氧核糖核酸（DNA），才进入现代科学研究的阶段。我认为心理学现在还处在准备阶段。比如我们也不知道，未来心理学是不是能找到一个"心因"或"心子"之类的东西？它会是所有心理现象的基础吗？有了这个东西，心理学才可以进入一个完全科学的阶段，但这个事情有时候我们也不可能去做，有时候想想觉得太复杂了。这个"心因"，肯定有生物学基础，但是现在生物科学这么发达，搞到分子水平，也没找到什么东西能决定人的心理。所以极大可能是，我们的物质活动上升到一个层次，自从我们产生这种心理活动以后，它已经不单纯单纯是简单的物质活动了。就像我们人也是由分子和原子构成的，但是人已经不单纯是那些东西的集合了，心理的层次比这还高。所以有可能是我们现在还没能认识一个更高层次的结构，它一定有最基本的基础，一定是互相联系的，一定是全息的，一定是可以复制的，这样才能形成我们各种各样的心理状态。

比如，我们现在认为布洛卡区就是搞语言的，那凭什么布洛卡区就是搞语言的呢？这里面不也是细胞吗？但是那些细胞会集中在一个地方，这个地方就能够实现人的语言功能。2014年诺贝尔奖获得者的工作和心理学有关，研究的是位置细胞。这个研究为什么能获得诺贝尔奖？一方面当然是因为这是新的发现，另一方面就是因为研究者试图找到空间位置这种抽象的概念，以及抽象的概念跟具体的物质之间一对一的关系。但这不是最基本的，我相信还会有更基本的东西。这就需要全世界的心理学界，包括科学界有长远的努力，最终总会把它搞得更加清楚，但是这并不意味着我们心理学不能应用。比如化学，没有化学之前人们已经配出很多药了，很多药对人很有好处。还有生物，在科学家没有找到基因之前，我们也知道如何选种，怎么种植。它们都支持了人类的发展。

心理学是对人的行为的研究，是对行为规律的总结。我说的行为不单纯是外表可见的行为，还包括它的内部过程。为什么有人能学会，有人就学不会？有人学得快，有人学得慢？为什么对于心理健康，0～3岁很重要？怎样让这个阶段过得更好，让大家生活得更加幸福？从个体往外延伸，所有的社会活动都是对人的管理，都是对人的行为的管理。所以，心理学有无穷无尽的发展空间让我们去探索，去把人的心理的本质搞清楚。心理学作为一门学科是非常有前景的，作为一种服务行业也是非常有用的。

《心理新青年》：目前，大陆地区已经成立了500多个心理学系，大量的人才从事应用性、服务性的工作，有的对接国家重大战略，有的应对社会现实需求，以期为老百姓创造更加美好的生活。那么您认为心理学该如何走出象牙塔，更好地服务国家、迈向人民？心理所在应用服务方面比较成功、有意义的尝试有哪些？

张侃：我们心理所是国家的研究所，所以必须重视基础研究。基础研究就相当于一个民族的智慧，对人来说相当于大脑。首先在基础研究方面，心理所赋予了很大的权重和大量的投入，吸引了一些年轻人才。

同时作为国家级的研究所，也注重为国民经济发展、为国家的各项事业服务，主要有以下几个方面。第一，心理健康。现在不管是技术原理还是运营，投入都很大。心理健康说起来简单，涉及方方面面的问题却很多。我当所长的时候专门针对老年病人引进老年心理学的人才，那是在2006年，现在过去10多年了，还能发挥很好的作用。然后我们有传统的发展心理学，当然现在各个分支领域都在发展，这是好事情，但发展心理学仍然是一个重要板块，而且也能做一些对教育有意义的工作。第二，组织管理，包括组织里面心理健康相关的管理问题。我刚才讲了管理的本质是管理的人的行为，包括他们的心理健康。第三，我们所提出的灾后心理援助，已经被科学院选为中华人民共和国成立70周年的一个重要表达，因为心理援助是我们心理所发明的。另外，政府拨款是灾后援助，那我们也可以提供心理援助。后来无论是地震还是泥石流等，我们心理所一带头，很多地方都开始做，心理援助现在已经在全国范围内展开了。第四，国防事业，我们的工作获得过国家科学技术进步奖一等奖。做的时候根本没想到要得奖，有事情我就干，最后单位报奖了，把有关的研究成果都组织到了一起，还得了个奖，其实那奖本身无所谓，重要的是心理学为国防建设做的工作得到了肯定。涉及国防事业，心理学能够做的工作还是有很多的。我们谈登月的时候，这里面都有心理学的工作。飞机性能正在快速提高，飞行员也要提高人机配合能力。另外，我们正在做的研究，比如视觉的、嗅觉的、颜色的研究，都需要配合与服务国家相对应的事业。

总的来说，心理学还可以发挥更多的作用，比如在民意调查方面，我们这么大的国家，人和人之间还要增加了解，心理学对这个问题就能有所贡献。我们每年有10多份报告被中央采用，涉及方方面面，包括政策建议等，但是这些工作还不够，原因就是我们的力量很有限，没有足够多的人去做这些事情。其实，所有的事情都涉及人的心理，包括国际交往，我们不知道外国人的心理特征和心理过程，怎么能够交往得很好呢？要知道知彼知己，百战不殆。

《心理新青年》：接下来是否可以请您谈谈心理学的人才培养？最近国家层面和学术界都在热议"破四唯"。人才的评价、科研的评价，和高考一样，就像一根指挥棒。这个指挥棒往哪边倾斜，资源就会往哪边去，人就会往哪边走。您能否和大家分享一些您的看法和见解？

张侃：我觉得对心理学来说，第一，要多维度评价。做基础研究的，按照基础研究评价的指标体系，这在全世界都比较明确。然后还有应用性基础研究，所谓应用性基础研究，就是要看被国家或重要部门采纳和应用的情况。那么还有少数是完全做应用的，这个在我们研究所，我的个人看法应该是没有，就是趋向于零。我们只有基础研究和应用性基础研究。它们所产生的是那些能够得到采用的原理、方法和技术，比如发明专利，我们可以承认。还有给政府的内参报告，我们研究所也是承认的。对于研究所来说，我以前采取的办法是三七开。70% 做基础性研究，30% 做应用性研究。我跟外国人打交道时，我问他们，研究所怎么样，有很多国际著名的心理学家，包括国外心理学界的领导人都说，心理所的研究是最好的。我想怎么最好了？我们还不行。他们说："你看，你们做了好多为国家服务的事情。我们外国一个系、一个所哪有什么为国家服务，都是发发文章就好了。你们心理所还有这种功能，我们都是没有的。"作为国家级的研究所，不可能没有这个功能。但是作为科学院的研究所，只要存在一天，它就必然要以基础研究为主，同时应用研究要有一定的占比。第二，队伍要分开。我们不仅要有科学院的研究，还要有高校的特色研究。现在高校跟科学院在很多地方是重复的。我看很多都是重复投入，因为它们相互之间也没有什么沟通。再说科学工作，别人做了你又着急。大家都看外国资料，新的东西大家都来做，好多做得差不多的。这对于人才培养，对于提高研究水平都是有好处的，但是成果是重复的，投入也是重复的，对于科学研究和学科发展，重复是有必要的，但重复太多了就不行。

首先，我们心理所应该有多维度的评价系统。其次，对于全国从事心理学的人也要有不同的评价系统，不同的队伍要有不同的导向。最后，除了我们所谓体制内的机构，也要鼓励体制外的机构发展起来，特别是应用心理学。此外，还要从政策上引导，鼓励社会或民间组织来发展心理学。比如美国心理学会有 17 万会员，其中研究所、大学等学术机构的比例只有 5%，95% 都在社会上，那些人也都是博士、硕士毕业。

《心理新青年》： 是的。我在美国留学期间，也观察到在心理学界，除了一小部分人做学术研究，大量的心理学博士毕业生走入政府部门、非营利组织或工业界，包括谷歌、苹果、微软、脸书等。国内心理学的未来趋势是否也会如此？

张侃： 没错，也有自己创业的。心理学还需要更宽松的社会氛围，它才能更好地发展。举个例子，心理咨询在国外很常见，它不是给人看病的，它可以解决很多心理困惑的问题。心理咨询不等于心理治疗，国外的咨询（counseling）和临床心理学（clinical psychology）是不一样的。我这次负责编《中国大百科全书·心理学》的时候，把它俩分开了。

《心理新青年》： 您对心理学的年轻人有什么寄语？

张侃： 我现在 70 岁了，作为一个心理学者，我做的事情有对的，有错的，总的来说，对的还是多一点。我总结就是四句话：第一，与世无争，你有本事，就跟自己争，跟事情争，你不要跟别人争；第二，不惹麻烦；第三，尽力助人，你看我跟大家关系比较好，原因很简单，我能帮你，我就帮你；第四，不求回报，不是说嘴巴不求，是发自内心地不求回报，这样子你就很愉快，否则你老想这个人我帮他做过那个，那个人我帮他做过这个，你不是自己找麻烦吗？我从来不让学生们回来见我，除非他们有事情要我帮忙。你说儿女长大了，他们都有自己的生活，你盯着你的学生不放，这算什么事情？一辈子碰在一起就是有缘分，他能做你的学生，你才能做老师，这是一个互相匹配的过程。他能做你的学生，而且他很努力了，也毕业了，不是很好吗？所以我不求回报。

　　总的来说，无论是心理学还是软学科，在世界学科体系里面还处在一个准备阶段。在这个准备的大军里面，也不算是主力部队。当然，我们也不能妄自菲薄，觉得不能干了。我觉得心理学大有干头，但是在干的前提下，你心里要有数，特别是同行之间，要互相礼让、尊敬和帮助，这样子你也活得开心点。

第八章

周晓林：

志向高远，潜心学问，推动中国心理学蓬勃发展

学者简介

　　周晓林，现为北京大学心理与认知科学学院教授，华东师范大学心理与认知科学学院名誉院长，浙江师范大学心理与脑科学研究院院长，上海外国语大学语言研究院院长，教育部高等学校心理学教学指导委员会主任委员。曾为北京大学心理学系主任（2008—2013），国务院学位委员会心理学评议组成员（2009—2020 年），中国心理学会理事长（2017—2020 年）。2001 年获中共中央组织部、人事部和中国科协"中国青年科技奖"，北京市"师德标兵"称号；2004 年获得教育部"高等学校自然科学奖"一等奖；2008 年获教育部"全国百篇优秀博士论文奖"指导奖；2013 年获教育部特聘教授称号；2015 年获教育部第七届高等学校科学研究优秀成果奖（人文社会科学）二等奖。主要研究领域为语言认知、注意选择与跨通道信息整合、决策与神经经济学、社会认知与实验社会心理学等，其博士毕业生获得青年北京学者、上海市青年拔尖人才等称号。任国内外多家学术刊物主编或编委，2015 年至2021 年连续入选爱思唯尔中国高被引学者榜单。

周晓林

心向科学，探索人性

《心理新青年》： 首先能否请您大致回顾一下您的个人经历，您当年是怎样走上了心理学的探索道路，又是怎样选择了在社会认知神经科学这个交叉领域进行深耕？

周晓林： 当年准备填报大学志愿的时候，我有两个愿望：上大学和做科学家，因为那个时候正宣传陈景润，"一心做学问""向科学进军"等宣传对我有很大的影响。当时我报的第一志愿是华东师范大学（心理学），但其实大部分人都不太懂心理学，我也不懂，只是感觉心理学更靠近科学，而且心理学跟人性有关系，我觉得它是个有意义的学科，于是我就报考了心理学。我在社会认知神经科学这个领域深耕，是因为自己正好赶上历史发展的一个重要过程。一开始，我感兴趣的研究方向是知识表征和语言加工，回国以后才慢慢转向社会心理学。随着科学技术的发展，我们能够使用比较先进的技术和研究思路去探讨复杂的社会心理问题。传统的社会心理学比较偏重问卷调查，但单纯这样做，不是我真正感兴趣的研究途径。我接受过比较严格的实验心理学、认知心理学的训练，就希望把其中相对严格的研究方法用到社会心理研究当中去，同时也因为认知神经科学在这段时间内正在蓬勃发展，于是我就顺理成章地进入了社会认知神经科学这个领域。当然，如果没有碰到这样的机遇，没有发生这样的转变，我觉得也挺好，毕竟语言心理学或认知心理学也有很多重要问题值得研究。很大程度上，一个人的研究领域取决于他的机缘和个人兴趣。

《心理新青年》： 能否和我们分享一下您的导师对您在做学问、为人处事方面最为深远的影响是什么？

周晓林： 我的本科和硕士学位都是在华东师大取得的，前后共七年时间。后来去了英国剑桥大学读博士学位，又在英国工作了七年。博士毕业后，我与北京师范大学的彭聃龄老师、舒华老师有些合作。从 1995 年 10 月份开始，我在北师大做兼职副教授，做一些语言认知方面的工作。当时也确实对北师大的心理学研究、甚至对国内的心理学发展都有所贡献。比如，20 世纪 90 年代，国内很少有心理学研究的专业仪器设备，也没有专用的计算机软件系统。我当时在伦敦大学伯贝克学院工作，就请心理学系的工程师，按照我在北师大设计的图纸、量好的尺寸，准备好所有的软、硬件（包括连接线和反应盒），我再背回国内安装，成就了中国高校第一个正规的心理学实验室。再比如，当时国内存在信息缺乏的问题，一些统计学方法和实验设计的思想（如实验设计中的"交叉平衡"方法）是由我引入国内的。

1998 年底我移师北大。虽然理论上我是 12 月 15 号入职，但因为那时候在英国还有一个研究基金项目没有结束，所以我是两边跑，其间曾加入北大心理学系的代表团访问德国，2000 年 9 月我才在北大全职上班。北大对我个人的发展影响巨大。北大的学校和学生管理、老师们的工作方式等与很多学校（包括我比较熟悉的北师大、华东师大等）都有很多的不同。谈及师承，我觉得我一路走来，老师们都对我个人的发展、人生的轨迹产生重大影响。在华东师大读硕士学位时，朱曼殊先生、缪小春老师为我打下了心理语言学的基础，播下了语言学的种子，使得我作为一个心理学家，今天能够兼任上海外国语大学语言研究院的院长一职。北师大的彭聃龄老师、舒华老师不仅给予了我学术上的帮助和合作，也在一个关键时刻帮助我与国内心理学界建立起了联系。到北大的时候，我感觉到，北大的一个非常重要的特点就是，老师们潜心于自己的学问，对自己的学问特别看重，像王甦老师、沈政老师等，他们对学问的追求都是为我所佩服的。记得当年到北大时，王甦老师经常拉我参加他课题组的一些研究活动，比如学生开题、论文答辩等，使得我对认知心理学，特别是王老师感兴趣的注意选择等方向有了更深的认识和理解。我在攻读学位期间仅仅关注语言学，对其他学科和研究方向都不是很了解。与这些老师的交往极大地扩展我的眼界，也使得我相对说来有比较广泛的知识和兴趣。除了学问，北大的老师在其他很多方面都对我产生了影响，包括为人处事、对学术的精益求精、对学生的精心培养。北大的老师与学生的关系是非常紧密亲近的，是真正把学生的培养、学生的研究工作当成是自己学术生命的一部分。我觉得这些都是值得心理学界同人学习的。

多面探索，跨界研究

《心理新青年》：这些年来，您的团队做过很多研究项目和研究课题，您觉得您最大的科学贡献是什么？

周晓林：我和团队的研究在心理学界相对跨得比较广，这一方面是与我个人的兴趣广泛、不够专一有关，另一方面也是受到其他老师的影响。

我个人的研究在早期是关注语言加工,特别是字词类加工,后来有比较大的扩展。我现在担任上海外国语大学语言研究院院长,在那儿建了一个心理语言学、神经语言学的团队,对我个人来说,是在中断一段时间之后重新捡起了语言认知研究。但上外的研究范围远远超出了早期的阅读、字词加工,现在更多的是关注语言交际中的语义、语用问题。

我早期的工作对中国的语言认知研究产生了比较大的影响,特别是提升了汉语、汉字认知研究在国际上的影响力。国内的心理学研究能在国际上产生学术影响力,很大一部分是由语言认知、汉字加工的研究开始的,比如北师大的彭聃龄老师、舒华老师在这方面做了很多的工作。往前追溯,华东师大的曾性初先生,心理所的陈永明先生、李家治先生等都从事过汉字认知方面的工作。这是因为汉语的书写系统有特色,为验证一些理论的普遍性提供了很好的场地。在这个发展过程中,我参与了很多工作,比较早地在国际刊物上发表了论文。这也是我现在为什么多年连续入选爱思唯尔中国高被引学者榜单的原因之一。2004 年,彭聃龄老师、舒华老师和我组成的三人团队在汉语字词加工方面的研究获得了教育部四年一评的自然科学奖一等奖,这在某种程度上是对我们这方面工作的认可。到北大工作后,受了王甦老先生的影响,我也开始做了一些注意选择、执行控制和跨通道信息整合方面的研究工作。

从 2005 年开始,我的团队开始做社会认知、社会心理学方面的研究。这一方面是因为实验室里有些同学对这些领域感兴趣,另一方面更是因为我到了一定年龄后,开始对人性、人的实际社会行为这类跟生活更密切相关的心理学问题感兴趣了。社会心理、社会认知是很大的领域,我们实验室所做的还是比较有限的。我们的研究主要有两方面。一,社会情绪。情绪是个很大、很有历史的研究领域,但针对社会情绪的研究相对较少,特别是从神经科学的角度来研究社会情绪就更少了。近年来我们实验室的一个研究主题就是考察社会情绪的认知神经基础及其对社会行为的影响，在内疚、感激、负债感等人际道德情绪的研究上取得了一定的成绩。二，合作、助人等亲社会行为和攻击、报复等负性社会行为。在进行社会决策时，为什么有的情况下人们会出手帮助，有的情况下却对他人的困境视而不见呢？哪些因素影响了这些行为决策？这些影响因素在神经活动上是如何表现的？凭借这些研究，我们申请到了国家自然科学基金委的两个重点项目。当然，我们实验室在社会认知的其他问题上，如公平感知，也获得了不少成果。

展望社会认知神经科学

《心理新青年》： 社会认知神经科学作为一个交叉领域，您觉得它大致走过了一个什么样的历程？目前比较前沿的问题是什么？之后会给我们带来什么新的洞见或者新的发展？

周晓林： 这是一个比较大的题目。关于发展历程主要有两点。第一，自古以来哲学家就对社会、对人性的诸多问题感兴趣，也从社会进化、道德发展或其他角度提出了很多真知灼见。运用科学的方法研究这些问题也有很多年的历史，在心理学界就有精神分析学派、人本主义心理学派等许多流派对社会的、人性的、人格的问题做过诸多阐述。随着信息加工观点的流行和认知心理学的兴起，传统的社会心理学研究也得到了改造，实验社会心理学的手段使得我们能够对社会心理学问题进行更为细致的考察。社会认识神经科学是承接了传统心理学关注社会、关注人性的学科精神，融合了实验心理学、认知心理学的科学方法的新心理学领域。第二，技术手段，特别是神经科学手段的发展，使我们能够在有控制的情况下操纵、检验社会或个体因素所发挥的作用，考察社会认知、社会行为过程的神经基础。以磁共振成像为代表的神经科学手段，加上计算建模方法，与认知心理学、社会心理学，甚至市场营销、传播学等学科有机结合，就产生了社会认知神经科学。正因为有了认知心理学的思想和认知神经科学的手段，认知神经科学的研究思路和方法自然而然会扩展到其他领域，所以社会认知神经科学的繁荣是学科发展的必然趋势。

至于社会认知神经科学对心理学、对社会的发展有什么贡献，我认为，第一是扩展了心理学的研究对象和研究领域，产生了更多的问题可供心理学家研究。第二是社会认知神经科学的发展提高了心理学在整个科学体系乃至整个社会中的地位。过去很多人认为心理学，特别是认知心理学，脱离现实生活，脱离实际问题。而社会认知神经科学把科学的手段用到了社会现实问题上，并为之提供相对科学的解释和解决方案。社会认知神经科学使得心理学在整个科学体系中有了更高的地位，既能顶天又能立地，其研究结果提高和加深了大众对社会现象的认识，进而促进了对人的社会行为和人的社会属性的认识。第三，容易被人忽视的一点是，社会认知神经科学的一些发现和成果能够帮助我们区分、选择心理学的理论，或者说制约心理学理论的构建，使得心理学的理论不能不顾及神经、计算层面上的发现而随意建构。

《心理新青年》： 可否请您勾勒一下社会认知神经科学未来 10 年的发展蓝图？或者说可能有哪些重要的突破点，面临哪些挑战？

周晓林： 现在不只是心理学家在做社会认知神经科学的研究，传统的社会科学的一些分支，如经济学、新闻传播学、美学、法学等，也开始了社会认知神经科学研究，神经生物学家也在动物身上广泛研究类似的问题。我认为，认知神经科学一方面可以向下挖掘来认识社会心理问题，比如从更深、更基本的层次，如神经递质、蛋白质表达和基因，直接贯通底层与高层问题；另外一方面是在对人的研究上提出与包容更加广泛的问题，包括社会现实问题以及其他人文社会科学的问题。

新的技术可能会带来新的突破。在对人的研究中，现在的手段主要是磁共振成像、脑磁信号记录等，这些手段与巧妙的实验设计、数据处理的方法结合起来，能够为我们提供更深刻的认识。举个简单的例子，社会心理学、社会认知神经科学不仅关心传统的社会心理学关心的问题，如合作、信任或态度转变等，同时也关心一些新的问题，如信息在大众媒体、社会网络中的传播等。为何有些信息能够得到广泛传播，而另外的信息却没有呢？为什么同样的信息在不同性别、不同阶层、不同地域的人群中激起不同的心理、行为反应呢？但现在已有的技术、手段还有很大的局限性，有时间、空间分辨率的问题，也有伦理道德的问题。认知神经科学还在期待新一代技术手段的出现。

《心理新青年》：认知神经科学的手段多大程度上可以帮助我们更好地了解社会心理学的理论？对心理学理论本身，尤其是社会心理学理论有怎么样的潜在贡献？

周晓林：社会认知神经科学跟其他认知神经科学的领域一样，根据研究目的的不同大概可以分成两类取向。

第一类研究是在神经层次或更深、更细致的层次上刻画出人类社会活动、社会特性的神经、生理基础。也就是说，这类研究主要不是为了验证、发展社会心理学的理论，更多的是以这些理论为理论、概念框架，找出这些理论所设定的心理、行为过程所对应的神经过程或神经定位。这类研究为一些传统的心理学家所不喜，但它们确实有很多的现实意义。比如在神经手术中，怎样能够避开那些跟人们的生活、社会认知能力、社会交往密切相关的区域？如何通过脑电活动模式的识别给大脑提供反馈，实现人机交互？第一类研究对于这些问题都是很有意义的。

第二类研究是心理学家更关心的，特别是老一辈心理学家寄予希望的，就是神经科学的发现能够对辨别、选择、发展社会心理学（或其他心理学）的理论产生作用，能够制约心理学理论的提出和发展。在认知层面、行为层面的研究发现，有时可以提出很多的理论来解释，而这些理论或解释之间的争端在很多情况下很难通过巧妙的实验设计来解决，因为人不管是在时间、空间还是社会属性上，有很多难以辨别、区分的共变因素。某些理论可以强调这个因素的作用，另外一些理论可以强调另外一个因素的作用。但是如果我们在神经反应的层面上积累了一定量的数据，根据已有的神经科学知识已经认识到相关的大脑区域或大脑网络具有哪些认知功能，这时，我们就可以说是强调某个因素的心理学理论，而不是强调另一个因素的理论，更有可能站得住脚。因此，从心理学理论发展的角度来看，认知神经科学的发现可以是制约心理学理论的另一个维度或另一堆数据。如果一个心理学理论预期的是在认知神经科学研究中找不到的数据模式，那就意味着这个理论存在问题，需要修正。

就国内的心理学而言，很多研究属于第一类。具体表现为知道一些理论的表述和对概念的区分，就去做一个事件相关电位的脑电实验，看看两个条件在哪几个脑电成分上有差异，然后再不着边际地议论几分。这是有些心理学家特别不赞同这些研究的原因，这些研究虽然帮助我们认识到对应于某个假定的心理过程的神经活动模式，但是这个认识没有反过来对已有的概念区分或理论框架提出新的挑战或约束，这样也就很难帮助理论或者研究的继续深入。在有些心理学家的眼里，这种认知神经科学研究会让心理学迷失自己的方向，在科学体系中找不到自己的位置。我个人认为，这是一个学科发展阶段的问题。随着认知神经科学思想和技术的快速发展、认知神经科学"人口"的增多，必然会有一批有识之士不仅关心心理、社会过程的神经基础问题，也会关心如何用认知神经科学的发现来制约心理学理论的发展，在更具有广度和深度的层面上把神经基础和认知理论结合起来，把两类研究结合起来。

中国心理学走出象牙塔，为人民服务

《心理新青年》：您曾经担任过中国心理学会的理事长，为我们中国的心理学的繁荣发展做了很多的工作，做出了很大的贡献。从社会现实的角度来看，您觉得当下我们中国的心理学体系如何能从象牙塔走出来，走向国家、社会和人民的日常生活？中国的心理学现在能为老百姓的生活品质的提升，或者我们心理学家能够为国家的建言献策等方面做出什么样的贡献？

周晓林：当年在华东师范大学读书的时候，我就有一个愿望，就是在中国心理学的发展史上留下自己的名字。现在回头看，一方面觉得当时确实有点张狂；但另一方面，不管是年少无知还是胸有壮志，树立的这个目标确实引导我克服困难，砥砺前行，我确实为中国心理学的发展做了一些贡献。有了目标，就有了动力。从1995年在北师大兼职起，除了培养学生、做自己的研究之外，我一直活跃于中国心理学界，该参加的、不该参加的心理学活动，我都参加了；该我说话的、不该我说话的，我都心直口快地发表了自己的意见。扪心自问，许多活动，包括在北师大建实验室，都不是简单地为了我个人的研究、个人的发展。

在中国心理学会的框架下，从2001年开始，我担任过发展心理学专业委员会副主任、普通心理与实验心理专业委员会主任、中国心理学会的副理事长与理事长。在教育部的框架下，我担任了两届的国务院学位委员会心理学学科评议组成员，现在还在担任教育部高等学校心理学教学指导委员会主任委员。我始终坚守一个原则，就是"在其位，谋其政"，不会坐在某个位置上什么事都不做，只是沽名钓誉，我绝对不是这样的人。我还有一句常说的话，就是"尽人事，听天命"，虽然听起来有一点消极，但反映了我一贯的观点：不管结果如何，至少自己要尽到最大的努力，做得问心无愧。借着这些职位，我很荣幸参与了很多推动中国心理学发展的工作。

谈及中国心理学的发展，我在 2020 年给中国科学技术协会的《科学导报》写了一篇文章，题目是"从抗击新冠肺炎疫情看中国心理学的发展"，讨论了中国心理学的人才培养的问题。这么多年来，我深切感受到，中国心理学培养的人才还是太少了，数量少，质量也相对不是那么高。心理学同时具有自然科学和社会科学的属性，具有自然基础研究和社会应用的跨学科属性，所以心理学的工作既要顶天又要立地。在某种程度上，新冠肺炎疫情暴露了中国心理学发展在"立地"方面的薄弱，特别是在人员数量方面的不足。习总书记在疫情防控期间几次呼吁心理学要对社会大众进行心理疏导。实际情况是，社会的需求远远大于我们能够提供的服务。教育部在新冠肺炎疫情最严重的时候做出了一个非常重要的决策，在华中师大建立教育部的心理援助平台。我参与了这个平台的早期建设工作，虽然我并不是心理咨询、心理服务的专家。这个平台的建设确实对抗击新冠肺炎疫情起了很大作用。当时平台非常繁忙，需要很多的人值班，提供咨询意见。即使到现在，这个平台每天还是会接到很多要求提供咨询、提供服务的电话。但是大家要认识到，这个平台是集全国之力来做的，是通过各种渠道号召全国的心理学界、精神病学界有资质的人员参与工作，最终有三千多人响应，从中挑选出最后的参与人员。从这里可以看出，我们储备的心理学相关人才太少。在上面提到的那篇文章中，我提供了几个数字，比如美国每年心理学本科毕业生就是十二三万左右，但我们中国现在培养的心理学本科生是多少呢？两万。我们培养的博士就更少了，现在我们一年的心理学博士毕业生为 400 多人，而美国学术加专业博士达到了 6 000 人。如果考虑到人口基数等因素，我们这些数据跟美国没法比。中国从 1980 年的 4 个心理学系发展到现在的 500 个心理学系，一方面我们要看到心理学有了很大的发展，但另一方面还是要正视现在力量的薄弱，不管是从科学研究还是从社会服务的角度来说，都远远不能满足中国社会发展的需求。

这也是我在很多场合都大声疾呼的问题。作为一个心理学家，特别是关心中国心理学发展前途的心理学家，这是让我特别揪心的事情。希望大家关心人才培养问题，包括本科生培养问题。我们每个人都应该在力所能及的范围内多做一些事情。教育部高等学校心理学教学指导员会接受教育部的委托，开展高校本科教学的研究、咨询、指导、评估、服务等工作，在本科教育领域研究、本科教学质量标准建设、本科教学改革和建设等方面发挥不可替代的重要作用。在疫情发生之前，教指委帮助教育部制定了"心理学类专业教学质量国家标准"，组织了多门专业课程师资培训。现在帮助实施教育部"双一流"计划，参与、领导心理学拔尖人才培养 2.0，都是培养未来心理学人才的重要举措。

寄语青年一代

《心理新青年》：年轻一代的培养特别重要，未来也能推动中国心理学的进一步发展，以及国际地位的提高和国际形象的提升。作为年轻的学生或学者，尤其是在国内当下的培养体系之下，我们应该怎样更好地进行学术训练、积累学术成果？尤其是当下我们既要在评价体系下生存，又希望有比较自由宽松的空间去潜心钻研自己感兴趣的问题。所以能不能请您给我们的青年学子提供一些建议？

周晓林：前面我主要是从机构、组织体系等比较宏观的层面阐述中国心理学的发展。针对个人，特别是青年学子的发展问题，我认为特别需要强调奋斗精神。现代社会存在着所谓的"中等收入陷阱"，也就是当社会发展到一定程度以后，生活条件变好了，机会增加了，新一代的年轻人可能失去了贫穷的上一代所具有的工作冲劲，没有那种通过奋斗改善自己、改变社会的紧迫感。我们当年读书时候的奋斗精神，在现在的小孩和年轻人身上看起来不那么明显了。但是我相信，我们的年轻人对将来还是充满憧憬和期待的。

对于学习心理学的年轻人来说，我觉得第一点是要有高远的志向。一些大学生甚至是研究生期望满足相对比较较低的需求层次，比如改变生活、找个好工作。但我认为，对很多心理学人来说，找一个工作根本不是问题，关键的问题是工作的层次和对家庭、对社会贡献的层次。可能你现在想要一个安稳的工作，相对安逸，对家庭也有贡献，但这真的是你想要的吗？这真的是你一辈子的追求吗？对年轻人来说很重要的一点是对将来、对社会、对自己的发展有明确的定位，并为之而努力。我们现在一年才培养 400 个博士，这个数字太小了。我们需要更多的人真的对心理学感兴趣，愿意把发展中国的心理学当成自己终身奋斗的事业。我们行为的主要动力来自我们的理想与意图，心理学需要具有崇高理想的年轻人。

第二点是要有广阔的视野，要关心新的研究方法和研究趋势，努力学习新知识、新方法、新思路。在担任教指委主任期间，我参与了很多工作，觉得现在的本科生培养模式跟几十年前差别不大，虽然在内容和制度上可能有些变化，但是没有什么本质性的改变。然而，现代社会和心理学的发展，特别是认知神经科学的发展，对心理学人的素质有了更高的要求。我们现在很多本科生、研究生连最简单的计算机编程不会做，独立去做一个实验的动手能力也没有，更不用说进行复杂一点的统计分析和计算建模。这反映了我们心理学人才培养体系中的一些重要缺陷。心理学教指委帮助制定的"国标"是全国心理学本科培养的最低要求；现在的"一流本科专业"建设是为了树榜样、解决本科教学的当务之急；而拔尖人才培养 2.0 才是真正考虑心理学本科人才培养的长远模式。有理想的心理学院系、有理想的心理学本科生应该好好体会拔尖人才课程体系和培养模式背后所隐含的基本思想（如强调数理知识和批判性思维能力）。

这两点是最基本的。其他的还有不少，包括提高个人素养，毕竟我们是心理学家，需要跟人打交道，要有心理理论能力。这种能力的一个体现就是科学思想的交流，不管是口头的（如做报告）还是书面的（如写论文），我们要考虑听者或读者如何理解你说出或写出的每一句话。

《心理新青年》： 最近 20 年，中国的心理科学、神经科学的发展有了翻天覆地的变化。对于从海外接受了学术训练后回到国内的这样一批青年学者来说，您认为有什么比较大的机遇？或者面临什么比较大的挑战？

周晓林： 当年心理学界拿到"洋"博士学位回国工作的没有几个人，我是属于比较早回国的几个人之一。现在回国的人很多，特别是疫情出现之后。我觉得这既是因为国际、国内的疫情和一些政治因素，也是因为国内的发展状况。经济发展水平的提升和科研条件的改善，给年轻人提供了更多、更好的发展机会，你能有什么样的机会取决于你是否受过博士后训练，是否有独立开展研究的经验，是否有比较好的论文，是否具有较高的社会智力和独立开拓的能力，你想去的单位有着什么样的文化。年轻的归国博士可以有多种的选择，包括回国（去好的大学）做博士后，在顶尖大学做（预聘制的）独立研究员，去普通大学得到稳定教职，去北上广还是去省城师范大学，去有空间仪器设备的大学还是提供住房的单位，等等。国内心理学界对人才需求量很大，提供的资源也很多，找到一个位置不是难事。但大部分年轻人对国内心理学界各个单位的文化、需求、发展前景不太了解，最好的策略是找一些资深的又乐于提供建议的心理学同行（比如我自己）聊一聊，找到与自己能力、需求和发展规划有最佳匹配的单位。

我想对有意愿回国工作的年轻人，特别是没有做过博士后的人提一点忠告。很多年轻人过去发的文章还不错，但普遍有个缺点，就是在写基金申请书或自己的论文的时候通常因为缺乏经验而把握不准。在国外写文章，毕竟有导师的反馈，但一般情况下也没有机会参与基金申请书写作。如果你没有做过博士后，实际上是没有宏观把握一个研究方向、领域以及统筹安排一个研究计划等方面的经验。我的忠告或者建议就是，虚心地向国内同行，特别是有工作成就的同行请教。

《心理新青年》： 最后能否请您给我们的读者推荐一些您的著作？

周晓林： 很遗憾，我几乎没有写过书。在过去 20 年里，我组织翻译了不少书，这些书在心理学界甚至在其他学界产生了一些重要的影响。我翻译的书中有关于研究方法的书，有教科书，也有专著。对年轻人或者正在入门的人来说，我推荐我们翻译的《认知神经科学——关于心智的生物学》。

希望过几年有空闲的时候，我能总结一下我们实验室关于社会认知、社会情绪方面的工作，然后写成书。对于写书，包括编教材，我总是心存畏惧。一方面是因为写书要比写文章困难得多，写文章主要是发表自己的观点，写书就需要对一个领域有更深刻、更全面的理解；另一方面是因为教科书的影响力大，对编写者的水平要求高，我不想因为自己的力有不逮而遗害他人。

第九章

周欣悦：
人情人性即文章

学者简介

　　周欣悦，博士，浙江大学管理学院教授、博士生导师、市场营销学系主任。主要研究聚焦于复杂情绪和金钱心理学。主持国家杰出青年科学基金、国家优秀青年科学基金、国家自然科学基金面上项目、国家自然科学基金重大研究计划重点支持项目等课题的研究工作。研究成果曾被 BBC 纪录片翻拍，并被《纽约时报》《时代周刊》《新闻周刊》《华尔街日报》《自然》和 BBC 等杂志报道。担任《亚洲商业研究杂志》(*Asian Journal of Business Research*) 联合主编，连续 7 年入选爱思唯尔中国高被引学者榜单。

　　2013 年，周欣悦教授以第一作者身份，在人格与社会心理学领域顶级期刊《人格与社会心理学》发表了一篇关于"脏钱"对于道德及人际交互行为影响的学术论文，引发了学界对金钱与心理行为关系的广泛关注与探讨。《自然》杂志围绕周欣悦教授的系列研究，结合改革开放以来心理学研究在中国高速发展的宏观背景，对其研究成果进行了深度报道。让我们走进这位才华横溢的教授，一起来聆听她的故事和感悟。希望周教授的经历能够启发我们青年一代的学生和学者积极探索与寻找自身学术定位，发挥新生代力量，更好地推动中国心理学走向世界舞台。

周欣悦

社会心理学源于生活，高于生活

《心理新青年》： 首先，我们对您的个人背景和经历感到非常好奇。我们看到您本科期间在北京航空航天大学学习外语，后来在美国亚利桑那大学博士研究的主攻方向是教育统计，而目前您在浙江大学管理学院市场营销学系担任系主任，主要开展消费与金钱方面的应用心理学研究。您的求学和职业发展经历听起来是一段非常有趣的旅程，其中也不乏转折。您能否与我们分享一下这段经历背后的故事与感悟？

周欣悦： 一个人的人生轨迹在很多时候并不是自己有意识选择的结果，更多的是顺势而为。在学科之间迁移的过程中，我感到学科与学科之间的壁垒并没有想象得那么大。在这个世界上，没有一个人是孤岛，没有一个学科是孤岛。学科之间的交叉和转换能让我们开阔视野，看到过去看不到的东西，更清晰地立足于自己的目标。一方面，跨学科的经历对个人成长而言是一笔宝贵的财富；另一方面，你也需要为之付出极高的学习成本，毕竟每个学科不同的套路和规则往往需要深入其中才能掌握和领会。比如同样的研究话题，要投心理学期刊还是投经济学期刊，两者需要的套路就非常不同。

《心理新青年》： 您刚刚提到跨学科优势能为个人成长和学术研究带来崭新的视角。您认为年轻人在学科方向的选择上应当更注重专业深度还是跨越的广度？两者之间能否实现动态平衡？

周欣悦： 我认为在职业生涯的起步阶段，广度比深度更为重要。如果没有足够的探索，一个人很难发现自己真正喜欢什么，擅长什么。慢慢到了职业生涯的中期，挖掘本专业的深度则变得更为重要了。在这一阶段，我们往往需要集中注意力研究一两个最核心的问题，并且把它阐释得非常清楚，讲好完整的故事。而到了职业生涯晚期，广度又变得比深度重要了。在此时，一些优秀的学者能够超越原本专注研究的一两个具体问题，站在更高的角度，结合过去整个职业生涯所积累的经验和资源，去思考大领域的宏观发展问题。

《心理新青年》： 我们看到您目前的研究领域中有一块亮点是金钱心理学。比如，在《自然》杂志对您的专访报道中，有一张您在杭州菜市场收集数据的照片，其中您明媚的面容与手中的"脏钱"形成了鲜明的视觉反差，令人印象深刻。此前，虽然学界也有关于金钱与心理现象的探讨，但是对于流通中的金钱，尤其是接触纸币实体与道德行为之间关系的研究却可以称得上是首创。您为什么会特别关注金钱心理学，尤其是"脏钱"现象？

周欣悦： 我们在买菜的时候经常会接触到很脏的钱，这种接触会引发什么样的心理机制呢？对这个问题有两种可能的假设：第一种假设是基于破窗理论，人们在感知到环境状况不佳时，倾向于做出不道德的行为；第二种假设是人们在感觉到恶心时，会做出更少的不道德行为。这两种假设对我们的问题形成相反的预测。我们就很好奇，到底接触脏钱会触发其中哪一个机制？于是，我们设计了菜市场的实验来寻求答案，最后发现结果符合第一种假设。

《心理新青年》： 您的研究问题和方法非常有趣！许多社会心理学的研究者或多或少面临这样的困惑：生活中充满了各种有意思的社会心理现象，其中很多似乎都值得我们思考和研究。我们该如何从中取舍？您认为一个好的、有价值的社会心理学研究课题应当具备哪些条件？

周欣悦： 我们常常说，做研究要"顶天立地"。顶天是指研究问题应当能反映人的基本心理过程，能与已有的理论具备重大的关联。立地则是指研究问题应当基于现实生活，研究结果应当能够为改善人们的生活提供有意义的启示。基于社会心理学学科的特殊性，我想我们的研究还需要满足两个额外的要求。第一，好的社会心理学研究应当是反直觉的（counter-intuitive）。在生活中，每个人都会对周围的社会心理现象或多或少有一些直觉性的认知和预测。我们的研究如果跟大多数人的直觉吻合不见得会给人们带来什么新的启示，而一些有价值的研究可以推翻人们的错误认识。第二，好的社会心理学研究应当是可复制的，应该是稳定的。总的来说就是顶天、立地、反直觉、可复制。要同时实现这四点要求非常难。一个反直觉的研究经常很难被复制，一个顶天的研究一般很难立地，因此也存在取舍。这种取舍也反映出研究者本人的性格、喜好和资源。每个人都面临取舍，比较讨厌的是经常有人来对你指手画脚，告诉你应该怎样取舍。我不认为一定要把自己的偏好强加于人，不要说我们大家都去做可以应用的研究，也不要强求大家都做反直觉的研究。我觉得科学世界跟大千世界一样，需要多样性。单个研究者自身的力量是渺小的，但是大家加在一起就构建起了一个科学社区，而这个社区的生命力就在于多样性。每位研究者可以遵循自己的价值，选择适合自己的和自己喜欢的课题。科学社区的多样性最终能够帮助我们同时实现顶天、立地、反直觉、可复制。

《心理新青年》： 感谢您的分享和概括！那么您认为心理学研究对社会问题的改善能否起到推动作用？人文关怀是否可以或应当成为社会心理学研究的目的之一？

周欣悦： 我认为应该，但并不必须。做研究可以纯粹从好奇心出发，许多研究在做的过程中，可能并不知道最终的研究结果将如何得以应用。基础研究的目的可以只是单纯地想探究世界的本质是什么样的。如果科学研究总是在关注应用性，反而做不出推动世界进展的发现。这个世界上最伟大的发现往往不是基于应用性的问题，譬如原子弹的发明其实也是由个人的好奇心推动的。因此，如果你的研究是由价值观驱使，有人文关怀，那当然很好。如果没有，只是出于你单纯的好奇心，那也是一件很棒的事情。我个人的研究中既有一些跟流动儿童、流动工人有关的人文关怀的主题，也有基于好奇心驱动的，单纯想要理解人的心理过程的研究主题。

《心理新青年》： 国际顶级学术杂志《自然》对您的个人经历和研究成果进行了大篇幅深入报道，许多国内外媒体平台都纷纷转发了这篇文章，尤其是华人心理学界的众多学生、学者为此感到振奋。与此同时，我们很好奇，为什么《自然》杂志对您的"脏钱"研究特别感兴趣呢？

周欣悦：《自然》杂志的这篇文章偏重于人物报道，并不是注重于报道某一个研究。这篇报道的缘起是《自然》杂志希望能找到一个有代表性的中国学者，通过结合他的学术研究与个人生活史，来反映中国科学领域近年的高速发展。从这个视角出发，社会心理学是一个比较契合的学科，能相对容易地把我的个人经历与我做的研究内容结合起来。讲述我的故事，更多是为了讲述一个有西方背景的中国学者的故事。

中国人很适合研究社会心理学

《心理新青年》： 我们注意到，在《自然》对您的报道文章中，特别提到了中国社会文化变迁的大背景，比如备受中国学者关注的老龄化问题、独生子女一代、农民工进城等社会现象。您认为在中国开展社会心理学研究是否受到中国文化的影响？中国社会心理学家如何在当前的国际学术背景下更好地讲述中国故事？

    周欣悦： 我觉得中国人其实很适合做社会心理学研究，因为中国人对社会关系非常敏感。生活中我们有许多用来描述社会关系的词语，比如"面子""人情""关系"等。在心理学领域，许多基础方向的研究者往往也偶尔涉足研究一些社会心理现象，这在国外其实并不多见。我认为中国文化本身非常强调社会性，以至于我们每个人的社会敏感度都很高，因此中国学者在研究社会心理学方面是有天然优势的。关于中国的社会心理学家更好地讲述中国故事，我认为其中一个比较大的障碍是语言壁垒。毕竟对于非母语写作者来说，写一篇社会心理学的论文要比写一篇理工科的论文难得多，许多术语好像无论怎么翻译表达都不贴切。针对这个问题，我认为加强国际合作非常必要，比如邀请熟悉英文语言系统的母语写作者来帮助我们寻找最贴切的表达方式，从而更好地把有特色的中国现象和理论传递给全世界。

《心理新青年》：《自然》的这篇报道中还提到，在 2005—2015 这 10 年，国际期刊上发表的中国心理学学术论文数量实现了井喷式的增长，但是这些文章的平均影响因子却较 10 年前下降了。您如何看待这一反差？我们应当如何发表更多国际顶尖期刊的论文？

周欣悦： 如果说中国心理学研究论文的平均影响因子比 10 年前降低了，我认为这只是一个统计现象。如果我们用中位数而不是用平均数来看的话，影响因子未必是下降的。研究论文的影响力不是一个正态分布，而是有偏分布。因此，这里用平均数来概括非常不准确、不严谨。关于如何发表顶尖期刊的论文，我个人认为一个学者的成功需要具备三个条件。首先需要身体好。我以前觉得做学术是拼智商，现在我明白了，做学术跟做其他职业一样，是拼身体。其次是要勇于设立高的目标，定位在最好的期刊。虽然目标太高容易遭受更多的失败，但是在这些失败中你能够学到更多。如果你对比一下从顶级期刊收到的拒信和从三流期刊收到的拒信，你会发现顶级期刊拒信里面评审人反馈的意见更加丰富、更加有帮助。最后，一个好的导师、一群好的合作伙伴、坐在你隔壁的同事在《科学》《自然》上发表了论文，你发表顶尖期刊论文的可能性也会大大提高。综上所述，锻炼好身体，不被失败打倒，与最优秀的人为伍，你就能够做好学术。当然了，如果能做到这三条，你也可以做一个好的金融家、企业家甚至是政治家。

《心理新青年》： 您提到关于国际合作的问题。您从很多年前就开始与社会心理学资深学者罗伊·鲍迈斯特合作开展研究。你们的合作关系是基于什么样的契机建立的？您对于年轻学者开拓合作机会有一些什么样的建议？

周欣悦： 我跟罗伊是在参加学术会议时见面认识的。我认为开展学术合作是必需的，就如同在生活中我们需要找到自己的灵魂伴侣，在学术上找到你的灵魂伴侣也同样重要。看看那些拿诺贝尔奖的学术伙伴们，通常都是找到了那个他才做出了卓越的工作。找到一个跟你兴趣相同，并且技巧和资源都互补的合作者并不容易，毕竟人海茫茫。这种事情跟找女朋友一样，如果宅在家里，或者过度害羞，就容易错过机会。我有一个朋友，他每次去开会的时候，就给自己规定必须认识两个以前不认识的学者。为此，他事先就会写信给素不相识的学者相约吃午餐。仅仅过了很短的一段时间，他的学术关系就变得非常深厚，拥有了很多优秀的合作者。拿出追求美女的劲头去找合作者，有什么事情是做不到的呢？

《心理新青年》： 听完周老师的建议，我们不仅对找到好的合作者信心满满，还产生了马上就能嫁出去的幻觉。最后，请问周老师您能否为我们介绍一下对您个人影响最大的三本书是什么？

周欣悦： 曹雪芹的《红楼梦》、马克·吐温的《哈克贝利·费恩历险记》（*The Adventures of Huckleberry Finn*），以及威廉·詹姆斯的《心理学原理》（*The Principles of Psychology*）。这三本书我在每一个时期去读的时候，都能领悟到不同的东西。我觉得名著有很多层次，每个层次都包含不一样的内涵。心境不同、年龄不同的读者可以从同一本书中领悟到不同的内容。我一直觉得威廉·詹姆斯的《心理学原理》是心理学领域最了不起的巨著，即使在今天读起来也觉得非常切题。当今很多心理学的研究主题，其实是一再回归到他曾经描述过的话题。很多实验室都注重让学生读最新的论文，但我个人反而觉得重温经典还是非常有意义的。

第三篇

跨界对话

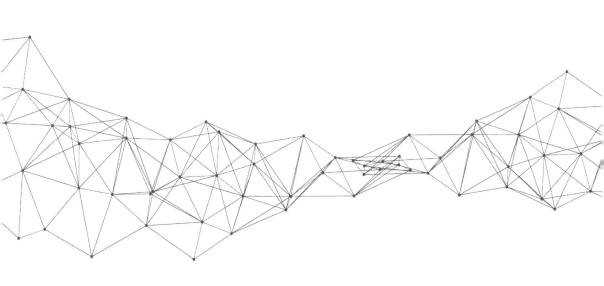

第一章

邓晓芒：

如何看待心理学与哲学的关系？

学者简介

邓晓芒，现为华中科技大学哲学系教授，《德国哲学》主编。邓教授长期从事德国古典哲学的翻译和研究，并积极介入中西比较和文化批判。其代表性成果有专著《思辨的张力：黑格尔辩证法新探》（获国家教委首届全国高校人文社科奖二等奖）、《康德〈纯粹理性批判〉指要》（合著，获教育部第二届全国高校人文社科奖二等奖）、《黄与蓝的交响》（合著，获教育部第三届全国高校人文社科奖三等奖）、《冥河的摆渡者》《灵之舞》《人之境》《灵魂之旅》《新批判主义》《康德哲学诸问题》《实践唯物论新解：开出现象学之维》《康德〈判断力批判〉释义》《中西文化心理比较讲演录》《康德〈纯粹理性批判〉句读》《黑格尔〈精神现象学〉句读》等，发表论文300余篇。

邓晓芒

心理学脱胎于哲学，与哲学思想紧密交织。如何看待心理学与哲学的关系，哲学是否能为心理学提供思想源泉，心理学是否能反哺哲学？心理学青年学子如何修炼哲学素养？华中科技大学哲学系邓晓芒教授将为我们答疑解惑。

人生经历促进哲学思考

《心理新青年》： 您的人生经历非常丰富，曾经下乡插队，31 岁考入武汉大学哲学系攻读研究生。当年您是如何踏入哲学之门的？又是为何选择长期从事德国古典哲学的翻译和研究，并积极介入中西比较和文化批判研究的？您认为目前为止，您最大的学术贡献是什么？

邓晓芒： 我开始自学哲学完全是一场不期然而然的遭遇，从来没有想过在这方面自己能够有什么成就，只是想要通过认真学习理论知识来厘清一下自己那幼稚而糊涂的思想，提高自己辨别是非的能力，从而在各种流行口号的裹挟之中，形成自己独立思考的判断力。从 1968 年（20 岁）起，我把这种想法当成个人终身追求的目标，决心"看尽天下书"，不再做任何未经自己思考过的外部目标的应声虫，而开始建构自己的独立人格，要摆脱思想上的婴儿状态，成为一个思想有主见、行动有预见性的真正的"男子汉"。关于这段艰难的思想历程，我在《一个"右二代"的"革命"经历》一文中有比较详细的描述（收入我的文集《人论三题》，生活·读书·新知三联书店，2019 年版）。正是在 10 多年的一边劳动谋生一边自学的过程中，我不知不觉地走进了哲学的殿堂，不是为了要考什么哲学研究生，而是为了让自己"成人"。显然了解到这一点，就会明白我根本不是自己"选择"了从事德国古典哲学的研究和进行中西文化的比较，而是因为当时只能找到作为"马克思主义的来源"的德国古典哲学的书，而我在阅读这些书时又深深感悟到，这种典型的西方思维方式与中国人习以为常的思维方式格格不入，甚至处处对立，自然就萌发出要对中西思维方式做一番比较的冲动。

所以，多年来我的注意力主要集中于这两个方面：一个是对德国古典哲学及一般德国哲学的深入理解和把握，在这个方面，我自认为还是有所收获的；另一个就是对德国古典哲学及其在西方哲学史上的来龙去脉加以整体的考察，以此来与中国传统哲学和文化进行深层次的比较，并结合当今中国现实生活所提出的时代要求，从中产生对中国传统文化的一种批判性思维，这就是我所提出的"新批判主义"的要旨。如果说我这辈子在学术上有些什么贡献的话，那么主要就在两个方面。而这两个方面综合起来可以用一句话来概括，这就是努力让中国人能够读懂西方最高深的哲学思想。这同时意味着对中国人进行一番前所未有的思想启蒙。

对心理学的哲学思辨

《心理新青年》： 您曾写过一本关于文化心理学的著作《中西文化心理比较讲演录》，强调了中西文化心理比较的重要性。在您看来，开展基于中国文化的本土心理学的研究有哪些可行的路径？

邓晓芒： 对任何一种文化的本土心理学研究，都不可能仅仅局限于本土文化的心理学素材，而必须有一个放眼全球的视野。就中国文化来说，"心理学"这门学科，包括它的概念、原理和方法，都是来自西方，这就不可避免地要引入中西文化心理的比较。我们既不可能照搬西方心理学的整套原理构架和结论，也不可能抛开这套外来的东西而自己另搞一套，而必须异中求同，同中辨异，在西方心理学已经成熟的方法论原理和一般人性规律的基础上，借助对中国传统文化心理的深入体会而推陈出新，建立起有中国特色的文化心理学体系。例如，弗洛伊德的"恋母情结"（或"恋父情结"）就是在西方爱情心理学的基础上提出来的，因为西方家庭至少在传统意识中是建立在爱情之上的，这就不能机械地搬用到中国文化心理中来，因为中国传统家庭的基础不是爱情，而是亲情。所以中国即使有恋母的现象（如"妈宝男"之类），也不是要和父亲争夺爱的对象（俄狄浦斯的杀父娶母），而只是不愿意长大而已（如莫言笔下的上官金童）。可见，对中国文化心理的研究必须以西方文化心理研究的理论框架作为参照系，但是又要对中国人的传统文化心理有深入的体会和理解。这就必须在中国哲学和中国文化方面有深厚的积淀，同时对中国人的深层心理有敏锐的透视能力。在这方面一个不可缺少的途径就是对中国文学的广泛阅读和浸润，尤其是对近百年来在中西文化碰撞中激发起来的中国文学和文化反思的代表性作品（如鲁迅的作品）的熟悉，因为中国文化心理中最隐秘的部分只有在这场动摇中国人的传统人生观和人性论的根本的文化冲突中，在深受这场冲突所震撼的中国顶尖级的文化大师的心声呐喊中，才有可能显露出来。

《心理新青年》：翻开心理学史的著作，有很多篇幅在讲哲学史的内容。在您看来，哲学与心理学的关系是怎样的？心理学家如何打开哲学之门，与哲学开展对话、碰撞与融合？

邓晓芒：心理学作为一门人文科学，本身就是哲学的极其重要的话题，离开哲学的心理学顶多就是一门实用技术，即目前国外流行并且严重影响国内的作为心理学"正宗"的实验心理学，它已经成了神经心理学、精神病学、临床医学、心理问卷加统计学的大杂烩。目前，国内心理学的学科被划归自然科学领域，虽然不能说是错的，但也有其局限性，把人仅仅当作一种动物来研究。人当然也是一种动物，但是人的心理绝不只是动物心理，人的意识、自我意识和自由意志本身都是哲学问题，这些问题在自然科学的眼光下都是不可穷尽的，表明了"人心是一个无底深渊"（奥古斯丁）。而缺少这一视野的心理学是穿不透心理学的"无知之幕"的，只能在外围绕来绕去。伟大的心理学家都是哲学家，真正想研究心理学的人，不会只想到和哲学去"对话""碰撞"与"融合"，而会把自己研究的问题从根本上看作哲学问题，立足于哲学来看待心理学。所以你看到心理学史都在谈哲学史是很自然的，这并不是"跨学科"或"多学科"的联合，而是同一个领域中不同层次的综合。如果哲学这道"门"对于你还是封闭的，那只能说明你还没有进入心理学之门。

《心理新青年》： 著名社会学家陆学艺先生曾说：中国的社会科学太落后了。坦率地说，包括哲学在内的中国人文社会科学的发展水平，远赶不上自然科学在国际上的地位，中国的人文社会科学在总体上还处于比较落后的阶段。您是否同意这个看法？人文社科学者如何在理解西方学说的基础上，构建扎根本土的中国理论？

邓晓芒： 我同意陆先生的观点，只有一点补充，即我认为中国的自然科学在国际上其实也只是一个跟随者的地位，而非领跑的地位。我们的强项基本上都在科学中的技术性方面，即人家提出了理论和原理，我们想法把它们运用于实际的用途上，虽然可以带来巨大的经济效应，但是在基础科学方面我们是很弱的，这与我们的哲学和人文社会科学很弱是相匹配的。我们只看重自然科学的"第一生产力"的作用，而不看重其开阔人的眼界、提高人的心性以及训练人的思维能力的作用，觉得那些都是虚的，只有带来"效益"才是实的。所以，一旦人家在理论和原理方面对我们实行封锁，我们就感到被人"卡脖子"了，却不去想想我们为什么会被人卡脖子，为什么我们自己不能在基础理论上创造自己的原理，而只能去验证人家提出的原理？这样下去，中国的自然科学也是走不远的，体量再庞大，也只是一个泥足的巨人。

至于人文社会科学和哲学，则更是缺乏原创性的思想，只限于理解和重复已有的思想，而且就连这种理解和重复也只是浅层次的甚至是充满误读的。加之西方的这些东西在中国的实际生活中更难以应用，于是看起来就比自然科学效果更差、更落后了。所以在这方面我们动不动就要复旧、回归传统，因为那毕竟更好用啊！也更有中国特色啊！如果这就是"扎根本土的中国理论"，那根本用不着以"理解西学"为"基础"。（这两者是矛盾的，"扎根"不就是"基础"吗？）

《心理新青年》： 哲学是否能够回答人类的终极问题？人生的意义是什么？什么是真，什么是善，什么是美？

邓晓芒： 哲学的任务就是要回答人类的终极问题，否则也就没有必要存在了。但是迄今为止，两千年来哲学的这一任务只能说还在路途中，远未达到完成，而且不可能达到最后的完成，否则就是人类的灭亡。所以人生的意义就在于去追求那种超出已有的意义之上的意义，一旦你这样去追求，这种终极意义就会要么呈现为绝对的真，要么呈现为绝对的善，要么呈现为绝对的美。当然这些都只是些理想，可欲而不可达；但是既然可欲，就有意义。因为"真善美"无非是人心的三维结构"知意情"的理想化体现，对真善美的追求就是对人类自我完善的追求。

《心理新青年》： 请教一下邓老师，从哲学、伦理学、道德心理学的角度来看，中西方由于地理因素、经济基础、政治制度、文化传统等多方面因素的综合影响，人们的道德观大不相同。比如有人认为，西方人看重权益，中国人看重义务；西方人注重契约，中国人注重人伦；西方人注重功利，中国人注重道义；西方人强调性恶论，中国人强调性善论；西方人偏向极化，中国人偏向中庸；中国人注重道德情感的体验、领悟；西方人注重理智的思辨、论证。请问邓老师您认为中国人和西方人在道德伦理范畴内最大的差异体现在哪些方面？为什么会造成这种道德观上的差异？

邓晓芒： 我在很多地方已经表明了我的中西文化比较的一条基本原则：不是对个别概念、范畴和特质的比较，而应该是对双方的同一些概念、范畴和特质的"关系"和结构方式的比较。你这里所列举的中西文化的差异其实都站不住脚，都是双方所共同具有的一些特质，不同之处不在于你有我无或我有你无，而在于这些特质的相互关系或结构的不同。我曾经把你讲的这些特质归结为中西文化心理的两种不同的结构关系：西方是建立在个体意识之上的群体意识，中国则是建立在群体意识之上的个体意识。凡是一种成熟的文化，必然同时具备个体意识和群体意识，因而同时具备你上面所说的所有那些素质，否则是不可能延续数千年而不灭的。但是两种意识所构成的文化心理模式却可以是不同的甚至是颠倒的，这就是中西文化的实况。

在我于 20 世纪 80 年代提出上述文化心理模式的差异之前，甚至直到今天，几乎所有谈中西文化比较的观点都是按照你的这种区分提出来的，就是着眼于个别要素，根据中西文化的各种经验表现去进行归纳，而不是着眼于某种文化心理模式的结构性比较，因而引起了无数浪费精力而毫无结果的争论，这种乱象是到应该结束的时候了。至于这两种文化心理结构模式的起因，可以参看我和易中天所著《黄与蓝的交响》的第一章"大地之子与海的女儿"，即起源于大陆农业文明和海洋商业文明的不同社会结构。

《心理新青年》： 马克思的辩证唯物主义、黑格尔的辩证法与中国道家思想的"辩证思维"有何异同？能否请您通俗易懂地说明一下？

邓晓芒： 西方辩证法（包括马克思、黑格尔、柏拉图、赫拉克利特等人的辩证法）起源于古希腊的逻各斯精神和努斯精神的统一，这是我在《思辨的张力：黑格尔辩证法新探》中所总结出来的一个基本原理。所以在西方人看来，要谈辩证法，有两个东西不可少，一个是体现为逻辑理性的规范性（逻各斯精神），另一个是体现为自由意志的能动性（努斯精神）。所以辩证法本来的意思是双方通过理性的、逻辑的辩论而相互斗争、较量，以推动一个命题从低到高地提升。这种辩证法在中国本来是不存在的，因为中国古代既没有逻各斯精神，也没有努斯精神，道家思想尤其没有。正相反，道家就是要悬置逻辑，甚至连语言都要忘掉（得意忘言），而单凭直观领悟来把握真理。而在努斯精神方面，则更是要求放弃自由意志，无为无欲。但是尽管如此，道家的一些说法却和西方辩证法的一些命题有异曲同工之妙，如"物极必反""反者道之动""大巧若拙""大智若愚""无为而无不为"。从现象上看，这些说法也可以说是具有"辩证法"的特点了，但其实是貌合神离。最主要的有两点：第一，这些辩证的技巧都不是人为造成的，而是自然现象，我只能是"无为"，并且相信自然会让我实际上"无不为"，但那不是我的自由意志的功劳，而恰好是放弃了自由意志的结果；第二，正是因为我没有动用自由意志，不想去做任何事情，所以我才得到了"自由"，无牵无挂，轻松洒脱，这是一种"无意志的自由"，而非自由意志。所以说道家的"辩证思维"只能是一种借用，表面上有点类似，严格来说是不合道法的。

寄语青年一代

《心理新青年》： 面对当今心理学研究越发自然科学化的趋势，对于青年一代学生、学者的人文哲学素养的学习与培育，您有什么建议？

邓晓芒： 我主张有志于心理学的青年尽可能不要受这些科学主义者的误导，多看些哲学书，尤其是西方大陆哲学的经典著作，再就是多受些文学作品的影响（不是指那些粗制滥造的文学，而是经过时间考验的经典文学），从中体会人性的丰富性和无限可能性。没有这些修养做铺垫，心理学系的学生顶多能够成为一个操作员，而不是一个胸怀博大的心理学家。

《心理新青年》：您在哲学领域取得了备受推崇和学界公认的杰出成果，但有的成果是您沉潜研究很长时间才得出来的，而非一朝一夕之功。而今越来越多的高校采用"非升即走"的预聘制，规定时间内完不成体制内的科研指标就要被淘汰，这似乎使得"坐冷板凳"与"十年磨一剑"的工匠精神不复存在，也使学术界的成果良莠不齐。在您看来，当今青年教师如何平衡好发表论文与追求"真学问"的关系？

邓晓芒：我只知道如果康德生于这个时代，他永远也写不出他的《纯粹理性批判》。据说他在1770年就职哥尼斯堡大学教授后，整整10年没有发表任何文章，教授委员会已经后悔当初的决定了，但是《纯粹理性批判》的出版震惊了世界。

《心理新青年》：普通人会觉得哲学是高深晦涩的学问，实际上，每个人的工作与生活中都需要一些哲学视角，能否请您推荐几本哲学的科普读物？

邓晓芒：哲学的科普读物我也写了不少，如目前比较畅销的《哲学起步》，还有一系列的讲演录和课堂实录。当然，虽然是"科普"，也并不那么容易理解，还是要动点脑子的，因为这是哲学，而不是"心灵鸡汤"。其他人写的我看得不多，有一本伊格尔顿写的《人生的意义》可以看看。另外，有一本《中国文化的深层结构》，孙隆基写的，把中国人的生存方式讲得很通透，又很通俗，都是一些日常生活中的例子。

第二章

谢宇：

记录社会变革，研究中国问题

学者简介

　　谢宇，社会学家，美国国家科学院院士、美国艺术与科学院院士、中国台湾中央研究院院士、美国普林斯顿大学社会学和国际事务研究所教授、当代中国中心主任、社会研究中心主任、微信公众号"知识分子"主编之一。谢宇教授的主要研究领域包括社会分层、统计方法、人口学、科学社会学和中国研究，代表性学术专著有《回归分析》《社会学方法与定量研究》《分类数据分析的统计方法》《科学界的女性》《婚姻与同居》《美国的科学在衰退吗？》等。近年来，他致力于在中国推广实证的社会学研究。

谢宇

当下中国社会处于快速转型和文化变迁的激流之中，社会学家和心理学家作为社会科学工作者，应当在这个过程中扮演什么角色？如何为推动中国社会科学真正走向世界舞台做出自己应有的贡献？如何为千千万万个具体个体的生活和幸福提供洞见和启迪？作为中国社会心理学家，如何做出立足于中国本土，具有世界影响力的实证研究并引导人们的生活实践？社会学家谢宇教授将为我们做出深刻阐释。

我的经历不寻常

《心理新青年》：您的研究路径非常独特，从最初学习工程学专业，到之后在威斯康星大学麦迪逊分校学习科学史，主攻社会学定量分析方法。并且从一开始研究美国社会分层，到 20 世纪 90 年代中期转向亚洲和中国，研究中国社会的代际关系、人口和婚姻等问题。是什么原因促成了您每个阶段的研究方向和研究问题的选择？

谢宇：我的个人经历看似不寻常，但实际上我们这一代人本身就是历史的产物。我上大学之前并不知晓将来有机会可以出国留学，可以将学术研究作为毕生事业。在我们那个年代，最聪明最优秀的学生都去考理工科专业。当时人们普遍相信，中国的政治制度、文化传统很好，人民也勤劳善良，但是中国严重缺乏高级科学技术。所以，我们那一代人都去学习和技术相关的专业，从事人文社会学科的人很少。后来才发现，当时的想法是比较偏颇的。中国未来如果要全面发展，不仅需要学习科学技术，还需要深入了解西方社会，理解他们的人文思想和制度理念。所以，我选择了威斯康星大学的科学史专业，后来渐渐发现了自己对社会学方法感兴趣，了解到社会科学也有比较严谨的科学取向。而当时中国的社会科学基本是人文、思辨取向的，很少有学者对它的科学取向感兴趣。于是我开始研习社会科学的研究方法，尤其是采用人口学计量方法，研究美国的社会不平等、社会分层等问题，再从研究美国问题迁移到研究中国问题。

因此，回溯我的人生经历，我这一生并不是理性选择的结果，而是历史和机遇把我推向了这个轨迹。如果要问我是如何在每一阶段做出人生抉择的，我的回答是，其实我并没有主动做过重大的人生决定，而是个人机遇和运气比较好，恰好遇到了我比较喜欢做的内容。能够有今日的贡献和成就，我个人也感到比较欣慰。我认为能够做自己喜欢的事情就是最幸福的。

社会学家看社会

《心理新青年》：您在中国公众话语体系中，是一位非常活跃、经常发声的学者，请问您如何看待华人学者的社会政治参与甚至学者从政的现象，以及学者在公共政策制定过程中的影响和作用？

谢宇： 我认为社会分工很重要。现代社会一个重要标志就是社会分工，不同的人做不同的事情。所以，我认为学者应该做学者的事情，政治家做政治家的事情，企业家做企业家的事情，各司其职。但不同的学者专业不同、风格各异，可能有的学者政治参与多一些，有的参与少一些。我总体的个人原则是相信社会分工，不同的人做不同的事情，把自己的事情做好最重要。我个人并不赞同中国社会的一种传统观点，即"学而优则仕"，这种观点认为读书人应该做官，这样他们既有权势又有名声。实际上，不同行业有不同标准，不一样的人应该做不一样的事情。所以，我不认为所有学者都应该参与政治，也不认为所有学者都应该创业，这是因人而异的。

基于我的认识和理解，影响政策制定的人应该有三种身份：第一种是学者，他们对政策的影响是很间接的，其贡献主要在于对知识的完善；

第二种是政策制定者，比如美国的众议员和参议院，他们和政策制定有着直接的关系；第三种是创造知识的学者和制定政策的官员中间的纽带，像智库和政策咨询机构，它们把纯学术的知识和应用性的政策相结合，撰写一些总结报告、政策简述性质的文章。比如，美国科学院有很多类似枪支管理这样的讨论组，他们会发布一些独立于党派的、学术性较强，但又不完全是学术性质的报告。这种报告可以帮助民众更好地理解学术研究的成果。我觉得从这三种不同的身份来看，学者可以有自己的政治观点和偏好，这些政治观点和偏好可能会影响他们的选题，但是不应该影响研究结果。比如，研究者可能对种族、性取向和移民问题有自己的政治观点，那他们可以去研究这些跟政治观点相关的问题，但他的政治观点不应该影响到研究结果的公正性和严谨性。一般来说，政策观点越激进的学者，他的主观想法对研究结果的影响程度可能更深一些。

《心理新青年》：您一直关注女性和性别问题。对于中国女性，工作与家庭的平衡及女性地位的问题在社会转型期尤为突出。基于您的研究和思考，您想对我们国内的同胞们尤其是社会科学领域的女性群体说些什么？

谢宇：我刚才讲了社会需要分工，不同的人做不同的事情。反过来讲，学术要健康发展，也需要来自不同文化、不同背景的人参与，尤其对社会科学而言。来自不同背景的科学家能够带来新的看问题的角度。比如你是男性还是女性，来自东方还是西方，小时候家庭环境是贫困还是富裕。这些不同的身份和经历赋予了科学家不同的训练背景，而来自不同背景的科学家则会有不一样的特长和合作风格，从而给研究团队带来不一样的发现。美国学者斯科特·佩奇（Scott Page）认为，美国 IT 公司之所以发展迅猛，主要原因在于各国移民的群体结构。不同的人在一起能够产生不一样的思维碰撞，带来更多新的可能性。自然科学是这样，社会科学也是这样，因为社会科学的多样性更强。比如和中国相关的命题，常常是国内的人有一套看法，国外的人有另一套看法；研究女性问题，男性和女性的看法可能也不一样。所以容纳更多不同背景的科学家能够促进学术良性发展，一方面因为吸引了更多人才到学术界，另一方面因为不同背景的学者可以增加观点的多样性。所以从学术角度来讲，需要更多女性参与科学事业。从女性的地位角度来讲，传统的性别不平等体现在职业上的隔离，比如女性从事的工作相对低等，男性从事的工作相对高等。所以，女性要在社会经济地位上获得平等，就应该在社会地位较高的、有创造性的领域有所成就。因此，为了降低性别不平等，女性不仅要接受良好的教育，还要有更加多元的职业选择，如进入科研领域，包括自然科学和社会科学。综上所述，科学事业需要女性加入，女性也应该具有从事科学事业的选择权。

关于男女的事业不平等，已有文献提出了很多不同的解释，其中一个至关重要的因素是反馈机制。成功女性对下一代的女性有示范作用，因此下一代中可能出现更多成功女性，这是个良性循环。现在女性在社会科学里的成就总体不如男性，但相比 50 年前、100 年前，女性在科学研究里的地位已经上升了很多，在自然科学和社会科学领域都涌现出了一批优秀的女性科学家。而且，现在的本科生和研究生里也有不少表现优异的女性，所以趋势已经在改变。当然男女平等问题不只涉及女性，更多问题其实在于社会大众的理解和认识。不少研究表明，推动男女平等需要男性和女性精诚合作，而不是对立对抗。

《心理新青年》： 中国现代化进程在不断推进，民众与政府也更需要高质量的实证研究，以从中得到关于当前社会最准确的信息，并基于此做出最理性的决策。您也一直致力于推动定量研究，尤其是您主导的"中国家庭追踪调查"（CFPS）项目，从个体、家庭、社区三个层次进行长期追踪调研，收集中国的社会、经济、人口、教育和健康等各方面的信息。CFPS 数据的质量及其研究价值已获得学术界的认可，这些数据将成为当今中国学术研究和公共政策分析的重要资料，并具有记录中国社会变迁的重大历史价值。那么，这个项目或您了解的相关项目是否考虑了心理学因素，比如主观幸福感、自尊、人际关系、群际关系、道德水平？如何更好地推动社会心理学的全面而深入的实证研究？

谢宇： 当下中国社会处于快速变革时期，人们的生活变化得非常快，需要人文社科领域的学者对中国各方面的变化开展系统性的实证研究。你刚才提到的心理学元素，我们的调查项目 CFPS 基本考虑过。在 CFPS 里，我们测量了受访者的智商、性格、主观幸福感、主观社会地位，还包括他和亲戚朋友的关系。因为调查时间有限，我们不能提太多问题，但是我们已经收集了很多关于受访者本人、家庭和社区的信息，做了不少调查方法和内容上的尝试。欢迎大家使用我们的数据来做关于中国社会的研究，CFPS 是为了学术目的而收集的，向每一位研究人员公开，大家可以随时申请使用。

《心理新青年》： 感谢谢宇老师的洞见和解读。您还有什么想和我们广大读者分享的吗？

谢宇： 我想谈一点我个人的想法和体会。做人其实是很幸福的，最令我满足的是，自己有时间、有条件去追求自己想做的事，享受自由。但我为很多中国的年轻人感到担心，因为他们不够自由。当下中国的竞争压力很大，父母大多考虑到孩子的前途和幸福，经常干涉子女的生活和选择。我很欣赏一直追求自己梦想的人生状态，所以我想对青年一代的学生、学者说，找到你最想做的事情。当你在做你真正想做的事情时，会感到无比幸福。

《心理新青年》： 感谢谢宇老师的指引和分享！这句话对于我们青年一代

有激情、有梦想的心理学学生而言，称得上是最完美的结语。我们应当努力寻找自己真正感兴趣的问题，专注于研究这些问题并有所贡献。我们感到好奇的是，迄今为止，对谢老师影响最大的三本书是什么？

谢宇：第一本是柏拉图的《理想国》，解读了智慧。第二本是米切尔的《飘》，解读了人生。第三本是卡耐基的《如何赢取友谊与影响他人》，解读了人际关系。

让世界读懂中国

《心理新青年》：您曾提及当下中国的变化日新月异，几乎处于史无前例的时代，特别是社会文化层面。比如改革开放、二孩政策、经济全球化等问题，都非常值得社会科学家观察、记录、思考和研究。那么您认为，作为社会科学家，在当下这个庞大的社会试验场中，应该扮演什么样的角色？

谢宇：目前中国社会正处于大转型时期，巨大的社会变革为社会科学的发展提供了前所未有的重大历史机遇。如此难得的场所和现象，如果不去记录和研究，实在可惜。我认为对于当下的中国，社会科学的研究相比自然科学的研究更加迫切，有三个原因。第一，中国社会正处于历史变化最快的时期，产生了很多社会现象，需要社会科学家记录、解释和研究。而且，中国社会和西方社会形态迥异，很多特殊的政治、历史和人文方面的因素会影响中国的社会图景，这些因素亟须社会科学家去发现和解读。第二，中国不仅是经济大国，也是文化和教育大国，大国崛起需要综合实力的全面提升。除了政治和军事等领域的硬实力外，人文、思想、制度方面，这些我们经常谈论的国家软实力，也是大国崛起不可或缺的中坚力量。这其中更是包括了高等教育工作者的综合能力和素养。在社会科学领域，中国亟须一流的社科研究者，做到对中国社会本身有发言权。可惜的是，目前中国的社会科学力量相对薄弱，尚不具备较强的国际话语权和影响力。第三，中西方文化来源和轨迹不同。西方文化以基督教、罗马帝国文化为背景，而中国文化则根植于中华文明体系和儒释道思想。可以说，美国是欧洲文化的延续，而中国是东方文化的延续。然而，两国的政治体系和文化传统不一样。这种不一样可能会导致它们之间发生冲突，进而导致世界不安定。造成冲突的原因之一可能是西方社会对中国不了解。

我个人认为，中国有其独特的地方，不仅是政治体系，还有中国特有的文化传统。因此，西方不能完全以他们理解自己的方式来理解中国。而中国社会科学家可以做到的就是通过对中国的研究，让世界更了解中国，也让中国更了解世界。这对世界文明的发展与和平的维护，是有极大帮助的。虽然学者追求的主题是学术，但是我希望能用西方的学术传统帮助包括中国在内的所有国家，更好地读懂中国。出于以上三个方面的理由，我认为研究中国现状至关重要而且迫在眉睫。

《心理新青年》： 听您讲述社会科学家研究中国问题的价值和意义，我们感到非常振奋和激动！那么作为社会心理学家，您认为，中国的社会心理学家应当如何真正做到立足中国、影响世界？

谢宇： 社会现象是非常复杂的，我们要看到不同国家的人之间的相同之处，也要看到他们的不同之处。首先，一名学者应当对于一个学科的主流领域有贡献，而不只是对中国做出贡献。中国研究可以提供一个情境（context）、一个场所（location）、一个案例（case）。我们应该意识到，读者感兴趣的是整个学科，他们会关注研究对学科本身是否有所推进。西方对中国了解甚少，因此有关中国的研究可以消除很多先入为主的学科成见。所以，基于整体学科视角，中国研究是有价值的。

其次，任何学术研究都要基于证据。不能因为我们是中国人，便认为我们必然比外国人更加理解中国，不需要证据支持就可以做中国研究，这种态度是不负责任的。不同的中国人看法可能不尽相同，所以基于实证依据的科学态度十分重要。而且证据应该是严谨的，由适当的方法获得，这些科学标准是普适的，没有文化之分。同时，理论的适用情景也不是一成不变的，有些理论的运用需要根据不同的情况来调整。理论的价值在于它的逻辑性。假如逻辑成立，那么换一个场合应当还是适用的。所以，讲逻辑、讲证据、理论化，这一套研究规范都可以用来研究中国社会。

最后，中国社会和其他国家的社会的确存在很多不同之处。第一，中国的研究题材不一样。比如，中国有户口制度，这便导致了一系列的城乡差别，而西方没有户口制度，因而城乡差异没有那么明显。再比如，中国有显著的地区差异和单位意识，美国同样没有那么明显。第二，可能跟心理学相关的是，文化不同，价值观不同，会带来不一样的决策模式和关系类型。在个体的决策过程中，除了信息和内容不同，还有加工过程的差异，这可能会导致我们的思维方式和西方人不一样。中国特有的文化孕育了我们独特的价值观。中国人重视人际关系、家庭伦理，做事讲究情理，讲话追求婉转等，这些都是几千年的中国文化对我们潜移默化的影响。这些价值观念和生活态度，必然会影响到个体的心理和行为，以至于形成某些社会现象。比如，人们选择什么学校、什么配偶、住什么房、开什么车等，都会受到社会心态、价值观和人际关系的影响。相对而言，美国更崇尚个体主义文化，追求经济利益或者效率最大化。尽管西方也有关于社会网络、价值观和关系的理论，但中国的社会现实不一样，应用理论时可能会得到不同的结果和发现。

《心理新青年》：您谈论的这些议题和观点非常有趣！心理学家尤其是文化心理学研究者已经对文化差异开展了丰富的探讨和研究。比如，生活在个体主义和集体主义文化背景下的人们，可能存在自我构念、思维方式、人际关系、道德判断等方面的心理与行为差异。即使是中国社会内部，种植大米和种植小麦的不同地域之间，人们的思维方式、自我构念和忠诚关系也存在显著差异。您刚刚提到，社会学的研究规范和心理学存在一些学科差别。美国社会心理学的研究对象重视个体，而社会学则更侧重社会和群体的模式。有趣的是，在阅读社会心理学历史时，我们发现心理学与社会学原本联系紧密、深度交叉，而今各司其职、渐行渐远。您认为这两个学科可以互补吗？

谢宇： 心理学和社会学应该互补。其实两个学科之间存在千丝万缕的关联，因为人的行为一定会受到社会环境的影响。虽然心理学的研究对象是个人，但是外在环境还是会在集体和群体的层面上施加影响。

《心理新青年》： 近期许多学科，包括社会心理学，都在关注实验结果的可重复性问题。由于很多经典实验和研究结果不能被其他研究者复制，导致一些群体分化现象。比如有些人亲近经济学，而有些人捍卫实验取向的社会心理学，您如何看待这个问题？

谢宇： 很多研究方法都有其局限性，这点我从不怀疑。许多中国研究也是有局限性的，不一定能被复制出来。然而我们要承认，做中国研究既和西方社科研究有共性，又有其特殊性。共性的方面主要是逻辑和方法，它们的标准是普适的，并且所有研究都要讲清楚假设。但是，中国研究至少在两个方面是不一样的：一是具体选材不一样，比如中国题材里，家庭、教育、房价和户口等问题比较凸显，而美国题材里，种族问题比较重要；二是结构、文化、价值观等信息不同，虽然行动是个人的，但是家庭结构、价值观、人际关系这些具体情境是因地而异的。

关于中国研究，我反对两种观点。一种观点认为中国和美国等西方国家的情况不一样，只有中国人才能研究中国，而且中国人凭借自己的主观经验就可以研究中国，不需要国外的研究规范。这种想法是不严谨的，因为它把中国特殊论推向极致。另一种观点认为单凭数据就可以研究中国，不需要深入地了解中国文化和数据背后的潜在意义。这种观点也是不负责任的。我觉得中国有它的特殊性，它的数据和美国的数据不一样。中国每一个现象背后都有看不见但有意义的背景知识和文化内涵。如果忽略这些隐藏的内容，就很难真正理解数据。总而言之，做中国研究既不能过于强调特殊性，也要知晓中国的确存在一定的特殊性。

《心理新青年》： 关于方法论问题，社会心理学领域一向关注逻辑链条和因果关系。当代社会心理学之父库尔特·卢因（Kurt Lewin）创设了场论（field theory），认为人是生活在社会场之中的，人的行为不只由个体产生，而是个体和环境相互作用的结果。卢因的一个巨大贡献是他提出的行为公式：B=P+E。B 代表行为（behavior），P 代表个体（person），E 代表环境（environment）。这里提到的环境不仅是客观环境，更是人们主观知觉到的心理表征（psychological representation）。后来他的推崇者和继承者将这种观点推向了极端，假定所有的社会情境，都可以在实验室环境中再现和复制出来。比如我们希望检验 A 是否产生 B，但是同时存在很多因素影响行为，隐藏在黑盒子里面，那么我们应当怎么考察 A 对 B 的影响过程？实验社会心理学家的普遍做法就是把这些因素放在实验室情境中——加以检验（或者控制），这样我们就能够更加自信地推论这些因素的作用和效果究竟如何。您是如何看待社会心理学偏好实验取向这个现象的？

　　谢宇： 实验室实验是个很重要的科学方法，但是它并不是唯一的方法。现实中我们通过观察得到的数据（后简称"观察数据"）存在很大局限，主要表现在两个方面。第一，我们所观察到的数据具有很大的异质性。比如，虽然我们观察到两个人都上了大学，但是我们并不知道他们上的是什么大学、什么专业，他们的交友情况、时间安排如何等。这样我们只抓到了他们的共性，却没有看到他们的差异。婚姻、工作、收入等皆存在同类问题。也就是说，如果想要精细分析 A 和 B 的关系，就需要控制它们背后的影响因素，但这些因素是无穷无尽、控制不完的，这就是观察数据最大的局限。第二，有些异质性因素无法直接观察，导致我们收集到的数据存在选择性偏差。比如人是有理性的，选择读和不读大学的人有很大差别，选择移民和不移民的人也有很大差别，这种差别可能是由很多看不见的因素导致的。如果忽略这些差别去研究决策带给他们的影响，可能会让研究者做出片面的推论。尽管实验方法不能完全解决这两个问题，但是可以在一定程度上，控制这些看不见的因素带来的影响。比如，我们在实验设计环节选择同质性较高的群体，选择同一学校、同一年级的学生，就能够控制学校、年级这两个因素，降低了异质性。另外，实验可以将参与者随机分配到实验组和对照组中，灵活操纵自变量，观测因变量，控制混淆变量，这样能够减少未观察到的变量带来的偏差。所以，实验法是一个很有价值的研究方法。

但是，实验方法本身也存在若干问题，这里讲三个。第一，不是所有问题都可以采用实验方法来研究，很多我们关心的问题无法采用实验范式去探究，这是社会科学的一大难题。比如，我们希望了解受教育怎样影响人的生命历程，但我们不可能将真实的人随机分配到受教育和不受教育等不同条件中去。再如，婚姻、育儿、代际关系、亲密关系等课题也很难在实验室情境下灵活操纵。所以，真正能使用实验方法来研究的社会现实问题并不多。第二，实验方法本身也存在局限性。实验追求内部效度，它是针对某个特定人群在人工环境下得出的正效应或负效应。但是我们不能确定这个特定群体换一个时间或空间是否还能引发原先的效应，效应的强度是否有变化。所以实验可以做方向性的推测，也就是检测效应是正还是负，但是效应的持续时间和强度变化是无法准确预计的。人有动态性，换了一个环境或是换了一组人可能无法得到最初的效应。第三，实验结果很大程度上依赖于实际操作手段。因为实验是人做的，在实际操作中会有反馈、调整的过程，因此实际操作很难完全被再现和复制。而且，实验室情境是一个人为创造的环境，和真实的社会环境并不一样，被试在实验室的反应可能和他在现实生活中的反应不尽相同。比如在现实生活中，你可以罚款或收税，但在实验室环境中，这些行为可能会变味。出于以上三点原因，我认为实验是一种重要的研究方法，但也存在局限性。

《心理新青年》： 之前谢老师多次提到中国的特殊性和本土问题。当下中国存在很多宏观的社会现象，社会学家也在长期关注和探究。那么您觉得，基于社会心理学的视角，心理学家应当如何进一步丰富充实对中国本土社会问题的探索？

    谢宇： 我认为中国当下有很多研究课题值得探究。比如人口问题，中国的人口比美国更多，在某些维度上是否更具有多样性？中国人的思维方式是否和西方人不一样？如果中国人的价值观和文化与西方人不一样，那么西方的很多规律可能不适用于中国，这些文化差异如何影响个体的心理机制？再如，中国不同地区间的价值观是否有差异，是否存在有些地区的人更偏向西方价值观，有些地区的人更偏向传统价值观？我们既可以研究中国和美国的不同，也可以研究中国内部的差异，在更大的背景下观察群体间的关系和特征。社会学家已经通过观察数据，发现了一些基本的现象和规律，但这些现象是否可以通过实验得到更好的描绘和解释？这些都是心理学家可以做的工作，也是心理学家和社会学家可以互相借鉴之处。

第三章

翟学伟：

回归生活　洞察文化　对话中西文明

学者简介

　　翟学伟，现任南京大学社会学院教授、社会学系主任、博士生导师，并兼任中国社会学会常务理事，中国社会心理学会副理事长，《中国研究》主编，《开放时代》《中国社会心理学评论》《本土心理学研究》（中国台湾）等学术刊物编委会委员。现担任国家社科重大课题"儒家道德社会化路径"首席专家。入选教育部长江学者特聘教授（2015—2020），享受国务院政府特殊津贴。目前主要从事中国社会与中国人心及行为方面的研究，包括关系与社会资本、信任、儒家价值观等。代表作有《中国人的关系原理》《人情、面子与权力的再生产》《中国人行动的逻辑》《中国人的脸面观》等。在《中国社会科学》《社会学研究》等学术刊物上发表论文 60 余篇。主要开设中国社会的微观研究、中国人社会行为分析、如何理解中国人与中国社会等课程。

翟学伟

把握历史境遇，聚焦本土社会心理

《心理新青年》： 首先，我们对您的人生经历和学术生涯的发展轨迹很感兴趣。不知能否请您和读者分享一下一路走来的心路历程？

翟学伟： 我大学读的是师范英语专业，当时毕业后只能去中学当英语教师，教一辈子英语。当时正逢 20 世纪 80 年代初，西方文艺思潮涌入国内，我有机会间接读到一些当时很火热的、有关精神分析理论的书。那个时候我们学英语的学生更多接触到的是英美文学原著，也作为文艺青年关心文学批评理论，从那个窗口可以窥视西方世界，但是对于一些思潮和理论其实是不了解的。精神分析理论虽然在今天看来已经日落西山，但是当时对整个人文社会科学领域产生了非常大的影响。我自然也在广泛浏览中受到了精神分析理论的影响。这倒不是说我一开始就决定要学心理学，只是被心理学的这个理论深深地打动了。大学毕业后，我开始想转专业去读心理学的研究生，但在了解这门学科过程中，发现心理学概论和精神分析理论之间存在巨大差异。我本以为心理学就是精神分析理论展示给我们的样子，却发现还有普通心理学的教科书展示给我们的样子。不管怎么样，我当时心中开始向往心理学这门学科，当又发现心理学主要是学习普通心理学，因为没有经过本科专业学习，就只能放弃考心理学研究生的念想。后来因为机缘巧合，我最终选择了去考社会学的研究生。当时只有南开大学有这个学科，社会心理学也设在社会学方向中，这点很合我意。所以，我在报考的专业选考科目中选了心理学概论，这便无形中开启了我在社会学的意义上对社会心理学的思考。

总之，我没有真正走进心理学系内部，没有接受过严格的心理学训练。但我认为任何事物都有正反两面：一方面，缺乏心理学的训练可能导致我不会像一个受过严格训练的心理学学生或研究人员一样去一步一步地照着心理学的程序和步骤去做研究；另一方面，它给了我一个优势，我既可以"进去"看看心理学怎么做，也可以"出来"看看心理学的局限性。很多人"进去"看了心理学以后，他就始终在里面，没能再"出来"。而我在社会学里接触心理学时，我很关心这个学科内部的心理学演变，特别是心理学流派的变化。因为我自认为并不被任何流派所俘虏，我就可以很洒脱、客观、平衡地看心理学中的不同流派及它们的观点，而不是专注于某种理论或某种师承。在我看来，心理学的一个很大的特点是后来的学者往往是在反对前人理论的基础上发展的。比如精神分析理论，它是反对由冯特所建立的元素主义心理学，而后它自己又被行为主义理论所反对，之后人本主义又要去否定行为主义。那么，我站在社会学的角度就能客观地思考心理学到底是什么学科，它关心什么问题。这个视角也许有利有弊，但这种复杂的学科交融促成了我最后走到自己的一条道路上去了。

　　我的路程虽然可能和其他典型的心理学者不太一样，但我认为人都是生活在一个特定的历史环境中，也必然受到这个环境的影响。在我研究生二年级的时候，中国的心理学刚恢复不久，我总感觉心理学这个学科离我们特别远，并且该学科所介绍的那些研究方法，虽然科学，但是现实性并不强。如果一个人考上名牌大学的心理学系，有规范的实验室建设，有许多老师带着学生做心理学实验，也许我不会有这样的想法。但我们那个时候是初创阶段，社会学系又不可能建心理学实验室，所以这些因素都造成了我那个时候所思考的问题，西方心理学的科学性再强，方法再好，我们在当时的社会环境下是没有机会去做的，更多像我一样起步的人都去做心理学史及其评述去了。换个角度来说，即使我们了解了那么多心理学的流派及理论概念，那么这些理论和中国人的生活又有什么关系呢？你在文献中读到的并不是你自己每天和身边的人在一起共同建立的生活。所以从这个角度来说，我便开始转向带有社会文化意味的心理学的思考。这种思考可能未必需要严格的实验，它更多是基于我们对社会、对日常生活中的人和事物的观察。

　　说到这里，我在研究生二年级的时候有件特别巧合的事情。当时北京市心理学协会邀请香港大学心理学系的杨中芳教授来做演讲，后来因为种种原因她本人没能到场，而是提交了一篇演讲稿，叫作《试论大陆社会心理学的发展方向》，是一个油印件。不知怎么这篇演讲稿就传到了我们研究生宿舍。有天晚上我在研究生宿舍串门时看到了这个演讲稿，觉得非常有意思，就把这个演讲稿拿回去认真读了一遍。读后大吃一惊，我原以为以前学不进教科书中的一些知识是因为我不开窍，但读了杨中芳教授的演讲稿后，我意识到了这其实是我们很多中国人从事心理学研究所面临的一个共同问题，我只是其中的一员而已。在这个演讲稿里，杨教授提出了一个深刻的问题，她提到中国社会在改革开放前，高校所运用的心理学原理大都基于苏联的教科书，而在改革开放后，我们转向引进美国的教材，这两类教材虽然都叫社会心理学，但你如果仔细比较文献的目录和内容，其实是很不一样的！苏联人有苏联人眼中的社会心理学，他们有他们探讨的课题和方向；美国人有美国人眼中的社会心理学，他们有他们探讨的内容。明明不一样，却都叫社会心理学。这表明一个学科名称下的研究是什么不是既定的，是随着社会、文化、政治、历史等背景的改变而改变的。这就给了我深刻的启发。我开始思考，也许苏联和美国的社会心理学都不是我们想要的，因为他们的社会心理学关注的是他们在各自的社会体制下的问题，那么反过来想，我们中国社会应该关心什么问题呢？显然，社会心理学在全世界不是一个体系，它们之间虽然有不可否认的共同性，但也有很多研究话题，和一个人所处的社会文化直接相关。有了这个觉悟后，我开始意识到，身为一个中国人，我还是希望在这一学科中加入中国人所面临的和感受到的话题。当然，意识到这一点，我们眼下就有了一个很大问题：究竟哪些研究才算是中国人的社会心理？这里有个定位问题，也就是说你不可能回到人文学科中，比如有关中国人的话题都是由文史哲的学者在唱主场，也不跟在西方学者后面照葫芦画瓢，或不能把我们要讨论的中国人心理囿于所谓"国民性"的认识，随意处置中国人的特点。这样一来，在经历了一番痛苦的选择和思考后，我慢慢将研究重点聚焦到国人的人情与面子问题上来。也就是说，这个领域不是突如其来的，也不是心血来潮就去做的。

在融合中创新

《心理新青年》： 这些年来，您在社会学和心理学这两个领域都很有造诣，相信您有很多的思考和感悟，可否请您谈一谈社会学和心理学的交叉地带如何彼此借鉴和启迪？

翟学伟： 我们现在面临的一个很大的挑战正是我们的学术体系通常被学科化和专业化分割了。这个分割的结果是什么呢？打个比方说，学心理学的人很少会去关心社会学。在很多高校里面，心理学和社会学通常是完全不相干的两个学院，师生之间互不来往。很多学心理学的学者认为社会学是跟自己没有关系的一个学科。我担任过心理学和社会学两个系的主任，对这一点深有感触。在我看来，人虽然是一个个体，但这个个体必定是活在社会当中的。很多关注社会学的学者，通常忽略社会中的个体能动性，而关心个体的学者通常也不顾及社会文化对个体的深刻影响。这样的学科划分，导致不同学科都只醉心于自己的研究对象、形成自己的理论、概念和研究方法，因而缺乏学科之间的对话。

以中国为例，中国社会心理学的机构大多数都是设在社会学专业里面，而中国的社会心理学队伍又大多由师范院校心理学专业或心理学院所培养，这种组合是非常奇怪的。这个组合的结果是什么呢？社会学的爱好者会在社会学里面走到社会心理学中去，但是我认为他们终究是个心理学的爱好者，因为在社会学内部能培养社会心理学专业学生的可能性很小；反之，那些纯粹在师范院校和中科院或者在其他心理学的机构里面的学习者由于接受了全面的心理学训练，也就失去了接触和学习社会学的机会。所以在这样一个奇怪的组合里面，我们就失去了以社会学来影响心理学或是以心理学去启发社会学的可能性。回到知识体系内部，从我个人的感受来说，我认为正宗的社会心理学理论，在社会心理学中还是缺乏的。除了有些社会认知方面的研究，有些社会心理学自己的味道外，大量有见解的内容其实是心理学给社会心理学的，或者是社会学给社会心理学的，而没有社会心理学家真正在这个学科的内部产生的有影响力的理论。

这种分割来源于西方学术体系的专业化和学科化。但我认为，中国的社会心理学家恰恰不应该这样，因为中国文化所孕育的中国人思维特点是综合的、结合的、融合的，以及中庸的。中国的心理学家有能力做这些跨学科的研究，但是很多时候因为照抄西方模式，丢失了做这种综合创新的机会。比如我们上面说到的"人情、面子"这一类研究，这其实非常适合社会心理学家去研究，但由于受到西方思维的影响，我们时常会逼问学者："你是打算在心理学里做这个研究，还是在社会学里做这个研究？"这样一来，学者的思考方式就会受到很大的限制。所以我觉得现在的社会心理学研究，在本土意义上要做的一项重要工作，就是要提倡一种在中国才能发生的、不偏不倚的"社会心理学"。它不偏心理学，也不偏社会学，它就是社会心理学本身。有了这样的视野，研究"人情、面子"的学者就不要去追问它到底是社会学里面的东西，还是心理学里面的东西，我们应该摈弃这种思想。未来中国的社会心理学不应该有任何的偏向，社会心理学本身不拘泥于研究社会情境中的个人，也不只关注宏大社会变迁中的心理，而需要走出第三条道路。

《心理新青年》： 现在很多青年学生、学者，一方面想要致力于研究中国人和中国社会的心理现象，另一方面又想跟西方的理论及范式接轨，不知翟老师能否跟大家分享一下您在这方面的看法和经验？

翟学伟： 我拿我研究的"面子"这个概念举例。对于中国人来说，"面子"是我们在生活中时时刻刻都要面对的问题，我相信每个中国人都会承认，这个概念是非常重要的。那么，我们如果要研究它，该从何下手呢？如果你去阅读西方文献，你会发现西方的理论和研究是无法给我们提供范例的，因为原本的西方社会中是没有"面子"这个概念的。英文单词"face"（脸）只单纯表示面孔，并没有别的意思。虽然后来随着中西文化的融合，英文中渐渐有了相关的意思，比如"save face"（挽回脸面），但应该意识到这些概念源于中国文化，是中国词语对西方的贡献，而并非西方本身就有的概念。因此，如果我们要研究"面子"，我们会有两种做法。

第一种做法是将"面子"分解成西方社会可以理解的观念，比如自尊、自我、面具、道德之类。这些概念都和"面子"相关，那么一些学者就会认为，如果理解了这些相关概念，我们就能够理解"面子"了。这种做法的好处是能够与西方学界接轨，因为我研究的概念和运用的术语与它的体系一致，所以接轨的可能性就很高。但这种做法的缺陷在于，虽然中国人的"脸面"里面包括了西方社会也关注的人格、自尊、地位、社会赞许或道德，但如果我把这些相关的研究拼在一起告诉你这就是"面子"，你是根本无法理解"面子"的。谁都不能说把这些相关的概念搞明白了，我们就能真正了解中国人的"面子"了。

第二种做法是并不片面地追求与西方接轨，先不管西方文献中有哪些相关或者看似重复的概念，而是回到中国人的"脸面"当中去探寻中国人在表达"脸面"这个含义的时候到底在说什么。要回答这个问题也许是非常艰难的，因为要回答这个问题，我们必须突破我们现有知识的局限，这其实很考验学者的创新能力。你如果能够冲破这一关，你便能够在理论或方法上创新，就会有很大的收获。但很多学者其实不敢选择这条路，因为运用西方现有的知识体系会相对保险，但这样一来，我们也就失去了真正理解中国人所说的"脸面"的机会。

所以我自己的方法是，从现有的学术思维中跳脱出来，先从中国的语境中去理解"面子"到底想表达什么意思。中国人讲"面子"的时候，经常会提到争脸、争光、争气或丢脸、丢人、不要脸、无耻等，那么，我在这些词语中就能够慢慢地理解中国人其实在讲"脸面"的时候，其中心意思是想去讨论一个人的形象问题。但"面子"的问题是不是和"脸面"重叠，也讨论形象问题呢？好像也不是，我们在谈面子的时候，时常会说"谁给谁面子"。这些用语里面，"面子"又牵涉人与人之间在交往过程中所期待的对方对你的表扬和赞许。每一个个体，不论中西方社会，都希望能塑造好的形象，也希望好的形象能够得到他人的赞许。那么，为什么中国会变成一个讲"面子"的社会呢？这个时候我就发现了中西方模型的转化，西方国家通常是个体主义的社会，他们认为只有自己表现得好，社会才会给予相应的肯定。在中国社会中，个体如果表现得好，那么社会也会给予认可，这一点我们和西方社会是一致的，所以戈夫曼的拟剧论就大行其道了。但中国社会的真正关键点在于，很多时候，虽然自己表现得不好，也希望通过"给面子"来得到社会的肯定。这是中国社会文化中一个很重要的特征，也是我们社会运行的一个重要法则——我们不一定自己要表现得好。一个人只要把关系搞好，就能够得到别人的赞许，那么为何要在自我表现上下功夫呢？在这个例子中，我们就在观察现象的过程中得到了面子理论模型的假设，这种假设虽然没有牵涉西方社会关注的道德、自尊、人格，但是我们其实已经摆脱了西方理论框架的约束，这样得来的理论模型和假设在学术上其实是很有发展空间和可能性的。

再如中国人常说的"人情"，如果我们非要与西方概念衔接，那么我们也许就会把"人情"分解成"emotion"（情绪）、"feelings"（感觉）、"affect"（情感）、"passion"（激情）。作为中国人，我们都知道，这些概念都不是真正的"人情"，如果通过这些概念来建立研究人情的框架与假设，那么我们永远无法真正了解中国社会中的"人情"。回到我刚才讲的方法，我们也许不应该急于去跟西方概念衔接，我们反而应该回到中国文化中去，好好地思考和理解中国人在讲"人情"的时候，到底在说什么，想表达什么意思。作为中国的学者，我们在自己平时的生活中肯定会有很多对"人情"的体验，这种体验其实本身就是一个很好的心理学素材，那么为什么不把它运用到研究里面去呢？研究和生活是不应该脱节的，而现在大量的学术研究都是学术归学术，生活归生活。所以我自己的体会是，在做本土文化研究时，首先应该构建我们对中国社会文化的理解和把握，有了这层理解之后，从社会的话题中提炼概念，从日常生活中提炼概念，然后再回到我们的学术训练中去一步一步做，这样做出来的研究，就有与西方学界对话的可能性。

回归现实生活，追寻原创思想

《心理新青年》：很多青年一代的学生、学者在做研究的过程中通常会遇到种种挑战和困难，翟老师作为过来人，请问您有什么经验和建议能跟大家分享一下吗？

翟学伟：我认为一个学者的成长在很大程度上取决于他对自己的定位。在我 30 多年的经历中，我意识到每个学者给自己的定位都是不同的，这也导致他们所追求的学术目标会不一样。比如有的学者认为他们只要发表文章发得多、文章登上的杂志好，就能证明他们的学术水平高。还有一些学者可能内心渴望做些有中国特色的、鲜活的、有生命力的研究，但这类研究可能会受到现实条件的约束，比如缺乏支持平台，或者很难被人接受。20世纪末我刚开始做这类研究时，研究条件、平台等和当下相比简直是天壤之别，但我最后也能够坚持做中国本土文化的研究。在这条路上走出来，跟我对自己的定位有很大关系。有的时候，你可能会觉得你在蹭热度，也就是说某个问题的讨论很火热，你只是去凑热闹，看起来你在赶时髦，其实是在炒冷饭，怎么会有新意呢？但如果你能够较早地回到中国的现实生活中，找到一个具有生命力的研究主题，并坚持不懈地做下去，那么你日后成大器的可能性是很高的。我认为一个人的学术水平不该是通过发表多少篇论文来证明的。真正的学术水平应该体现在你自己真正做出了什么，让人由衷地肯定你、赞赏你，或者对你表现出极大的尊重，而不是给你面子。我觉得有志向的年轻学者应该追求这条道路。

我们见到太多的人，他在一生中发了上百篇甚至几百篇论文，最后他为学术留下了什么？也许他是当了教授或是很有名声，但如果你真正回顾他的研究，思考他的研究到底说了什么，你可能会想不起来。但如果你有学术关怀，又有中国文化情怀，对中国人的日常生活又有敏感性，那么你做出来的东西，我相信它的生命力是很强的，它未来爆发的可能性都是很高的。如果总是跟随别人去做一些末班车性质的、结尾性的研究，或是我们只是帮助一些已经很热的研究去检验一下它们在中国的情况，我们其实仅仅是做了一个检验。这种研究，我认为与中国希望成为一个有原创性、能构建中国社会科学话语体系的学术大国的要求都是不太相符的。所以，我认为虽然做后一种研究可能会困难一点，但是毕竟我们这一代人经历了30年的研究，已经成长起来了，我们会给做这样研究的学者提供平台和支持。比如我自己给《心理学报》审稿时，我就不喜欢套用一大堆西方人的概念或理论，只讲研究方法和程序上的规范性，缺乏新意的研究。在我看来，有志向的学者应该要有自己独到的见解，既有好的研究设计与好的论证，也要有中国文化的情怀。这条道路肯定是很艰难的，但作为学者，我们做研究仅仅是为了评职称吗？仅仅是为了证明我在所谓的一流杂志上发表过文章吗？我认为我们不应该这样想，因为它背离了从事学术研究的使命，我们还是应该对揭示人的心理和行为，揭示社会运行规律感兴趣，我认为这才是我们真正的使命。

《心理新青年》：当今的中国社会心理学从评价体系层面来看，仿佛还是执着于追求时髦，很多学者都致力于做漂亮实验并将论文发表在国际顶尖期刊。请问翟老师，您对此有何看法？

翟学伟：我认为这个问题可以从多方面来看。西方人所关注的主题其实也是基于他们的社会文化所面临的问题。这些问题随着社会的进展都是在慢慢演变的，它并不是由先来的学者框定一些问题，然后后来的学者一波一波地去研究这些限定的问题。一个学科所研究的问题，必定是基于社会的现实问题，并会受到自己社会文化历史脉络的影响。很多国内的心理学老师和学生，他们很想一步到位地去和国际同行关注相同的话题。关注相同话题的好处在于这类课题比较容易发表文章，因为英文期刊很多，再加上如果大家都关心这个话题，你的实验又比较规范（如做实验、用测量或运用大数据），那么你的成果就很容易被大家接受。换句话说，如果你的技术手段跟西方接轨，你探讨的话题又是西方人感兴趣的，那么你的成果就很容易收获直接的效果（发表在国际期刊上）。现在国内心理学系的师生发表的英文论文，相比其他的社会科学领域发表的英文论文要多很多。这背后可能是因为很多中国学生的导师都是欧美留学回来的，或者因为我们的科研体制非常鼓励师生在国际期刊上发表文章。我觉得这个没有什么不好，至少说明心理学可能是中国在国际上发展得最快的一个学科，我们应该肯定它。但这其中存在一个问题，就是我们在追求英文论文、西方研究话题和研究方法的同时，如果不能回到心理学本身的研究意义上，那就是一个很大的缺陷。也就是说，我们研究心理学的目的究竟是什么？很多人在心理学里面做了一辈子，可能发了很多论文，但是从来没有好好地静下心来去想一想这个问题。我们从事的这门学科，它到底能够为我们的社会生活做出什么贡献？我认为社会心理学诱人的地方是几乎所有人都很关心自己身边的，以及自己所处社会文化中人的心理和行为活动现象。我们不能把这个根本给忘了。

如果学者片面追求西方的标准，那么学科研究的目的就会变得很模糊。反过来说，如果所有从事社会心理学工作的人都能在自己的社会文化中探讨人的问题，这就会增进人类对自身的了解和彼此的了解。不管做什么样的研究，我们应该了解彼此，不同文化下的人要彼此沟通。我觉得现在很多中国人对西方文化的了解，已经超过了对自己文化的了解。如此一来，大家都去了解西方文化，而没有人了解中国，那么沟通起来，谁来跟他们讲中国这一部分？大家在学科化的同时，在重视方法的同时，在重视国际前沿的同时，如果把自己的社会文化给丢掉了，那是不是得不偿失呢？我们当今整个中国社会对心理学的需求，其实跟学者发表的文章关系不大。中国民众其实是希望心理学能给他们的生活提供一些答案，比如他们在生活中遇到的问题，在工作中遇到的问题，在与人交往中遇到的问题，或者是现代化所带来的问题，包括自身家庭变化和技术发展给整个社会带来的问题。这些问题不光是宏观层面上的全球性问题，它其实深深地影响了我们每个人的生活。打个比方，在当下，很多从事电子科技的研究者能够发现中国人的心理需求，开发出了抖音、微信这样的交流平台，当然这不是说这其中不引申出其他的心理问题，这也需要研究，而这样的研究都是现实的、有新意的、有问题意识的。可见，我们在考虑心理学的时候也应该考虑到中国人的心理跟我们社会之间、跟技术发展之间所存在的千丝万缕的联系。

所以在我看来，接受严格的学术训练和严谨的研究方法训练，在国际杂志上能发表文章，当然都是实力和水平的体现。但我们不能忘了我们的社会需要，不能忘了中国人在中国社会中遇到的问题。或许西方的一些理论在西方社会中很适用，但放到中国社会中也许并不符合。我们做研究难道仅仅是为了发表文章吗？我认为这是我们需要反思的地方。我自己在课上常讲的一个成功的例子是彭凯平教授做的关联性思维实验，他的研究提醒了西方的心理学家中国人思维方式的重要性。其实，这个主题并不是突如其来的，以往这方面的研究是在西方比较哲学里面谈的，现在拿到了心理学里面通过实验的方式印证了哲学里面的讨论，把中国思想、中国文化和中国人的心理，与西方人所关注的话题连成了一片，不可能不在国际上产生重要的影响，因为这样一来，西方人会反思他们所坚持的那些思维的普遍性，我觉得这个意义就很大。

回到几十年前，在中国贫穷落后和不引起国际关注的时候，就算中国人做本土化的研究，可能也无法引起重视。当今，随着国家的强大，大家都关注和渴望了解中国人的心理。世界忽略不了你的时候，就会特别想了解你。特别是当西方国家开始跟中国有了政治上的协商、经济上的谈判、企业上的合作以及普通人之间的交流，如果在这个时候，你作为一个中国的心理学家，反而只关注西方人的心理，不能给世界提供关于中国人的知识，那很奇怪了。反之，如果你的研究能告诉西方中国人与中国社会的特点及其文化脉络，能够帮助西方国家纠正一些错误的观点，那不是很好吗？

《心理新青年》：感谢翟老师给我们的洞见和启发！可否请您给有兴趣的读者推荐一些您撰写的著作？

翟学伟：我在北大出版社出版过我的作品集，三联书店也重印了我在 20 年前出版的《中国人行动的逻辑》。从销售方面来看，很多读者喜欢《中国人行动的逻辑》和《人情面子与权力的再生产》，但是我自己其实倾向于我写的《中国人的关系原理》。这本书和我近来思考的问题更接近，因为我马上要出版两本书，一本是我近 10 年的论文集《儒家与中国人的生活》，另一本是《中国人的社会信任》。希望这些书能给大家带来一些启发。如果读者告诉你，他从你的书中得到了很多启发，那是一个学者最幸福的事情了。